U0929365

隆安律师实务与学术丛书

# 应对国外反倾销律师实务

贾红卫　赖向东　著

上海交通大學出版社

## 内容提要

本书在简要介绍世界贸易组织国际反倾销法律制度的基础上，选取了三个发达国家和地区(美国、欧盟、加拿大)以及两个发展中国家(印度和土耳其)为例，重点介绍了这些国家的国内反倾销法律制度，以及企业应诉这些国家反倾销实践中所应该注意的主要问题，并结合调查问卷进行了讲解，侧重实务，配有作者多年从事国外反倾销应对工作的案例分析。

本书适合律师、法律专业师生以及企业管理者参考阅读。


**图书在版编目(CIP)数据**

应对国外反倾销律师实务/贾红卫，赖向东著. —上海：上海交通大学出版社，2013

(隆安律师实务与学术丛书)

ISBN 978-7-313-09059-1

Ⅰ.应... Ⅱ.①贾... ②赖... Ⅲ.反倾销法—研究—世界 Ⅳ.D912.290.4

中国版本图书馆CIP数据核字(2012)第242405号

**应对国外反倾销律师实务**

贾红卫 赖向东 著

上海交通大学出版社出版发行

(上海市番禺路951号 邮政编码200030)

电话：64071208 出版人：韩建民

常熟市梅李印刷有限公司 印刷 全国新华书店经销

开本：787mm×960mm 1/16 印张：18.5 字数：316千字

2013年1月第1版 2013年1月第1次印刷

ISBN 978-7-313-09059-1/D 定价：48.00元



版权所有 侵权必究

**告读者：如发现本书有印装质量问题请与印刷厂质量科联系**

**联系电话：0512-52661481**

# 总　序

前些日子，一位律师同行请我帮他联系原来司法部的一位老领导，我问他什么事，他说隆安律师事务所要搞二十年所庆，想把原来的老领导请来庆祝一番。随着时间的飞逝，改革开放以来建立的合伙制律师事务所陆续进入了十年、二十年，甚至是三十年的发展阶段。隆安所今年建所二十周年整，对于在隆安名下执业的律师们来讲，二十年是个重要的时间节点，如何庆祝我们隆安所建所二十周年，是我们每一名隆安人都很关心、也很在意的事情。在几年之前，我提议：为纪念隆安成立二十周年，我们组织隆安律师撰写二十本理论与实务专著，编辑成一套《隆安律师实务与学术丛书》，以庆祝隆安建所二十周年。

我们不仅要组织隆重的庆祝仪式，还要邀请以往关切我们的老领导、老同事、老客户来参加庆祝活动。更重要的是能够成功编辑出版这么一套二十本的《隆安律师实务与学术丛书》，我认为这是献给隆安二十周年最好的生日礼物。开庆祝大会也好，盛情宴请也好，随着时间的推移，都可能被人遗忘，但出版了这套二十本的丛书却能成为我们隆安人的永久纪念。

现在网络很发达，网上阅读也成为人们读书的一个重要习惯。但是作为律师，把自己办过的案件进行梳理提高，撰写成书籍还是很有价值的。网络在线阅读在大多数时间只能提供信息。而知识的传播主要靠纸质书本，就是在网络信息发达的社会，纸质书本上所记载的知识也是很重要的。况且很多网上的知识或信息就是对纸质书本的电子化而已。所以，无论网络如何方便，纸质书本始终是我的偏爱。纸质书本还有一个好处，就是随时可以拿来翻阅，可以永久保存，任何时候都不过时。

律师在办理大量案件的同时，也积累了大量的案卷资料，但很少有律师有能力、有精力把自己办过的案件资料总结上升到理论层面，更难撰写成书。但我认为：一个好的律师一定是一个善于总结经验的律师，能够写出自己的办案体会、能够进行理论分析是一个律师的基本功。这二十本书就是隆安律师执业水平的一个展示，也是隆安人办理了成千上万个案件后的职业经验的总结和归纳，是隆安集体智慧的结晶，是隆安二十年的优秀成果。

这套丛书从无到有，从选稿到出版，可以说是历尽了千辛万苦。律师是十分繁忙的行业，每个律师手中都有大量的案件需要办理，日常工作都排得满满当当，在这种工作状况下让律师写出一本书，谈何容易？功夫不负有心人，在本套丛书作者的共同努力下，每位作者都克服了千难万险，终于完成了本套丛书的撰写，使之能够最后顺利出版。在此期间，我作为本套丛书的主编，像黄世仁逼债一样，“威逼”每一位律师作者，使他们饱受压力和煎熬，在此向参加本套丛书撰写的每一位作者深表谢意和十分诚挚的致歉。没有你们的辛勤劳作就不会有今天的这二十本丛书，你们的执业成就为隆安增添了很多光彩，同时，你们的大作更为隆安增加了光芒。

在本书的收集和编辑过程中，除了我本人作为主编应尽责任以外，隆安的很多同仁都为本套丛书作出了巨大贡献，他们是：宋宇博、智丽虹、石珊珊、杨奇虎、赵金一等。我指导的博士研究生王立梅、徐春成、于雯雯、王娜等，也为本套丛书做出了贡献。

感谢隆安寿步律师，没有他的“牵线搭桥”就没有此套丛书的出版，还要感谢提文静等编辑十分敬业的工作，感谢上海交通大学出版社出版此套丛书。

《隆安律师实务与学术丛书》主编

**徐家力**

2012 年 8 月

# 前 言

改革开放三十年以来，中国的对外贸易发展取得了举世瞩目的成就。据不完全统计，截至 2010 年 12 月 31 日，中国的对外贸易进出口总额已经达到29 727.6亿美元，其中进口 13 948.3 亿美元，出口 15779.3 亿美元，仅次于美国，超过日本，跃居世界第二位，成了名副其实的贸易大国[①]。然而，伴随着对外贸易的巨大发展，出口产品和服务竞争力的大大增强，以及制造的产品在世界范围内占有了一定的市场，中国所面临的贸易摩擦形势也变得越来越严峻起来。以美国、欧盟、加拿大等为代表的发达国家和地区，以及以印度、土耳其等国为代表的发展中国家，纷纷采用包括反倾销、反补贴、保障措施、特保措施、知识产权保护、技术壁垒等在内的各种贸易救济措施，发起了针对中国的贸易摩擦案件，中国在成为世界第二大经济体的同时[②]，也成了贸易救济措施的主要目标和受害国。

反倾销作为世界贸易组织所允许采用的抵制进口商品不公平竞争的手段之一，是各种贸易救济手段中使用最为频繁、数量最多的一种。根据世界银行贸易和国际一体化小组发布的报告显示，2010 年第一季度，世界各国一共新发起 19 项反倾销调查，其中针对中国出口商品的调查有 9 项，占总数的 47%，全球最高，而且这些反倾销调查均有可能成为新的贸易禁令。很显然，中国已经成为全球贸易保护主义的首要受害国[③]。从趋势上看，反倾销仍将是相当长的一段时期内中国所要面对的最主要的贸易摩擦形式。因此，加强对于以往反倾销案件应对的总结，不断提高应对国外反倾销调查指控的能力和水平，也应将是中国外

---

① 资料来源：中国国家商务部网站，http://zhs. mofcom. gov. cn/aarticle/Nocategory/201101/20110107363340. html。

② 据中国国家统计局和日本内阁府公布的数据，2010 年第二季度中国国内生产总值(GDP)为 1.33 万亿美元，超过日本的 1.28 万亿美元，成为仅次于美国的世界第二大经济体。

③ 资料来源：《中国日报》英文版，http://english. peopledaily. com. cn/90001/98986/7004079. html。

贸出口企业以及中国对外贸易专业人员在相当长的一段时间内所应关注的问题。

本书作者贾红卫、赖向东律师，均于20世纪80年代毕业于北京大学法学院，后又就读于美国知名大学的法学院深造，潜心于把国际贸易的理论研究成果和律师实务操作方面的具体案例结合起来，贴近国内企业的现实需求，为其提供优质的专业法律服务和指导。两人学成回国后，作为北京市隆安（深圳）律师事务所的创始合伙人和隆安律师事务所国际贸易律师团队的核心成员，他们充分发挥了自身懂法律、懂经济、懂外语的优势，近十年来先后为数十家国内企业提供了包括反倾销、反补贴在内的国际贸易专项法律服务，承接或参与了国家商务部和深圳市政府组织的多项国际贸易研究课题，积累了丰富的应对国外反倾销调查的实践经验，现两人均为深圳市人民政府国际贸易专家库专家成员。

本书在简要介绍世界贸易组织国际反倾销法律制度的基础上，选取了三个发达国家和地区（美国、欧盟、加拿大）以及两个发展中国家（印度、土耳其）为例，重点介绍了这些国家和地区的国内反倾销法律制度，以及企业应诉这些国家和地区反倾销实践中所应该注意的主要问题，并结合主要的调查问卷进行了讲解，侧重实务。本书是作者多年从事国外反倾销应对工作的实践总结，期望对广大的外贸出口企业反倾销应对工作有所帮助。由于各国反倾销调查问卷通过相关国家反倾销调查机关的网站均可以找到，鉴于篇幅所限，本书仅提供了上述各国和地区反倾销应诉中问卷的中文译本，供大家参考。由于作者水平有限，不完善之处，欢迎各界予以批评指正。

作　者

2012年8月

# 目　录

# 第一章　反倾销法律制度的基本内容

## 第一节　世界贸易组织及其规则

### 一、从关税及贸易总协定(GATT)到世界贸易组织(WTO)

关税及贸易总协定和世界贸易组织的建立，都是与当时国际整体的政治经济形势密不可分的。从一定程度上来说，世界贸易组织是关税及贸易组织的延续和发展。二者在不同的历史时期，对促进世界范围内降低关税水平、促进国家贸易自由化，构建多边贸易体制方面起到了重要的、不可替代的推动作用。

**(一) 关税及贸易总协定①**

关税及贸易总协定的发起始于第二次世界大战期间，美国是主要的发起国。1945 年 12 月，美国国务院宣布邀请一些国家进行多边谈判，以期达成世界范围内的多边贸易协定②。当时，联合国经济和社会理事会已经开始运作，主要目标就是作为发起国际经济合作与谈判的主要协调机构。1946 年 2 月，联合国经社理事会举行第一次会议通过决议，呼吁召开联合国贸易与就业会议，起草国际贸易组织宪章以及进行世界性的消减关税的谈判③。在此指导思想的支配下，联合国经社理事会关于此事项的筹备委员会在 1946 年 10 月召开了第一次会议，审议美国提交的国际贸易组织宪章草案。1947 年 4 月至 10 月，筹委会在日内瓦召开全体会议。在进行关税的多边谈判基础上，与会的 23 个国家的代表签署了一份最后文件，原关贸总协定为其附件。

然而，在 1947 年 12 月 1 日召开的“联合国贸易及就业会议”哈瓦那会议上，由于各方在对外经济政策方面的分歧较大，国际贸易组织宪章草案未获得通过。

---

① 本部分内容参考了王贵国著《世界贸易组织法》第 1 到 12 页相关内容，法律出版社，2003 年 4 月第一版。

② 见美国《国务院新闻公报》，1945 年，第 13 号，第 970 页。

③ 见联合国经社理事会会议纪要，联合国文件第 E/22 号，1946 年。

于是,此前8个关税及贸易总协定的原始缔约方于1947年11月15日签订了一项使关税及贸易总协定于1948年1月1日生效的临时议定书[①]。其他的15个关税及贸易总协定原始缔约方可于1948年6月30日前签订该临时议定书。世界贸易组织宪章的流产最终使成立世界贸易组织的设想落空,代之而来的则是最初部分国家参与的关税及贸易总协定。

关税及贸易总协定生效到最后过渡到世界贸易组织的近半个世纪里,发生过几次阶段性的变化。在关贸总协定的主持下,各缔约方于1947年到1956年的十年间,先后进行了四次谈判,主要针对各缔约方进口关税的减免。此后,影响较为显著的谈判还包括狄龙回合谈判(1960年9月到1962年3月)、肯尼迪回合谈判(1964年5月)和东京回合谈判(1973年9月到1979年4月),这些谈判都不同程度上对于关贸总协定的内容进行了的修改。1979年12月17日参加东京回合谈判的的主要工业国在关于补贴、反倾销、进口许可证、产品标准、肉食、奶类、政府采购、关税估价以及民航等协议上签了字,除政府采购和海关估价协议于1981年1月1日生效外,其他协议均于1980年1月1日生效。据统计,东京回合谈判使发达国家的关税降低了将近50%,其中欧洲共同体、加拿大、日本的平均降税幅度为40%[②]。

**(二) 世界贸易组织**[③]

今天我们所说的世界贸易组织,脱胎于关税及贸易总协定乌拉圭回合的谈判成果。始于1986年9月的乌拉圭回合谈判,在谈判之初,各方就希望有一个"一揽子承诺",不希望再延续东京回合由谈判方选择受哪些协议规范的做法,倾向于改为或者完全接受或者完全不接受谈判结果的原则。这轮回合谈判的议题有多项,包括与货物贸易相关的关税、倾销、补贴,服务贸易、与贸易相关的知识产权保护、与贸易相关的投资保护等。虽然谈判的议题有多方面,但各个国家所关心的重点却不尽相同,有的甚至在谈判过程中所采取的策略也有很大差别,由此使谈判不时地陷入困境。

正在来自于世界各国和各地区的谈判代表为如何履行乌拉圭回合的成果而煞费苦心、彷徨不前时候,美国的约翰·杰克逊教授提出了"改革关税贸易总协定制度"的论文,主张乌拉圭回合的谈判各方应抓住历史机遇,成立世界贸易组

① 见联合国文件第EPCT/34号,1947年。

② 见美国总统办公室编:《贸易序言》,1982年,第92页。

③ 本部分内容参考了王贵国著《世界贸易组织法》第12到21页相关内容,法律出版社,2003年4月第一版。

织，将乌拉圭回合的谈判成果全部纳入世界贸易组织的框架之中。这种观点很快得到了各个国家的积极响应。1991 年 11 月加拿大和欧盟提出建立多边贸易组织的联合建议。1993 年美国政府在获得国会的快车道授权后，提出新的国际组织的名称应为“世界贸易组织”而非多边贸易组织，各方应于加入世界贸易组织后立即退出 1947 年的关税及贸易总协定，以解决新成立的世界贸易组织（即 1994 年关税及贸易总协定）和原来的 1947 年关税及贸易总协定两个制度并存的问题。

1994 年 4 月 15 日，关税及贸易总协定经过长达八年时间的乌拉圭回合的谈判，代表 124 个国家和地区的代表在多达 26 000 多页的多边贸易谈判最终文本上签了字，最终完成了从关税贸易总协定向世界贸易组织的过渡。由于该协定是在马拉喀什签订的，故建立世界贸易组织的协定又称为马拉喀什协定。1994 年 12 月 8 日至 9 日，世界贸易组织筹备委员会，关税及贸易总协定缔约方和国际贸易组织临时委员会执行委员会达成协议，将关税及贸易总协定国际贸易组织临时委员会的债权、债务全部转到世界贸易组织名下，并将世界贸易组织协定的生效日期定为 1995 年 1 月 1 日，真正意义上的世界贸易组织正式成立运作。

## 二、世界贸易组织及其规则体系

### （一）世界贸易组织的特征

通过上边对于关税及贸易总协定到世界贸易组织的演变的了解和分析，我们可以知道，世界贸易组织是由众多国家和单独关税区组成的、具有法律人格的、以发展国际贸易为基本宗旨的国际经济组织。

具体而言，其特征如下：

（1）世界贸易组织是一个国际经济组织。

国际经济组织，是指由两个以上国家或者两个以上国家和单独关税区，为了实现共同经济目标而组成的国际组织。这是狭义的理解；从广义上说，国际经济组织还包括民间的国际经济组织在内。世界贸易组织属于世界性国际经济组织，而且是最具广泛性的国际经济组织之一。

（2）世界贸易组织以发展国际贸易为基本宗旨。

世界贸易组织以发展国际贸易为基本宗旨，以规定货物贸易和服务贸易为其法律文件的主要内容，因此它是一个国际贸易组织。

（3）世界贸易组织具有法律人格。

《世界贸易组织协定》第 8 条第 1 款、第 2 款规定："世界贸易组织具有法律人格，世界贸易组织每一成员均应给予世界贸易组织履行其职能所必需的法定资格"，以及"必需的特权和豁免"。

(4) 世界贸易组织由众多国家和单独关税区组成。

世界贸易组织不仅不是民间的国际经济组织，而且不同于仅由国家组成的国际经济组织。《世界贸易组织协定》第 12 条第 1 款明确规定："任何国家或在处理其对外贸易关系及本协定和多边贸易协定规定的其他事项方面拥有完全自主权的单独关税区，可按它与世界贸易组织议定的条件加入本协定。"在实践中，也正是按此规定执行的。

**(二) 世界贸易组织规则体系**

世界贸易组织规则是以世界贸易组织法律文件为表现形式的法律规范的总称，其法律渊源是世界贸易组织法律文件。这些法律文件包括《世界贸易组织协定》及其 4 个附件，执行有关协定的谅解以及部长决定、宣言，还有作为《世界贸易组织协定》组成部分的加入议定书及其附件和工作组报告书。在法律规范体系中，世界贸易组织规则属于国际法规范，属于国际法的范畴。

具体而言，世界贸易组织规则主要包含以下内容：

1. 贸易政策审查和争端解决规则

1) 贸易政策审查规则

所有世界贸易组织成员的贸易政策和做法将被定期审查。这种审查的频率主要决定于各成员在最近代表期内占世界贸易的份额。以此确定的前 4 个贸易实体(如美国、日本、欧盟和加拿大，即当前世界贸易中的"4 驾马车")每 2 年审查一次，随后的 16 个成员每 4 年审查一次，其他成员国每 6 年审查一次，但是对最不发达成员国的审查间隔期将更长。如果一个成员的贸易政策和做法的变化对其贸易伙伴有重大的影响，世界贸易组织贸易政策审查机构还可以提前进行新的审查。

世界贸易组织专门针对中国制定了特殊的贸易政策审查规则。对中国实施世界贸易组织规则和《中国加入议定书》中规定的审查将在中国加入世界贸易组织后的 8 年内每年都要进行。在加入后的第 10 年进行最后的审查，或由总理事会决定提前进行这种最后的审查。

2) 争端解决规则

世界贸易组织主张通过"争端解决机制"解决成员方之间的贸易纠纷，而不支持成员方未经授权自行采取报复措施。"争端解决机制"由乌拉圭回合达成的

《关于争端解决的规则与程序的谅解》所规定。专门设立的“争端解决机构”处理成员方之间的贸易纠纷。在争端解决机构之下有专家小组和上诉机构。专家小组不是常设机构，而是在某一具体争端案件中应当事方的请求而专门设立的。专家小组由3到5名精通国际贸易法律和政策的专家组成。上诉机构是常设机构，由7名成员组成，任何一件上诉案件都将由其中的3人审理。贸易争端的解决的基本程序包括：磋商→调解→专家小组程序→上诉程序→裁决的执行和监督→裁决未执行时的补救措施。

2. 农产品贸易规则

世界贸易组织农产品贸易规则主要包含在世界贸易组织《农业协定》中。《农业协定》是世界贸易组织的多边商品协定之一，它由13部分、21条以及作为该协定重要组成部分的6个附录构成。该协定所确立的有关农产品贸易的特定承诺主要包括：市场准入减让；国内支持承诺；出口竞争承诺；出口补贴承诺。

3. 纺织品与服装贸易规则

世界贸易组织纺织品与服装贸易规则是由世界贸易组织《纺织品与服装协定》确立的。该协定的主要内容包括：纺织品和服装贸易“一体化”的规则；过渡期保障条款；反规避条款；设立纺织品监督局的规定；协定所适用的产品范围在附录中列出。

4. 服务贸易规则

服务贸易规则集中体现在《服务贸易总协定》中。这个协定之所以成为《世界贸易组织协定》的组成部分，主要基于以下三个方面：第一是包含着适用于所有成员国的基本义务的框架协议（即世界贸易组织《服务贸易总协定》正文文本）；第二是各成员国均提出承诺减让表，这些减让是持续的自由化进程的目标；第三是专门适用于个别服务部门的具体情况的多个附录。

5. 反倾销规则

反倾销规则是由《反倾销协定》规定的。该协定全称是《关于实施〈关税与贸易总协定1994〉第6条的协定》，规则主要包含倾销认定规则，倾销幅度认定规则和损害确定规则，以及调查程序等内容。

6. 补贴与反补贴规则

《关贸总协定1994》第6条和第16条确立了世界贸易组织关于补贴和反补贴的基本原则。《补贴与反补贴措施协定》则是世界贸易组织关于补贴和反补贴的实施细则，它所确立的反补贴的程序和实体规则与反倾销程序和实体规则有很大的相似性，但倾销是出口商（或生产商）的行为，补贴是政府行为。由于世界贸易组织是政府间组织，它只对政府行为加以管辖，所以《反倾销协定》只约束了政府的反倾销行动，而《补贴和反补贴措施协定》则既规范政府补贴，也规范了政府的反补贴措施。

7. 保障措施规则

《保障措施协定》确定了世界贸易组织关于保障措施的适用规则。《保障措施协定》的主要目标是规范《关贸总协定 1994》第 19 条“对某些产品进口的紧急措施”的实施，加强对保障措施的多边控制，消除逃避此类控制的措施，推动而非限制国际市场上的竞争。

8. 与贸易有关的知识产权保护规则

世界贸易组织成员针对版权、商标、地理标志、工业设计、专利、集成电路的布图设计、未公开的信息等知识产权的保护与实施达成了一个协定，即《与贸易有关的知识产权协定》。这个协定确立了有关知识产权的规则。同《服务贸易总协定》一样，它也是世界贸易组织协定的重要组成部分。该协议内容突破了传统的知识产权内涵，将地理标志、工业设计、集成电路的布图设计也纳入其管辖的范围。在知识产权保护和实施中，最惠国待遇原则和国民待遇原则是适用的最基本原则，另一方面，该协议也注重在知识产权的保护与防止知识产权持有人滥用知识产权或以不正当手段限制贸易之间保持平衡。

9. 与贸易有关的投资措施规则和进口许可程序规则

与贸易有关的投资措施的规则体现于《与贸易有关的投资措施协定》中。这些规则仅适用于与商品贸易有关的投资措施。成员所实施的与贸易有关的投资措施要求主要有当地含量要求（即在生产中使用一定价值的当地投入）、贸易平衡要求（即进口要与一定比例的出口相当）、外汇平衡要求（即规定进口需要的外汇应来自公司出口及其他来源的外汇收入的一定比例）、国内销售要求、出口实绩要求（规定应出口一定比例的产品）、当地股份要求（规定公司股份的一定百分比由当地投资者持有）等。

《进口许可程序协定》确立了进口许可程序规则。这些规则加强了对进口许可程序使用者的约束，增强了进口许可程序的透明度和可预测性。

10. 原产地规则和海关估价规则

原产地规则主要用于确定产品的原产地。世界贸易组织有关原产地的规则体现于《原产地规则协定》中。这一规则的目的在于促进各成员国原产地制度的协调，使其原产地制度本身不致于成为不必要的贸易障碍。但在实践中，各种原产地规则有很多，很大程度上成为实施贸易保护的“特洛伊木马”。

海关估价主要目的在于对进口商品的申报价值进行审查，以确定合理的完税价格。世界贸易组织的海关估价规则，体现于《关于实施〈关税及贸易总协定1994〉第7条的协定》中。该海关估价规则包括：海关估价应公平、统一和中立，杜绝使用武断的或虚构的海关完税价格；确定海关完税价格应在最大程度上依据成交价格；估价程序应是普遍适用的，不应因供应来源不同而不同；估价程序不应用来抵制倾销。

11. 关于卫生与植物检疫措施适用规则和技术性贸易壁垒适用规则

在国际贸易中，一些国家和地区借口保护人类、动物或植物的生命或健康、保护生态平衡，设置了一些不合理的检疫措施和标准，严重地影响了国际贸易的正常发展。为此世界贸易组织制定了关于卫生与植物检疫措施的适用规则。这些规则体现于《实施卫生与植物检疫措施协定》中，实质内容包括协调规则、对等规则及风险评估等。

技术性贸易壁垒作为一种非关税壁垒是世界贸易组织成员实施贸易保护的重要手段之一。为此，世界贸易组织制定了《技术性贸易壁垒协定》，规范了适用技术型贸易壁垒的规则，以使技术贸易措施及其实施方式不构成任意或不公正歧视的手段或对国际贸易的变相限制。

## 第二节 反倾销法律制度的主要内容

### 一、反倾销法律制度及其演变

#### （一）反倾销法律制度

1. 反倾销法的国内法规范

反倾销法一般表现为国内规范与国际规范两种形式。反倾销法的国内法主要指由一国立法机关制定，由国家行政机关保证执行，为规范进口产品价格秩序，保护国内相关产业，要求进口产品相关者必须遵守的行为规则。它是调整进口国反倾销调查机关在对倾销进行调查、裁定和采取反倾销措施过程中所发生的各种权利与义务关系的法律规范。一般而言，反倾销法的国内法渊源主要体现为各国制定的有关反倾销的专门立法，以及在关税法、对外贸易法、行政法等其他法律法规中涉及到的反倾销规则。此外，在普通法系国家，反倾销法还体现为具有约束力的行政主管机构和法院的反倾销判例等。

反倾销法的实施属于行政执法，也被称为准司法活动，通常由国家行政机关实施，如美国的商务部和国际贸易委员会，欧盟的部长理事会和委员会，日本的大藏省和通产省，加拿大的边境服务署，中国的商务部、海关总署等。反倾销案件直接由有关行政机关受理和裁决，适用的程序是一般行政程序。当然，反倾销法这种性质并不排除法院对反倾销程序进行司法审查的可能性，当事人对反倾销行政裁决不服的可以向特定法院提出司法审议的请求，但法院只是对行政机关的行政程序实施审查，而不直接受理当事人的反倾销诉讼，实际上是对行政程序进行法律监督。

2. 反倾销法的国际法规范

反倾销法的国际规范是由多个主权国家/或者单独关税区参与制定的，旨在防止倾销行为和贸易保护，促进世界公平贸易秩序的法律规范的总称。在法律渊源上，反倾销的国际法规范主要体现为国际间双边条约和多边条约，以及与之相关的国际组织的宣言、议定书等文件，其中最有影响的，就是关税及贸易总协定和世界贸易组织制定的《反倾销协议》。

反倾销法的国内法规范与国际法规范是相互影响、相互制约、彼此促进的关系。反倾销法的国内法规范是制定国际法规范的基础，同时也是保证反倾销国际法规范予以实施的保障；而反倾销法的国际法规范对于国内法规范的实施则起着反作用，其对于促进各国反倾销法律制度的统一、协调，以及保证该制度的公平实施起着重要的指引和规范的作用。世界上最早的反倾销法源于加拿大于1904年制定的《海关法》的第6节，其后美国、英国、澳大利亚、新西兰等国相继效仿，制定了各国的反倾销法。在此基础上，国际社会才逐渐制定了关税及贸易总协定的反倾销条款和《反倾销协议》，而最后通过的世界贸易组织《反倾销协议》则对于各国制定的反倾销法起着不可替代的指导和协调作用。

**(二) 国际反倾销法的演变①**

1.《关贸总协定》第6条的产生

第二次世界大战后，在各国就拟建国际贸易组织进行谈判过程中，为了将反倾销措施限制在合理的范围和程度之内，各国开始谋求将反倾销措施纳入国际统一的轨道。当时，美国代表建议制定一套统一适用于各成员方的关于反倾销及反补贴的国际规则，并将其主要精神规定于当时《国际贸易组织宪章》第17条中。后由于宪章未获通过，宪章第17条的规定被移植到1947年《关税及贸易总

---

① 本部分参考了沈四宝、刘彤编著《WTO反倾销协议解读》第14到20页内容，湖南科学技术出版社，2006年6月第一版。

协定》第 6 条，名为“反倾销与反补贴税”。自此，国际社会确立了关于反倾销法律制度的基础性规定。

2. 20 世纪 50～60 年代《关贸总协定》第 6 条的运用

到 20 世纪 50 年代，在关贸总协定成员中已经有 20 多个国家建立了反倾销制度，其中美国、加拿大、澳大利亚等部分发达国家使用反倾销措施还比较频繁。但由于《关贸总协定》第 6 条对于倾销的定义以及反倾销制度的规定相对模糊并缺少可操作性，在关贸总协定成立后，《关贸总协定》第 6 条对于各国法律制度的指引规范作用很少。为改变这种状况，关贸总协定秘书处在 1956 年成立了一个专家小组，建议对于《关贸总协定》第 6 条进行说明和解释。但该建议并未付诸实施，仅停留在学术探讨阶段。

3. 肯尼迪回合《关于执行〈关贸总协定〉第 6 条的协议》

在关税及贸易总协定谈判的前几轮进行关税削减取得成绩的基础上，反倾销逐渐成为各成员国所关注的问题。1964 年开始的肯尼迪回合谈判，经过三年时间，最终成员国各方达成了《关于执行〈关贸总协定〉第 6 条的协议》。这是关贸总协定制定的第一个反倾销协议，也是肯尼迪回合谈判的在非关税壁垒领域达成的唯一正式协议。该协议发展和充实了《1947 年关贸总协议》第 6 条的内容，对于倾销的确定、实质性损害的标准、反倾销税的征收等重要问题做出了更为具体的规定，并在实质性原则的基础上对反倾销措施调查与实施程序也作了规定。

4. 东京回合《1979 年反倾销守则》

1979 年在东京举行的关贸总协定东京回合的谈判，各缔约国对肯尼迪回合《反倾销协议》进行了多处的修改，并最终形成了《1979 年反倾销守则》，并于 1980 年 1 月 1 日生效。该守则全称为《执行〈关贸总协定〉第 6 条的协议》，它取代了部分成员方在肯尼迪回合谈判中签署的《反倾销协议》。该守则专门规定了反倾销协议的监督机制和争端解决程序，放宽了肯尼迪回合《反倾销协议》中关于倾销与国内产业损害之间的因果关系的要求，要求发达国家在实施反倾销措施时，对发展中国家的特殊情况予以特殊考虑，并强调了各国国内倾销立法应与《反倾销守则》接轨。

5. 乌拉圭回合《关于执行〈1994 年关贸总协定〉第 6 条的协议》

开始于 1986 年的关贸总协定乌拉圭回合谈判，将反倾销问题仍然作为主要议题之一列入了谈判议程。经过多年努力，缔约各方最终形成了《关于执行 1994 年〈关贸总协定〉第 6 条的协议》(简称“《WTO 反倾销协议》”)，并于 1995

年1月1日与乌拉圭回合其他文件一并生效，并援用至今。该协议对原东京回合《反倾销守则》作了全面修改和补充，提高了透明度和法律上的预见性，加强了程序要求。该协议要求每一个缔约方在其国内的反倾销法律中，都应包含司法、仲裁或行政审议以及程序规则内容，从而改变了以前只由行政当局进行审议的情况，使得反倾销法接受司法审议。该协议成为当今现行国际反倾销法律制度的基础性重要文件，构建了国际反倾销制度的基本框架。

## 二、《WTO反倾销协议》的主要内容

《WTO反倾销协议》属于乌拉圭回合一揽子协议的重要组成部分，如果一个缔约方要接受该回合协议，就必须接受包括《WTO反倾销协议》在内的所有协议。在法律效力上，《WTO反倾销协议》规定，各缔约方不得对协议的任何条款提出保留，各缔约方国内反倾销法的内容不得与协议的规定相抵触，该协议具有适用世界贸易组织所有成员的效力。一缔约方如果受到来自另一缔约方违反该协议项下义务而受到损害，可以依照有关程序，向世界贸易组织争端解决机制请求实施救济措施。

在具体规定上，《WTO反倾销协议》主要包括下列内容：

### (一) 倾销及其确定①

倾销及其确定，是整个反倾销法律制度的基础，《WTO反倾销协议》第2条规定："如一产品自一国出口到另一国的出口价格低于在正常贸易中出口国供消费的同类产品的可比价格，即以低于正常价值的价格进入另一国的商业，该产品被视为倾销"。由此可知，倾销是一种在正常贸易状态下的产品的出口价格和产品的正常价值进行比较的结果。一般而言，如果出口价格低于正常价值，则倾销存在；如果出口价格高于正常价值，则倾销不存在。出口价格和正常价值是倾销确定的两个核心的要素。

1. 出口价格

出口价格是指一国的出口商或生产者向另一国出口的产品价格，也就是出口商将产品出售给进口商的价格。根据《WTO反倾销协议》，在特定的情况下，如果不存在出口价格或调查主管机关认为基于某种原因出口价格不可靠时，比如易货贸易、补偿贸易及国内没有同类产品销售等，出口价格可在进口产品首次

---

① 本部分内容参考了尚明编著《反倾销：WTO规则及中外法律与实践》第21到32页内容，法律出版社，2003年11月第一次印刷。

转售给独立买受人的价格基础上予以确定。

2. 正常价值

《WTO 反倾销协议》第 2 条第 2 款至第 3 款规定了正常价值的三种基本的确定方法：

第一，正常贸易过程中的出口国供国内消费的同类产品的可比价格，即出口国国内市场销售的价格。一般是指被调查的同类产品在调查期期间(一年至一年半)，在其本国国内市场正常贸易过程中的成交价格或销售牌价或一段时间的加权平均价格。当出口国国内市场中不存在该同类产品的销售，或者虽然同类产品在出口国市场有销售，但鉴于市场特殊情况不允许进行价格比较，或者销售量很低，不适合作比较时，这种国内市场销售价格可视为非正常贸易下发生的，不应作为可比价格来进行比较。

第二，出口至适当的第三国的具有代表性的可比价格。这种代表性包括：产品具可比性；向所有第三国销售价格较高的产品价格；该第三国的销售做法与反倾销被调查过该类产品的销售做法相类似；不能低于成本销售，且该产品的出口量一般不能低于出口到反倾销调查过市场总量的 5%。

第三，通过构成公式计算出来的结构价格。该价格是基于被调查产品的一定事实推算出来的价格，是通过同类产品在原产国的生产成本(实际消耗的原材料、折旧、水电等能耗和劳动力等)加上合理金额的管理费用、销售费用、一般费用和利润确定出来的。如果生产者的生产纪录符合出口国公认的的会计原则并合理反映了与被调查产品有关的生产和销售成本，生产成本通常以被调查的出口商或生产商或生产者保存的纪录为基础进行计算，通过适当的分摊方式获得。至于相关的管理、销售等费用，一般也依据被调查的出口商或生产商在正常贸易过程中生产和销售同类产品的实际数据计算，除非这些数据被认为不可信。

3. 价格的比较

要计算倾销幅度，需要对于所收集的公平价值和出口价格进行比较。但比较之前，需要对于价格进行调整。《WTO 反倾销协议》规定，进口国调查主管机关需要调整影响价格的项目包括：第一，相同的贸易水平情况下，通常是讲两种价格减去有关的税费、利润等，倒推至出厂前的价格水平；第二，尽可能针对在相同时间进行销售，以尽量减少因时间差造成的价格差异；第三，根据每一案件的具体情况，适当考虑影响价格可比性的差异，如销售条件、税收、贸易水平、销售数量、物理特征以及其他影响价格可比的差异，并避免重复进行；第四、在不存在出口价格而是用转售价格或结构价格的情况下，调查机关还应对进口和转售之间的费用及产生的利润进行减免处理。

在进行具体价格比较时，为保证公平，《WTO反倾销协议》规定了下列方法：第一，用加权平均的正常价值同所有可比出口交易的加权平均价格进行比较；第二，用正常价值同出口价格以逐笔交易为基础进行比较；第三，如果出口价格因不同进口商、地区或时间差别较大，且若调查主管机关对适当考虑此类差异而不能使用上述两种方法进行比较做出说明，进口国可以在加权平均基础上确定的正常价值与每笔出口交易的价格进行比较。

4. 非市场经济国家的价格比较

《WTO反倾销协议》规定的正常价值调查原则主要适用于价格在市场机制下产生的情形，对于非市场经济条件下的产品价格，则规定了例外。即："在进口产品来自贸易被完全或实质性垄断的国家，且所有国内价格均由国家确定的情况下，在进行如反倾销协议确定的比较价格时可能存在特殊困难，在这种情况下，进口缔约方可能认为有必要考虑与此类国家的国内价格进行严格比较不一定适当的可能性"。该条款虽然并没有直接指明非市场经济国家的概念，以及应如何对待这种情况，实际间接从某种角度上授予了进口国根据此原则对非市场经济国家产品使用特殊方法判断正产价值。

基于此，一些国家对所谓的非市场经济国家产品采用"替代国"同类产品的价格予以确定，实践中往往对"替代国"的选取以及"替代国"产品的价格确定远远不利于出口国，这就使本用来保证反倾销公平调查的例外条款，逐渐演变成了新的贸易保护主义的借口。非市场经济规则的滥用，不但背离了《WTO反倾销协议》的基本原则，也对于公平竞争和贸易自由化产生了负面影响。

**（二）损害及其确定**

根据《WTO反倾销协议》第3条的规定，产业损害应理解为对于一个国家产业的实质性损害、实质性损害威胁或对此类产业的建立造成实质性阻碍，可以分为三种情况。

(1) 实质损害。要考察实质损害，应主要关注：①倾销进口产品的数量情况（调查期内进口产品的绝对数量或相对数量是否存在大量增长）；②倾销进口产品对国内市场同类产品的价格影响；③倾销进口产品对国内同类产品产业产生的影响等方面。

(2) 实质损害威胁。要判断实质损害威胁，应主要关注：①倾销进口产品进入国内市场的大幅增长率，表明进口实质增加的可能性；②出口商有可充分使用的或即将增加的生产同类产品的能力，表明倾销产品进入进口方成员市场实质增加的可能性；③进口产品价格对国内产品的抑制影响及刺激进口的可能性，是否会增加对更多进口产品的需求；④被调查产品的库存情况，如果进口国的免税仓库或进口商、批发商的库房积压大量商品或库存大量增加，明显对于产品损害的威胁的成分会上升。

(3) 实质损害产业的建立。这里应该理解成一个新的产业的实际建立过程受到阻碍，不应该被理解成倾销的产品阻碍了建立一个新产业的设想或者计划。

**(三) 反倾销调查的发起**①

1. 发起的主体和要求

《WTO反倾销协议》第5条规定，反倾销调查开始有两种：在一般情况下，任何确定被指控倾销是否存在、倾销幅度和损害影响的调查，应在受到国内产业或代表国内产业提出的书面申请后发起；在特殊情况下，主管机关只有在得到有关倾销及损害及其因果关系存在的充分证据，并证明发起调查是正当的情况下，方可主动调查。也就是说，反倾销调查发起调查有两种方式，国内产业代表申请调查以及调查主管机关主动立案调查。

如果是国内产业代表申请调查，其必须具有一定的代表性，否则将会被认为主体资格不合法而被拒绝受理。《WTO反倾销协议》对此作了两点具体规定：第一，如果申请得到总产量构成国内产业中表示支持或反对申请的国内同类产品生产商生产的同类产品总产量的50%以上的国内生产商的支持，则该申请就被视为“由国内产业或代表国内产业提出的”；第二，如果表示支持申请的国内生产商的产量不足国内产业生产的同类产业生产的同类产品总产量的25%，则调查不应发起。由此，我们得知，表示支持申请的国内生产商的总产量要大于反对申请的生产商的总产量，同时，表示支持申请的国内生产商的总产量占整个国内产业的总产量要达到25%以上。

2. 主管机关对申请的审查和处理

进口国调查主管机关在收到申请人反倾销申请后应及时对其进行审查，以便确定是否有必要开始调查。审查的内容主要包括：申请人的申请形式是口头还是书面的；申请人的法定资格是否具备；申请中所列的各项政局是否充分准确。审核过程中和审核结束后做出的处理事项包括：调查主管机关应尽量避免把发起调查的申请公诸于众，除非已经决定调查立案；在收到反倾销申请之后与

① 本部分参考了吴喜梅著《WTO反倾销立法与各国实践》第36到49页内容，郑州大学出版社，2003年9月第一版。

发起调查之前的一段时间内，调查机关有义务将决定开始反倾销调查的事宜项涉诉产品的出口国政府通报；反倾销调查不应该妨碍正常清官程序的进行等。

除特殊情况外，反倾销调查应该在 1 年之内结束，最长不得超过 18 个月。如果证据不足以证明倾销或损害的存在，倾销幅度是微量的，或者倾销进口量或损害量属于可忽略不计的情况，反倾销调查则应立即终止。

3. 证据的核实与处理

调查机关应在证据充分的基础上，原则上对每一个已知的出口商或生产商的产品资料进行逐一的调查，并单独裁定各自的倾销幅度。但如果倾销调查涉及的出口商很多，不能对所有的出口商都进行调查时，《WTO 反倾销协议》规定可以采取选取部分出口商进行抽样调查等方法，调查结果原则上对所有的出口商都能够适用。

对于抽样调查，应遵循：①据调查机关在抽样选择时所得到的现有信息资料，对于个合理数目的利害关系人进行审查；②对该国出口产品数量占醉倒百分比的对象进行合理的审查，而对那些及时提供必要资料但尚未被选择的每一个出口商或生产商，调查机关应在审查其所提供的资料的基础上，单独做出倾销幅度的裁定。抽样不应该是随机的，应该是把最大的出口商作为调查对象。

如果任何一个利害关系人在合理的时间内拒绝接受或不提供必要的资料，或严重妨碍调查，则不管是初裁还是终裁，也不论是肯定的还是否定的裁决，调查机关均可在现有事实基础上做出裁定。

**（四）反倾销措施**

1. 临时反倾销措施

在最终裁定之前，为了及时有效地保护国内产业，在一定条件下，进口国主管机关可以采取临时反倾销措施。临时措施可以采用征收临时反倾销税的方式，也可以采用担保方式，其数额应相当于临时估计的倾销幅度。临时措施从案件开始调查期 60 日以后才可以采用，并不得超过 4 个月。在调查过程中，如果主管机关审查低于倾销幅度的反倾销税不足以消除损害，则临时措施的适用期限可以从 4 个月和 6 个月分别延长为 6 个月和 9 个月。

2. 最终反倾销措施

最终反倾销税的征收，是指在作出反倾销终裁时，进口国在正常关税以外对进口产品所征收的一种特殊关税，通常是由进口国海关向涉诉产品的进口商收缴，其数额相当于倾销幅度。对一项进口产品不得既征收反补贴税又征收反倾销税。反倾销税原则上不超过 5 年时间，如复审审定反倾销税的终止有可能导致倾销和损害的继续或再度发生，最终反倾销税应在最近一次复审起5年内的某一日终止。

3. 价格承诺

价格承诺是出口国为了抵制倾销、保护国内产业，在临时反倾销税和最终反倾销税之外所采取的另外一种反倾销救济措施。《WTO反倾销协议》第8条规定，价格承诺可以由出口商主动提出，也可以由进口国主管机关向出口商建议，但不能强迫，应取决于双方自愿。出口商承诺的价格“不得超过需要抵消的倾销幅度”，如果价格承诺“令主管机关满意”，则价格承诺即可达成。价格承诺须在调查机关作出肯定性初裁之后提出。

价格承诺如被接受，则反倾销案件调查应予终止。进口国主管机关可要求接受承诺的出口商向其提供有关履行该价格承诺的资料和信息，并允许核实有关数据。如果违反承诺，则进口国调查主管机关可以立即采取迅速行动，启动原反倾销案件，并对在采取此措施前90日内的进口产品征收最终反倾销税。

**(五) 行政复审和司法审查**

《WTO反倾销协议》第13条规定，国内立法包含反倾销措施规定的每个成员均应设有司法、仲裁、行政机构或程序，以迅速审查与最终裁定有关的行政行为，并且此类机构或程序应独立于负责所涉裁定或审查的主管机关。该条款反映了各国共同的司法标准和国际经济法一体化发展的趋势。

# 第二章　美国反倾销的应对

## 第一节　美国反倾销法律制度简介

### 一、美国对华反倾销调查案件的一般情况

改革开放以来，中国经济迅猛发展。随着出口规模的不断扩大，中国出口产品也频频遭遇国外反倾销，其中美国是对中国产品发起反倾销诉讼最多、力度最大的国家之一。根据世界贸易组织的统计，从1980年的第一起反倾销案算起，到2010年6月底为止，美国对华反倾销案件已达到155起，仅在1995年1月1日至2005年12月31日期间，美国对中国出口产品发起了61起反倾销调查，实施了50起反倾销措施，是此间对中国产品发起反倾销调查和实施反倾销措施数量最多的国家，占中国同期遭受反倾销调查和反倾销措施总量的13%和14.7%。近几年来，随着国际金融危机的影响，美国贸易保护主义明显抬头，2007年全年反倾销立案为3起，2008年为9起，到了2009年全年则增至12起，2010年前半年则达到了26起，超过了前三年立案数量的总和①。

从美国对华反倾销案占美国总案的比例看，1980年以来稳步上升，1980～1985年为6.3%，乌拉圭回合上升到9.1%，WTO成立后的10年里进一步提高到16.1%，这几年这个比例还在不断增长。在美国反倾销案占全球案的比重下降的形势下，其对华案比例却在不断上升，我国已成为美国反倾销的首要目标②。

美国对中国采取的逐年上升的反倾销措施，一方面直接影响到了中国相关产品的出口，降低了相关产品的产量；另一方面在出口严重受阻，一时转移市场

---

① 参见 http://info. usitc. gov/sec/dockets. nsf/WebPetitions。

② 参见 http://blog. china. alibaba. com/blog/nbquanxing/article/b0-i19310031. html。

无望的情况下，相关生产厂家则大量返销国内市场，使国内市场供求失衡及物价非正常波动，对国内经济的发展造成很大冲击；再者，由于纺织、丝绸、皮革制品、鞋类、玩具、煤炭、有色金属等劳动密集型产业不少是属于我国利用外资开办的三资企业，这些反倾销措施的实施很大程度上造成了这些企业被迫减产、停产或转产，使外商对我国投资的信心大减，严重破坏了投资环境。

## 二、美国反倾销法律制度简介

### (一) 法律渊源

美国反倾销法从 1916 年起到现在，历经多次演化、补充修订，已经具有近百年的历史，应该说是当今世界上比较成熟的反倾销法律制度。构成美国反倾销国内法律渊源的，除了成文反倾销法和国会通过的贸易法中有关条款外，还包括美国反倾销调查机关美国国际贸易委员会和上诉法院的有关判例，美国商务部和国际贸易委员会制定的条例和部门规章等。

#### 1. 1916 年反倾销法案

1916 年反倾销法是美国 1916 年《关税法》第 800～801 节所规定的条款，当时是以反垄断行为的面目出现的，是美国历史上第一部真正的反倾销立法。该法把倾销不但列为非法行为，可以追究民事责任，而且还规定是一种轻罪，可适用联邦刑事制裁。由于该法与后来的 WTO 规则精神相违背，WTO 争端解决上诉机构于 2000 年 9 月 26 日建议美国进行修改。其后，美国于 2003 年 4 月 3 日经国会众议院通过，对该法予以废止。

#### 2. 1921 年反倾销法案

1921 年应美国化学工业部门的要求，美国又颁布了 1921 年反倾销法。该法规定了倾销构成的基本条件和相应的民事救济措施，明确由联邦财政部和关税委员会负责受理反倾销申诉，确定了由行政机构以行政程序调查审理反倾销申诉的原则，为美国产业提起反倾销诉讼提供了宽松的法律基础。美国反倾销法中关于反倾销申诉调查的这些行政架构性的规定，后来构成了现代反倾销法律制度的雏形。

#### 3. 1930 年关税法

美国国会于 1930 年通过了新的《关税法》，将 1921 年的反倾销法作为 1930 年《关税法》的第七章。该法对倾销问题做出了补充的规定，一旦美国财政部裁定，被调查产品在美国的销售价格低于其正常价值，并对美国的国内产业造成损害时，可以对该进口产品征收反倾销税。这一规定奠定了现代国际反倾销法律中关于倾销、损害及其因果关系三者之间的基础，对其后的关税及贸易总协定及世界贸易组织关于反倾销的规则的制定，产生了深远的影响。

4. 1979 年贸易协定法

美国 1974 年通过制定新的贸易法对 1921 年反倾销法作出了修改，以美国国际贸易委员会取代关税委员会负责确定损害及处理相关事宜。为了适应关税及贸易总协定东京回合制定的反倾销守则的要求，1979 年 7 月 26 日，美国国会又通过 1979 年贸易协定法，批准了关贸总协定反倾销守则，以第一章完全取代了 1921 年的反倾销法，并决定在美国 1930 年关税法中增加第七章来实施关于关贸总协定反倾销守则的规定，形成了美国新的反倾销法律。该法扩大了倾销的适用范围，延伸了倾销的定义，就计划经济国家倾销的认定方法、裁定的期限和司法审查方面作了规定，将倾销调查和裁定的权利由美国财政部转移到了美国商务部，从而形成了由商务部负责调查倾销，美国国际贸易委员会负责调查损害的二元调查结构，并一直沿用至今。

5. 1988 年综合贸易与竞争法

1988 年 8 月 23 日，美国国会通过的第 100～418 号公共法律，被称作 1988 年《综合贸易与竞争法》，其中的第 1316 节至 1330 节对于反倾销法进行了修订补充，主要包括：非市场经济国家反倾销的特殊规定；美国可以要求第三国采取反倾销行动；反规避措施；监视下游产品；有关重大损害威胁要考虑的因素以及反倾销调查机构披露信息的规定等。

**（二）调查机构**

围绕着反倾销调查的主线，即倾销行为导致国内产业实质性损害，美国反倾销调查的具体程序是由美国商务部和国际贸易委员会两个机构协同进行。其中，倾销行为和幅度的确定由美国商务部负责，产业损害和因果关系的确定由美国国际贸易委员会负责。

(1) 美国商务部负责倾销行为的认定、倾销幅度的确定、倾销命令的发布。这些职责 1980 年之前是由财政部负责的，目前具体的调查部门是商务部内部的国际贸易署(ITA)。

(2) 美国国际贸易委员会负责产业损害调查。该委员会是一个与联邦储备局和证券交易委员会等机构性质相同的独立机构，其财政预算是独立的，总统不得加以修正。委员会由 6 名委员组成，委员任期为 9 年，均由参议院推荐，由总统任命。委员必须是美国公民，而且必须通晓国际贸易知识。为了均衡各党派在该委员会中的对比力量，保持该委员会的客观公正，来自同一个政党的委员不得超过 3 人。另外，在任命不同政党委员时，可能交替任命。

值得一提的是，根据这两个调查机构的功能不同，有人将美国商务部的官员比作为“检察官”，因为他们总是带着“放大镜”工作的，他们的职责就是查明企业到底存不存在倾销，如果有的话，倾销幅度是多少；而美国国际贸易委员会的官员则更像“法官”，因为他们秉承客观公正的原则来处理案件，不受党派和政府政策的左右。由此，这两个机构的性质和职能差别可见一斑。

**（三）实体规定**

美国反倾销调查围绕着确定被调查产品价格上是否存在倾销、被调查产品的进口是否对美国国内产业造成实质损害以及二者间是否存在着因果关系这一条主线进行的。这里包含三个要素：

1. 向美国出口的产品是否存在价格倾销行为

价格倾销是指外国出口商以低于正常价值的价格向美国出口产品。被调查产品正常价值与对美出口价格间的差额即为倾销幅度。正常价值的确定依美国商务部认定的被调查国家是否属于市场经济国家而不同。对于市场经济国家，正常价值的确定方法有：①根据国内销售价格，②根据向第三国出口的价格，③根据结构价格确定。国内销售价格和第三国价格是指被调查产品在出口国内或第三国第一次被出售给与生产商、出口商无关联关系的消费者的价格，第三国价格一般是在出口国国内价格“不可行”的情况下采用，如出口国国内市场规模不大或其他不能比较的因素。如果采用出口国国内市场价格或向第三国出口价格都不可行或调查发现这些市场上调查产品也是以低于成本的价格销售，则按结构价格确定正常价格。结构价格是指根据被调查产品的各项生产要素成本加上适当的管理、财务、销售费用等支出来推算出被调查产品的正常价值。

对于被美国商务部认定为非市场经济的国家，调查产品的正常价值则按替代价格的方法确定。商务部会事先选择一个与被调查的非市场经济国家经济发展水平相近、国内也有足够规模的与被调查产品类似产品的生产销售的国家作为替代国家。商务部要求非市场经济国家的被调查企业报送其生产的直接原材料和劳动力投入，再根据替代国家市场上这些生产要素的价格计算其直接的生产成本，加上替代国家该类产品平均的销售、管理、包装费用和利润等，最后结果即为商务部确定的非市场经济国家被调查产品的正常价值。

2. 美国生产同类产品的国内产业受到实质性损害

这里既包括对于美国的国内产业造成了实际的实质性损害，也包括造成了实质性损害威胁，还包括实质性阻碍了美国国内同类产业的建立。

根据美国1930年关税法对实质损害的界定，实质损害应该是"延续性的、实质性的或重要的损害"。国际贸易委员会在调查美国国内产业是否因被调查产品的进口而遭受到实质损害时，主要考虑被调查产品进口的价值总额、被调查产品进口对美国国内同类产品价格的影响、被调查产品进口对美国国内生产商的影响，后者如对国内生产商在产量、销售、市场份额、利润、投资收益、存货、人员雇佣、工资方面的负面影响或对国内产业发展方面的负面影响，如阻碍了国内同类产品的更新与研发。另外，国际贸易委员会还将调查外国生产商的生产能力、库存、价格、市场份额以决定被调查产品的进口是否对美国国内产业造成实质损害的威胁。所谓实质性的阻碍是指美国国内生产类似产品的产业的建立因受被调查产品进口的影响而减缓、受到阻碍。

3. 倾销行为和产业损害之间要存在因果关系

根据美国反倾销法律的规定，反倾销税的征收要以价格的倾销行为和产业的实质损害之间具有因果关系为主要依据。在调查过程中，美国国际贸易委员会必须查明国内产业所遭受的实质损害是否是由外国出口商的倾销行为造成的，如果调查发现倾销并非实质损害的主要原因，则不能采取反倾销措施。

**(四) 程序规定**

美国反倾销调查程序可以总体分为三个主要程序：主调查程序、行政复审程序和司法审查程序。其中主调查程序由美国商务部和国际贸易委员会负责，行政复审程序一般由美国商务部单独负责，而司法审查程序则由美国国际贸易法院和其他相关法院负责。

1. 主调查程序

主调查程序是所有反倾销案件第一次立案后将要进入的程序，其目的是通过调查被调查产品对美出口是否存在倾销行为、是否造成国内产业的实质性损害以及二者之间是否存在因果关系，确定是否应征收反倾销税以及具体的反倾销税率是多少。主调查程序的完成是由美国国际贸易委员会和美国商务部协同进行的，按照时间顺序共分为四个阶段：即美国国际贸易委员会的初裁和终裁阶段和美国商务部的初裁和终裁阶段。其中，美国国际贸易委员会的初裁为开端，其间经过商务部的初裁和终裁，最后又以美国国际贸易委员的终裁而告结束，从而完成一个完整的调查程序。

1) 美国国际贸易委员会初裁阶段

美国国际贸易委员会的立案属自动立案，无须对申请条件作实质性的审查。国际贸易委员会将在收到代表美国国内产业的申诉方反倾销请求后45日内，基于当时所能获得的信息，就是否有合理的迹象表明美国国内某一产业因受被调查产品进口的原因而受到实质的损害，或实质损害威胁，或美国国内某一产业的建立因被调查产品进口被实质性地阻碍做出初步裁定。在此阶段调查过程中，调查组将向美国生产商、美国进口商、外国生产商发出问卷，收集作出裁定所需的信息。

外国生产商的问卷一般通过其律师寄出。国际贸易委员会一般无权要求外国生产商必须答复问卷。但是在没收到外国生产商相关答卷的情况下，其将对收集信息的项目做出相反的推论。进入调查后三周左右，调查组将召开初期听证会。调查申请的支持方和反对方各获得一小时的时间安排，以陈述意见、事实、安排证人作证。在收到案件调查组调查报告后大约 4 天后，委员会将公开进行表决，与会的多数委员们的意见将形成委员会决定。在委员会表决中如果出现赞成票同反对票数相等的，则视为达成肯定性的裁决。

美国国际贸易委员会做出其初步裁决后，将向美国商务部通告其初裁结果并在联邦公报上公布。如果该初步裁决是肯定性的，案件反倾销调查将继续进行；如果是否定性的，则整个调查程序终止。

2）美国商务部初裁阶段

美国商务部自收到申请人调查申请后 20～40 天内决定是否立案调查。在此期间商务部将对申请人资格进行审查，主要是确定该调查申请是否得到国内多数厂商的支持。如果支持反倾销调查企业的产量占全部有关厂商总产量的一半以上，且占美国同类产品总产量 25%以上的，才被认为是得到了国内多数厂商的支持。如果对于申诉方的主体资格审查通过并决定开始调查程序，商务部将于联邦公报上发布公告，并通知国际贸易委员会、被调查国家政府和出口商。此外，如果商务部认为必要，也可依职权自行启动调查程序。

在商务部的初裁阶段，调查官员将通过各种渠道收集信息、数据以确定被调查产品是否存在倾销，其中很重要的是对国内生产商、进口商、外国生产商通过发放问卷的方式进行调查。针对外国出口商的问卷有迷你问卷和主体的反倾销问卷。迷你问卷主要用于强制调查企业的选取，在调查初期便向全体外国出口商发出。主体反倾销调查问卷包括 Section A、B、C、D 四个部分：反倾销问卷 Section A 是有关企业的结构、会计、产品、市场、与政府关系的内容；Section B 是有关国内销售和对第三国出口的内容；Section C 是有关对美出口销售信息；Section D 是关于生产成本和结构价格的内容。问卷的这几部分将分次向外国出口商发出，并配备有需要提供各种数据的电子表格。

在受理反倾销指控后160天内(情况复杂的话可延长50天),商务部将就调查作出初步裁定并于联邦公报上公布。如果商务部的初裁结论是肯定性的,则同时公布各个企业适用的预估的倾销幅度。联邦公报公布商务部肯定性初裁决定后,商务部将发出暂停完税通关命令。进口商如仍要从被调查国家进口被调查产品,则需向海关缴纳相当于商务部初期裁定所公布的倾销幅度的现金或债卷作为押金。如果商务部经过调查作出否定性的初裁决定,反倾销调查程序仍将继续进行,并不因此而终止。

3) 美国商务部终裁阶段

在公布初裁决定后75天内(因情况复杂延长不得超过135天),商务部将就被调查产品在美国是否存在倾销作出最终裁定。如果最终裁定为否定性的,则终止反倾销调查并撤销初裁时发布的暂停完税通关命令,并退还以前进口商预交的押金等。如果最终作出的是肯定性的裁决,商务部将命令海关停止放行被调查国家的被调查产品入关,除非调查产品进口商缴纳与反倾销税额相等的现金或提供债券担保。商务部将通知国际贸易委员会其终裁决定并等候其最终裁定。

4) 美国国际贸易委员会终裁阶段

正常情况下,反倾销案件自收到调查申请日起280日内,美国国际贸易委员会将就调查产品的进口是否对美国国内产业造成实质损害或实质损害威胁或实质性地阻碍了美国某一产业的建立做出终裁裁决。在这一终裁调查阶段,调查组将进一步进行问卷调查,举行听证会。国际贸易委员会于收到商务部初裁决定120天内或终裁决定45天之内向商务部部长传达其终裁决定。如果商务部的初裁是否定的,但终裁是肯定的,此时国际贸易委员会应在商务部终裁后的75天内作出最后决定。

如果商务部或国际贸易委员会的终裁是否定的,该反倾销调查程序就宣告终止,有关机关应退还以前缴纳的保证金等担保。如果商务部和国际贸易委员会的终裁都是肯定的,则商务部在收到委员会终裁的7天内发布正式的反倾销税令。但商务部或美国国际贸易委员会终裁做出否定的决定时,海关不仅要重新恢复通关,而且还要退还所有缴纳的预估反倾销税及担保保证金。另外,无论是什么样的结果,都应在联邦公报上公告并通知程序中的所有当事人。

2. 行政复审程序

行政复审的各个程序中除“日落复审”外,一般是由美国商务部单独完成的。根据行政复审的功能不同主要可分为四种:年度审查;新发货商审查;情势变更审查；日落审查。

1）年度审查

反倾销命令生效后，美国商务部将自第二年起在每年公布反倾销命令的同一月份在联邦公告上刊登行政复查申请公告。如果在指定期间内无任何当事人提出申请，商务部将通知美国海关继续按照原反倾销税率征收进口关税。如果有人提出申请，商务部将会另行发布展开行政复查的公告。年度复审的基本目的在于决定海关将对复审期间进口的被调查产品征收反倾销税的税率。海关将按复审判定的新税率对复审期间征收的反倾销保证金进行清算。没有要求进行年度复审的企业，其出口到美国的被调查产品的反倾销税仍将按原来确定的税率征收。某些复审案件中，商务部还将决定对具体某一企业是否应该撤销相应的反倾销命令或裁决。

2）新发货商审查

根据美国1930年关税法的规定，新出口商、新生产商如果它们在调查期间没有向美国出口被调查产品，且与调查期间对美出口的生产商、出口商间不存在关联关系，没有参加主调查程序的话，可要求进行快速的新发货商复审。该复查请求必须在出口相关产品后一年内提出。需要注意的是，在该审查完成以前，商务部可要求相关当事方对可能的反倾销税提交保证金。

3）情势变更审查

情势变更审查是指形成反倾销调查最终决定所依据的客观因素发生了足够的变化，以至于必须重新审查该最终决定，以判断是否需要变更或撤销该决定。如果没有充分可信的理由，美国商务部一般不会在作出反倾销调查最终决定后的24个月内进行情势变更审查。到目前为止，被考虑过的情势变更因素只有两种，即A、被调查产品的原产国家/地区加入了某些组织（如世界贸易组织）；B、发生国家合并（如两德统一）。

4）日落审查

反倾销命令实施满五年后，美国商务部及国际贸易委员会将进行“日落条款复查”。同原始反倾销调查一样，日落复审也同样分为两个相对独立的过程，即美国商务部的裁定及美国国际贸易委员会的裁定。商务部主要裁定如果撤销反倾销令或终止正在进行的调查，有关利益方是否将会恢复或继续倾销。商务部复查时将考察反倾销命令发布后历年实际倾销幅度及反倾销命令发布前后的进口量及其他相关价格、成本、市场、经济因素等。若是，商务部则须向国际贸易委员会提供可能的倾销幅度。而国际贸易委员会主要是根据商务部的数据及其他相关数据，裁定撤销征税令是否会对美国国内产业重新或继续产生实质性损害。国际贸易委员会将考察反倾销命令撤销后可能的进口量、价格效果及其对国内产业的影响。只要这两个部门任何一个作出否定性的裁定，美国商务部必须撤销该反倾销征税令。另外，如果商务部于联邦公报上公布的“日落审查”通知后90天内国内有利害关系的企业没有作出任何回应时，商务部将自动撤销反倾销命令。

3. 司法审查程序

美国的反倾销调查程序应该说是一种行政司法程序。这一程序最终还是受美国的国内司法程序的监督和制约的。美国有关国际贸易问题的纠纷由专门设立的美国国际贸易法院负责管辖。对于国际贸易法院作出的法院裁定仍然不服的，还可以向联邦上诉法院上诉。

美国生产商、进口商、外国出口商以及其他任何利害关系人如果对反倾销调查机构的行为不服，均可以于相关机构裁定公布后30日内向设在纽约的美国国际贸易法院提起诉讼，申请司法审查。如果原告胜诉，法院将责成有关被诉机关对被诉裁定、命令作出变更。美国商务部应在法院判决后10天内将相关判决在联邦公报上公布，并依照法院判决将相应变更后的裁决、命令通报国际贸易法院。应该指出的是，法院的判决不具有溯及力。也就是说，法院判决公布之日以后的进口按变更后的裁定条件进口通关，此前的产品进口仍按原来裁定要求执行。可以提出司法审查的调查机构的裁定有：美国商务部或国际贸易委员会的最终肯定或否定性的裁决、依关税法第751条所做的最后行政复查裁定、商务部根据出口商的保证而做出的终止调查裁定以及国际贸易委员会做出的有损害影响的裁定。

## 第二节　应对美国反倾销律师实务

### 一、应诉策略的制定

由于美国反倾销法律在调查程序的不同阶段规定的调查重点和要求不同，相应地，我国企业的应诉策略也应该针对这些特点有所不同。结合我们办案的经验，具体讲，当一起针对我国国内产品的反倾销案件立案后，国内的企业应该而且必须要首先回答两个主要问题：一是企业是否应该应诉，二是企业如何有效地应诉。

### (一) 企业是否应该应诉

我们在办理反倾销案件中，常常发现有的企业为到底是否应诉而烦恼，他们反复犹豫，却始终拿不定主意。这些企业归纳起来有下列三种情况：第一类企业对外国出口占总销售的比重比较大，如果不应诉会对企业的经营产生极大的影响，甚至会危及到企业的生存，反倾销应诉实际成为了企业的“生死保卫战”。这些企业一般会选择应诉，但他们往往对于应诉的前景和后果却不甚了解，因此常常也是处于心理没底的状态。第二类企业虽然有些出口销售，但其出口、或者对美出口销售在总的销售中所占的比重不是很大，这些企业因为案件对其销售业务影响比起前者来不是很大，在应诉与否的问题上并不是十分急迫。但他们也同样存在担忧：一方面，他们怕应诉结果不理想，反倒损失了律师费，做了赔钱的买卖；另一方面，如果案件最后结果不错，他们没应诉反倒失去了一个好的出口发展机会。第三类企业没有对美销售、或没有对美销售被调查产品，其销售以内销为主，案件的结果对于他们的生产经营没有太大的影响，因此他们的应诉积极性不高，对于应诉与否持消极态度。

总结上述三种情况出现的原因，很大程度是由于我们国内企业对美国反倾销程序和应诉与否的后果不甚了解所致。要解决这一问题，只有切实了解了美国反倾销调查程序，企业领导者才会对于企业应诉与否做出科学的判断。

一般而言，一起美国反倾销案件结束后，最终适用于企业的税率分为三种：第一种针对参加应诉、同时又被选为强制调查对象的企业，他们要配合完成反倾销调查中的所有程序，每个应诉企业都可适用单独的税率。例如：在2003年的彩电反倾销案件中，长虹、康佳、厦华和TCL四家公司被确定为强制调查企业，其中长虹被认定的倾销税率是24.48%、TCL22.36%、康佳11.36%、厦华4.35%。第二种税率针对参加应诉的、但未被确定为强制调查的企业，这些企业仅需填写反倾销调查问卷中的单独税率申请问卷部分就可以了，不用填写C和D卷，也不用应对商务部的现场核查。这些企业则适用各个强制调查企业所取得税率的加权平均税率。比如，在彩电反倾销案件中的海尔、海信、创维等积极应诉但未接受单独强制调查的彩电企业获得了21.49%的平均倾销税率。第三种税率适用于所有未应诉的企业，美国商务部会根据申诉方所提交的或商务部可获取的最佳信息(BIA规则)，对他们课以最高的反倾销税率。在彩电案中，其他未应诉的国内彩电企业被统一定为78.45%的倾销税率，完全失去了向美国出口的可能性，而且这一反倾销税令一征就是5年，最长可以达30年。由此可见，从所取得的税率角度看，尽管企业参加应诉会存在被判较高税率的可能(尤其是被确定为强制调查企业时)，但比起不应诉来看税率还是比较低的，而且这一税率是可以通过参加以后的年度复审程序降下来的。总之，对于向美出口销售占比重较大的国内企业来说来，应诉应该是比较划算的。用美国有25年从业经验的反倾销专家科斯勃格的话来说就是：应对反倾销最好的方法就是应诉。

对于向美出口销售被调查产品不多的企业来讲，被选中为强制调查企业的可能性也不大。根据美国反倾销法律规定，强制调查企业的选取是依据在调查期之内对美出口量的大小，由大至小顺次选取的。具体选取几家作为强制调查企业，则完全是受美国商务部自由裁量权控制。因此，对于这些企业来讲，仅支付很少一部分律师费，完成所需要填写的单独税率申请问卷交到商务部，一般就可以换来最终平均税率的结果。所以，有人形象地把这类企业的应诉叫做“搭便车”。比如在彩电的案件中，“搭便车”的创维、海尔等电视机厂家反倒取得了比长虹和TCL低的税率，其好处可见一斑。

对于那些没有对美销售、或没有对美销售被调查产品、其销售以内销为主的企业，因为他们不具备应诉的基本条件，所以不存在应不应诉的问题。这类企业可以选择以后的新发货商复审程序实现自己的主张。但对于如何界定企业有没有对美销售、或有没有对美销售被调查产品这一问题，美国法律的规定是十分讲究的。企业最好咨询过擅长反倾销案件的律师意见之后才可作出最后的判断，以确定自己到底有没有应诉资格，能不能够应诉。

**(二) 企业如何有效应诉**

所谓有效应诉，是指企业采取最佳的反倾销应对策略，从而去争取得到最佳的应诉结果。我们在办案过程中，不止一次地体会到有效的应诉策略对于企业应诉反倾销案件的成功与否是至关重要的。可以说，一个企业能否实现反倾销案件有效应诉，从小的方面反映了这个企业对于国际市场变动的灵活应变能力，从大的方面则反映了这个企业走国际化道路的总体策划能力。我们认为，要做到有效地应对反倾销指控，至少应该注重以下几个方面：

一是企业领导者要站在“反倾销是企业走国际化道路的必修课”的高度，认识其重要性，加强反倾销知识的了解。我国自改革开放以来到20世纪90年代实行社会主义市场经济，国内企业发展由小到大、由弱到强，取得了翻天覆地的变化。特别是中国加入世界贸易组织之后，国内企业突破国内市场、在全球范围内配置生产资源，以适应经济全球化的要求已经成为大势所趋。在企业走向全球化的道路上，进出口贸易应该说是初始的形式之一。随着进出口贸易额的增加，企业才会产生到其他国家投资设厂、完成当地化、经营跨国化等一系列的内在需求，最终实现在全球范围内配置生产资源的目的。在进出口贸易额增长到一定程度，必然涉及有关国家对于我们国内企业生产的相关产品提出反倾销指控的问题。这是我们企业走国际化道路的必修课，少了这一课，必然会跌跤。我们在办案中发现很多外贸出口企业和生产厂家对于反倾销意识淡漠，对于反倾销知识所知甚少，并未意识到它对于出口业务的影响。这使得一旦案件来临，企业就惊慌失措，无所适从，从而造成企业的利益受损。因此，有效应诉反倾销的第一要义就是充分认识其重要性，并加强反倾销专业知识的学习和掌握。

二是做好反倾销的预防准备工作，使之落实到平时的业务之中。这主要体现为出口价格的制定和进口国市场的商情、反倾销案件信息的收集两方面。有资金、人才和规模的出口企业，可以通过在国外设立代表处等方式随时了解出口产品在国外市场的价格变动和相关信息，掌握各有关国家或地区市场同类产品的主要价格水平、竞争状况、产品市场前景等，根据目标市场的价格状况确定并及时调整出口价格，使其与进口国国内市场同类产品价格相当或略低，因为倾销幅度不超过 2%是可以忽略不计的。贴近进口国市场的同类产品价格水平制定自己的出口价格可以有效地在以后的反倾销调查中争取主动。另外，在一起反倾销案件正式立案之前，一般都会在进口国国内有来自方方面面的谣传，对于这些信息我们要认真对待，加强应诉准备，必要时要成立全行业的相应应诉组织来协调。比如，在家具反倾销案件中，美国有关的厂家和协会早在 2002 年下半年就散布了相关传闻，结果在 2003 年 10 月底时隔一年之后才正式立案调查。针对这一情况，2003 年七八月间，中国家具业协会牵头，联合大陆、香港和台湾的家具业协会和厂家及时成立了我们国内的家具反倾销应对委员会，并筹集数百万资金用作委员会的组织、会务、聘请律师顾问讲解反倾销法律知识、到美国游说各方力量等一系列的工作。到美方的反倾销指控真正立案时，我们国内的大多数家具厂商对于美国反倾销程序和知识都有了相当的了解，对于案件的调查产品范围及相关的数据都事先做好了准备，还有的企业早已提前一到两个月让律师介入开始了相关的准备工作。与家具反倾销案件相比较，彩电反倾销案件从一开始就显得有些组织无序，具体表现为立案前企业事先对相关信息完全一无所知，立案后企业对反倾销知识了解不多、应对不力、决策迟缓，有关部门组织无力，各个厂家在案件开始后相当一段时间都不能协调一致。这的确是我们在今后的反倾销应诉中需要认真汲取的地方。

三是聘请得力的反倾销律师代理案件。协助企业应对反倾销案件的律师可以分为两种，一是国内律师，负责协助企业进行应诉期间的国内事务，比如：及时同企业沟通处理突发的事件、进行反倾销法律讲解、帮助收集填写调查问卷所需要的信息文件、填写问卷、指导企业进行核查的准备、负责同外方律师的联络沟通，等等；另一种是国外的律师，负责在美国本土的相关文件制作递交和送达、案件最新信息的反馈、出席听证会、发表抗辩意见、审查所填写的调查问卷的完整性和准确性、收集替代国相关生产要素的替代价格参数、沟通同美国国际贸易委员会和商务部的联络，等等。这两种律师共同构成中美反倾销应诉团队，分别承担反倾销案件的在中国和美国的相关工作，既有分工又有合作。企业在选择应诉律师团队时一般要考虑以下几个因素：律师代理反倾销案件的经验和以往取得的业绩；代理“非市场经济国家”和中国反倾销案件的经验和业绩；对涉案产品的了解程度；代理案件的中外律师团队的背景和实力；代理费用的高低；与美国政府反倾销调查机构关系；是否了解中国国情，等等。另外，企业可以让希望代理的律师制定出一个初步的工作方案，以利于对于律师的选择。需要指出的是，企业一定要找对反倾销业务熟悉的律师，最好是找打过有关中国或“非市场经济国家”案件官司的律师，并不一定追求律师事务所的名气大小。从律师事务所的规模来看，最好是选取中等规模的律师事务所，因为小的律师事务所没有足够的人力资源胜任反倾销业务，特别大的律所真正做事的又往往不是资历深的大律师，而是一般基层的办案人员，这样反倒会影响办案的质量。

## 二、两类涉案企业的应诉

由于美国目前仍视中国为非市场经济国家，所以美国针对中国的反倾销调查案件中，中国生产和出口涉案产品的厂家和出口商的国内销售数据，是无法被美国商务部作为计算公平价值依据的。相应的，美国反倾销调查问卷中关于倾销调查部分的B卷，由于其是针对收集市场经济国家的应诉企业国内销售而设计的，对于中国的应诉企业来说，美国商务部并不要求填写。另一方面，根据美国反倾销法律的规定，虽然美国总体上视中国为非市场经济国家，但并不排斥对于单个企业进行审查，以确定其是否按照市场化运作，生产运营是否脱离政府的控制。所以，美国目前对于每个反倾销应诉的中国企业，均进行单独税率的测试，发放单独税率申请问卷。只有那些按照要求填写提交了单独税率申请问卷，并通过测试审查，确实证明其脱离政府的控制、按照市场化运作的应诉企业，才有资格获得单独的反倾销税率。否则，所有没有参加应诉的其他国内企业，以及虽然参与应诉却没有通过单独税率测试的企业，也包括未通过核查的强制调查企业，都将按照“可获得的最佳信息”的规则，被课以最高额的全国性反倾销税流程的那些副产品或共生产品。

**类目代码 8.0:包装材料**

类目名称:Various

描述:请在不同的栏目中报告用以包装一个单位的对美国出口的被调查产品的每一种包装材料及其用量。

叙述:请描述输往美国的被调查产品的包装方式。

**类目代码 9.0:非熟练的包装劳动**

类目名称:PAKUNLBR

描述:请在不同栏目中报告包装一个单位的出口美国的被调查产品所必须的非熟练劳动时数。

叙述:请描述制造被调查产品的包装劳动时数的分配。也请描述你公司如何确定该劳动是非熟练劳动。

**类目代码 10.0:熟练包装劳动**

类目名称:PAKSKLBR

描述:请在不同栏目中报告包装一个单位的出口美国的被调查产品所必须的非熟练劳动时数。

叙述:请描述制造被调查产品的包装劳动时数的分配。也请描述你公司如何确定该劳动是熟练劳动。

# 第三章　欧盟反倾销的应对

## 第一节　欧盟反倾销法律制度简介

### 一、欧盟对中国反倾销案件调查的一般情况

据美国《新闻周刊》2010 年 9 月 18 日报道，正当美国与中国在贸易和汇率问题上争论不休时，欧盟已经悄悄超越美国，再次成为中国最大的贸易伙伴。根据欧盟理事会外交关系委员会的统计报告，截至 2010 年 7 月，欧盟与中国的贸易额已经飙升至 3 060 亿美元（20 578 亿元人民币），而同期的美中贸易额为 2 430 亿美元（16 342 亿元人民币）。

伴随着中欧贸易的稳步增长，双方之间的贸易摩擦也在不断的加剧。据我们了解，欧盟是世界上对我国提起反倾销最积极的，也是对我国商品提起反倾销调查最多的经济实体。据统计[①]，从 2006 年起至 2010 年 8 月为止，欧盟对我国提起的反倾销调查案件共计 38 起，占同期调查总数的 38%。而按照中国商务部网站提供的信息显示，从 1979 年 8 月至 2010 年 3 月底，也就是中国改革开放的三十年间，欧盟对我国提起的反倾销调查案件共计 149 起，涉及的产品五花八门，种类繁多，包括：糖精及其盐类、机械闹钟、糠醛、草酸、扑热息痛、重轻烧镁、氯化钡、糖水梨、氢氧化锂、人造刚玉、碳化硅、自行车链、自行车、电脑软盘、大屏幕彩电、钢铁管接头、不锈钢紧固件、节能灯、钼铁、化纤布、味精、铁及非合金钢焊管、无缝钢管、集装箱检测设备大型扫描仪、葡萄糖酸钠、聚酯高强力纱、长丝玻璃纤维、三聚氰胺、铜版纸等数十种产品。另据统计，截至 2010 年 3 月 31 日，欧盟对华已裁决正在执行的贸易救济措施产品尚有 56 宗。

---

① http://ec. europa. eu/trade/tackling-unfair-trade/trade-defence/anti-dumping/index_en. htm。

## 二、欧盟反倾销法律制度简介

### (一) 法律渊源

欧盟反倾销法律制度是欧盟共同商业政策的组成部分,其根本渊源则是《欧共体条约》第133条(原113条),该条第1款规定:"共同商业政策应建立在统一原则基础之上,在改变关税税率、缔结关税与贸易协定、制定统一的自由化措施、出口政策,以及在遇到倾销或补贴之类情况时采取贸易保护措施等方面,尤应如此。"

欧盟反倾销法律制度的核心部分是欧盟部长理事会(下称理事会)在不同时期根据上述条款制定的各种反倾销条例。如1968年第459/68号条例、1988年第2423/88号条例、1995年第384/96号条例等。1995年第384/96号条例原为欧盟反倾销基本条例,此后进行了一系列的修订,如1998年的905/98号条例,规定了俄罗斯和中国为转型经济国家,即虽然两国被认定为非市场经济国家,但来自该两国的个别被调查生产者如能够证明是在市场经济条件下运作,则可被给予市场经济待遇。又如2000年的2238/94号条例,扩大了给予个别待遇的国家;还有2002年的1972/2002号条例,把俄罗斯从非市场经济国家中删除,还增加了确定性条款;又如2004年的第461/2004号条例,对原条例做了重大修改,使反倾销法的实施更为便捷、更具确定性,因而更具有效性;以及2005年的第2117/2005号条例等。而2007年的1234/2007号条例,对农业市场组织和农产品进行了规定,成为其反倾销制度的另一重要渊源。

2009年11月30日,欧盟理事会根据现有成员规模及不断变化的新形势,综合了原基本条例以及数次修订的要点,将调整后的内容融合进了一部新条例中,即从2009年12月10日起生效的1225/2009号条例,该条例取代了原第384/96号条例以及此后的若干修订条例,成为欧盟反倾销基本条例。原384/96、2331/96、905/98、2238/2000、1972/2002、461/2004以及2117/2005号条例则被该条例所废止。

因此,现行有效的欧盟反倾销基本条例为1225/2009号条例①。

### (二) 调查机构

在欧盟,处理反倾销案件的机构主要是欧盟委员会、部长理事会、咨询委员会和欧盟初审法院。

1. 欧盟委员会

欧盟委员会是欧盟的行政部门。分为不同的部门,负责贸易和反倾销事务

---

① 参见 http://trade.ec.europa.eu/doclib/docs/2010/april/tradoc_146035.pdf。

的是第一关税司。其中，倾销调查和产业损害调查分别由不同的业务部门负责，每个部门约100人。欧盟委员会在实施贸易法律政策方面有非常重要的作用，是处理反倾销事务的主要机构。欧盟委员会有权决定开始和结束调查、征收临时和最终反倾销税，以及接受出口商提出的价格承诺。

2. 部长理事会

部长理事会主要负责制定法律和法规，通过最终裁决。只有部长理事会才能决定是否征收最终反倾销税。

3. 咨询委员会

咨询委员会由成员国代表组成，欧盟委员会派出一名代表担任主席。咨询委员会在反倾销的调查和应采取的措施方面给欧盟委员会提供咨询意见。咨询委员会从事反倾销调查工作的有200多人。对于倾销和倾销幅度的计算、损害和损害幅度、倾销和损害的因果关系以及采取反倾销措施，欧盟委员会应当征求咨询委员会的意见。

4. 欧盟初审法院

欧盟初审法院设在卢森堡，对反倾销和反补贴案件有管辖权。不服欧盟委员会和部长理事会决定的涉案当事双方，可以上诉到欧盟初审法院。

**(三) 实体规定**

欧盟反倾销实体法包括4个方面，即确定倾销存在、损害存在、倾销和损害的因果关系、欧盟共同体利益。

1. 倾销存在

欧盟在第1225/2009号法令《反倾销条例》第2条规定：如果一种产品向共同体的出口价格低于其在出口国正常贸易中的正常价值，认定该产品倾销。正常价值一般是根据产品在出口国正常贸易中已经支付或者可以支付的价格来确定，如果出口商在出口国不生产或者不销售相同产品，可以根据其他销售商或生产商的价格确定正常价值，但其国内销量一般至少应当达到涉案产品在共同体销量的5%。如果这种产品不在正常贸易中进行销售或者没有足够的销量，或者因为市场特殊情况，涉案产品的正常价值就出口国的结构价格来计算，即，出口国的生产成本加合理的销售费用、一般费用和管理费用以及合理利润，或者使用第三国的替代价格计算，而对非市场经济国家则采用替代国价格。

2. 损害存在

欧盟在第1225/2009号法令《反倾销条例》第3条规定：损害一般是指对共同体产业的实质损害，或者构成对共同体产业实质性损害的威胁，或者严重妨碍该产业的建立。共同体产业指共同体内同类产品的所有生产者，或者至少达到共同体生产总量50%的生产者，例外情况下共同体产业也可是共同体内一个被隔离的地区的生产者。如果一个国家的进口产品在共同体市场所占份额不足1%，则推断该进口产品不会产生损害，除非几个国家的进口产品总数达到共同体市场份额的3%。

确定损害要从倾销进口的数量和价格对共同体同类产品价格的影响以及对共同体产业所引发的后果进行审查。关于对共同体同类产品价格的影响，主要考虑它们是否因倾销进口大幅度降价，或将要大幅度降价，或是否相当程度上妨碍了本来应当进行的提价。倾销进口对共同体产业所引发的后果，则是根据对相关经济因素的评估，包括倾销幅度和共同体产业在销售、利润、产量、市场份额、生产率、投资回收率、生产能力利用率以及在就业、工资、资本或投资增长等方面是否存在事实或潜在的下降。

3. 倾销和损害的因果关系

欧盟在第1225/2009号法令《反倾销条例》第3条规定：倾销进口的数量和价格水平与共同体产业受到的损害必须存在因果关系。为了确认因果关系，除了审查倾销进口对共同体产业造成的损害外，也应审查正在损害共同体产业的其他因素，以便对该倾销进口作出正确的评价，这里特别考虑以非倾销价格进口的产品数量和价格、市场需求的变化而减少的营业额、外国生产商和共同体生产商之间的竞争以及共同体产业的生产率等。

4. 欧盟共同体利益

欧盟在第1225/2009号法令《反倾销条例》中对公共利益作出了较为明确、详细的规定，其第21条规定：对国内产业、用户和消费者的利益作为一个整体进行评价的基础上，“关于是否应欧盟利益要求进行干预的裁定，应当建立在对所有的不同利益，包括国内产业的、用户的和消费者的利益作为一个整体评价的基础上。只有当所有当事人根据第2条都有机会发表意见，才能根据本条作出裁决”。同时，该条例对进口商、用户及消费者组织向主管机关陈述理由、请求的程序方面也作出了较为详细的规定，使公共利益原则在实施反倾销措施时得以有效的体现。

在实践中，欧盟在决定是否将某种商品纳入反倾销程序时，除了要保护受到损害的本地区企业的利益，还要考虑其他各方面的利益，如进口商、分销商和消费者的利益，尽可能避免市场的整体利益受到损害。当市场上确有某类商品正在倾销，并确实对欧盟内的企业造成损害时，欧盟的主管部门通常就会以发放问卷的方式向本地生产同类商品的企业进行“损害程度”调查。同时，也要向进口商、分销商和一定数量的消费者进行市场调查，最后将这两方面的调查汇总进行分析。

### (四) 欧盟反倾销案件的程序规定

1. 调查程序流程

图 3-1 为欧盟《反倾销条例》第五条规定的调查程序流程①：

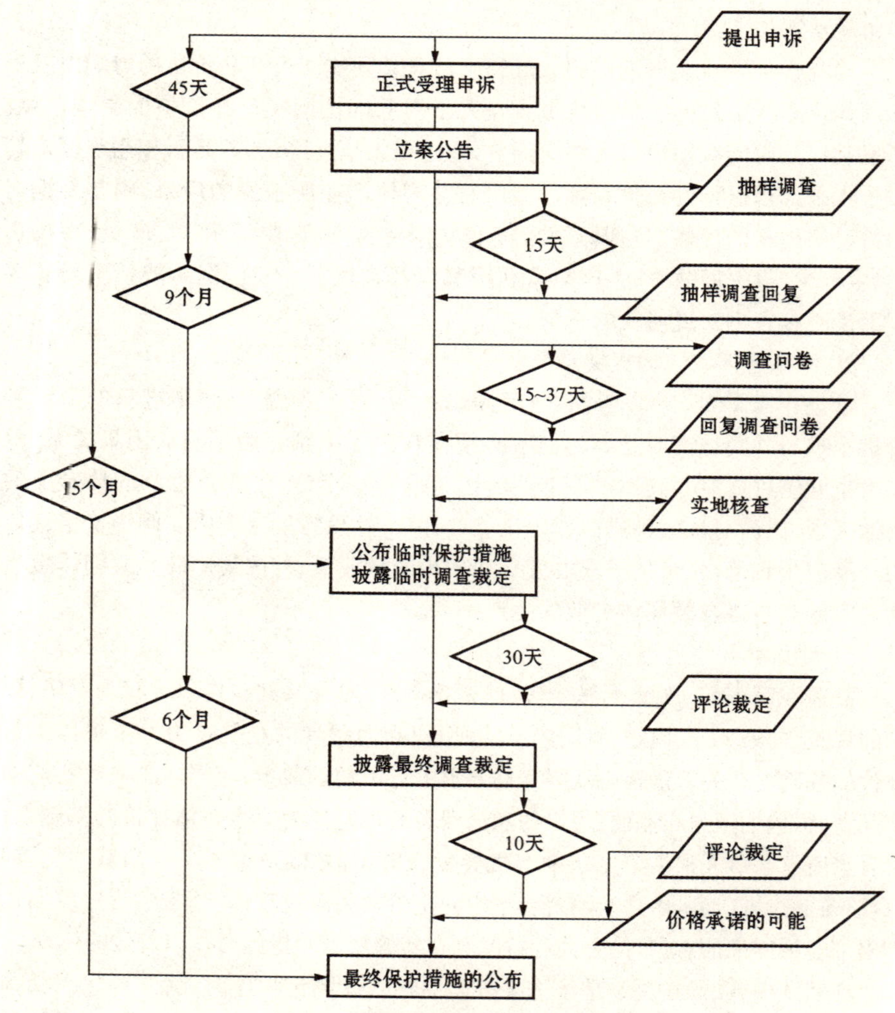


图 3-1 欧盟反倾销调查程序流程

① 参见 http://ec. europa. eu/trade/tackling-unfair-trade/trade-defence/anti-dumping/anti-dumping-flowchart. pdf。

其中，抽样可以适用于原告、出口商和进口商众多的行业，目的是限制调查范围在合理数量的当事方中。

针对出口商、欧盟制造商、进口商和欧盟地区使用者的调查问卷，回复的最后期限不超过37天。

针对包括经济转型期的出口制造商申请市场经济地位或单独待遇地位的问卷，回复的最后期限不超过15天。

不被认为是市场经济地位的出口制造商，将被采用参照国的数据来确立正常价值。

参照国的制造商也将会收到调查问卷，并被进行实地核查。

经济转型期的国家包括中国、哈萨克斯坦和越南。

2. 对调查程序流程的说明

对上述流程表，说明如下：

(1) 立案。申诉方的资格：申诉方需占共同体同类产品50%的生产商的支持，才被视为以共同体名义提出，如果表示支持的共同体生产商产量不足共同体生产的同类产品产量的25%，则不得立案。欧盟委员会应在收到申请书的45日内决定是否立案。如果决定立案，需在欧盟官方公报上进行公告，并通知出口商、进口商以及所知的进口商或出口商的代理机构、出口国的代表。

(2) 调查问卷。欧盟委员会一般发放4套调查问卷。欧盟委员会发放调查问卷后的答卷时间为从立案公告之日起40日内(没有被抽样)或收到通知之日起37日内(被抽样)。在特殊情况下，如当事人有正当理由，调查问卷的答卷时间可以再延长30天。实践中，欧盟委员会一般延长1周至10天时间。

(3) 初裁。在立案后60日后9个月前作出初裁。

(4) 征收临时反倾销税。征收临时反倾销税不早于立案后的60日，但也不得晚于立案后的9个月。临时反倾销税的征收时间为6个月，根据情况可以延长3个月，也可以直接征收9个月的临时反倾销税。

(5) 价格承诺。如果欧盟委员会接受价格承诺，并且咨询委员会内部对此未提出反对意见，欧盟委员会终止调查。否则，欧盟委员会立即向部长理事会提交一个关于价格承诺商议结果的报告和终止调查的建议。如果在30日内，部长理事会没有经过多数表决作出决定，反倾销调查即终止。

下列情况下调查终止：

- 申诉方撤诉；
- 欧盟委员会商议后，认为没有必要采取贸易救济措施，并且咨询委员会没有反对意见，欧盟委员会终止调查。否则，欧盟委员会立即向部长理事会提交一份有关商议结果的报告和终止调查的建议。如果在30日内，部长理事会没有经过多数表决作出决定，反倾销调查即终止；

- 如果单个出口商的倾销幅度不足2%时，终止调查。

(6) 终裁。通常在12个月之内作出终裁，最迟不能超过15个月。部长理事会根据欧盟委员会的提案决定征收不超过5年的最终反倾销税。

(7) 司法审查。欧盟理事会作出终裁后，利害关系方如不服，需在欧盟裁决作出后的2个月内向欧盟初审法院起诉。根据欧盟条约的规定，当事人只能就欧盟决定的有效性提出挑战，只能以缺乏权力、违反基础条约和任何与实施条约有关的法律、违反实质性程序要求和滥用权力为由起诉，决定的合理性和所依据的事实不能作为提起诉讼的理由。

3. 欧盟反倾销的调查方式介绍

欧盟反倾销的调查方式一般分为：调查问卷、抽样、实地核查和听证会。

1) 调查问卷

欧盟委员会在立案调查后，将对涉案产品的进口商、出口商、欧盟同类产品生产者发送不同的调查问卷。问卷基本上包括4类：①对外国生产者或出口商的问卷：要求生产者或出口商填写在过去四、五年来产品出口到欧盟的价格和数量等一般资料；提供在调查期内出口到欧盟的每笔交易的价格、本国销售的价格、调整出厂价格所需的直接销售费用；调查期内为开始调查前至少6个月，实际上欧盟委员会确定的调查期为调查开始前的1年；②与生产者或出口商有关联关系的进口商的调查问卷：要求提供购买价格、转售价格以及发生的相关成本，主要是为了计算结构出口价格；③与生产者或出口商无关联关系的进口商的调查问卷：所获得的资料主要是为了核对外国生产者或出口商调查问卷填写的正确性，并估算结构出口价格的利润率；④欧盟生产者的调查问卷：将作为决定欧盟产业是否受到损害的依据。通常要求欧盟生产者提供调查开始前四、五年的生产数量以及交易价格等资料欧盟委员会发放调查问卷后的答卷时间为从立案公告之日起40日内(没有被抽样)或收到通知之日起37日内(被抽样)。在特殊情况下，如当事人有正当理由，调查问卷的答卷时间可以再延长30天。

2) 抽样

欧盟委员会在进口商、出口商或生产者比较多，产品形态或交易笔数过于庞大的情况下，以合理有效的抽样方式进行调查。欧盟委员会有自由裁量权决定抽样方式，但应在抽样调查前与被调查企业协商并取得共识。对于没有选择为抽样调查的对象，但是其在规定的时间内主动提供资料的被调查企业，欧盟委员会仍有可能给予该企业个别税率。

3）实地核查

欧盟委员会在收回调查问卷后，由 3～4 个人组成实地核查组，到出口国进行为期 2～3 天的实地核查，目的是为了实地查证调查问卷填写内容的原始凭证及其正确性。但在进行实地核查前，欧盟委员会应先取得出口商的同意，并通知出口国政府，如果出口国政府不表示反对，才可以进行实地核查。如果出口商拒绝接受实地核查，欧盟委员会将使用现有可得资料为基础确定反倾销税率。

4）听证会

欧式听证会没有主席台，没有发言席，也没有专人记录，主办案件的官员有时也可能不出席。每起案子可能召开十几个听证会，一般 1 个小时左右结束。

4. 欧盟的反倾销复审

欧盟的反倾销复审共分 3 种：期中复审、新出口商复审、日落复审。

1）期中复审

启动期中复审的方式有两种：①欧盟委员会及成员国根据职权启动期中复审。②进口商、出口商、欧盟生产商也可在反倾销措施实施至少满一年后，向欧盟委员会申请进行期中复审。欧盟委员会在进行期中复审时，根据相关证据考虑倾销或损害是否有重大变化，正在实施的反倾销措施是否达到消除损害的目标等因素对期中复审作出裁决。期中复审在立案开始后的 12 个月内作出裁决。

2）新出口商复审

申请新出口商复审的条件：在调查期内没有向欧盟出口涉案产品的出口商符合下列条件申请新出口商复审，适用单独反倾销税率：①与涉案企业无关联关系。②在调查期后曾实际出口涉案产品到欧盟或经过证明与欧盟厂商订立不可撤销的出口合同，该合同约定该新出口商将出口相当数量产品给欧盟厂商。对于新出口商的复审，欧盟委员会应该先向咨询委员会咨询，并取得欧盟同类产业的意见后加速复审。对调查中的新出口商不征收反倾销税，而先采取登记的方式，在新出口商复审结束后依据确定的税率追溯征收新出口商自发动调查之日起的反倾销税。需要注意的是，若经过复审取消对新出口商征收反倾销税，以后针对涉案产品进行复审时，仍然对该新出口商进行复审。对新出口商的复审自立案后 12 个月内作出裁决。如果原调查采取抽样的方式决定采取反倾销措施，则对新出口商的复审调查不能适用抽样的方式。

3）日落复审

任何最终反倾销措施应自实施之日起满5年终止，除非日落复审裁定停止征收反倾销税将导致继续发生倾销和损害。如果反倾销措施实施期内曾进行复审，且该复审包括对倾销和损害两个方面的审查，反倾销措施的实施期限应自该复审裁决发布之日起重新计算，满5年后终止。欧盟委员会在反倾销措施满5年的当年，在欧盟的官方公报上公告即将到期通知。欧盟同类产品的生产商应于期限届满前3个月提出日落复审的申请。

日落复审的提起：欧盟委员会依据职权提起；欧盟申诉方提出申请并提供充分证据，表明取消反倾销措施将导致倾销或损害的继续或再度发生。出口商、进口商、出口国政府代表、欧盟同类产业可对日落复审提出说明、评论意见或反驳意见，欧盟委员会在作出裁决时应考虑各方就取消反倾销措施是否导致倾销或损害的继续或再度发生所提出的相关证据。日落复审作出裁决前，正在执行的反倾销措施继续有效。

日落复审自立案后12个月作出裁决。

5. 欧盟反倾销的救济措施

欧盟反倾销的救济措施包括征收反倾销税（包括征收临时反倾销税和固定反倾销税）、价格承诺，以及实施反规避措施。

1）临时反倾销税

临时反倾销税征收额度不得超过被裁定的倾销幅度。欧盟反倾销税根据倾销幅度征收，除非出口商已接受价格承诺。一般情况下，反倾销的税率取决于不同出口商产品的实际倾销率，但在非市场经济的情况下，这种税率取决于有关出口国产品的整体。在已征收的临时反倾销税与固定反倾销税的数额有出入的情况下，法律也规定实行“多退少补”的原则。

2）固定反倾销税

根据欧盟反倾销协议规定，固定反倾销税的征收分为两种方式：①如果征收临时反倾销税的裁定仍然有效，在有效期满1个月内由欧盟理事会通过征收固定反倾销税的建议后实施；②由理事会以简单多数表决方式通过欧盟委员会所提交的有关征收固定反倾销税的建议后实施。

6. 价格承诺

价格承诺是指已经进入反倾销调查程序的出口商和进口商之间达成的协议。出口商承诺以适当提高出口价格或限制出口量、停止出口的方式来消除因倾销对国内产业造成的损害的一种协议按照欧盟反倾销法的规定，价格承诺可以由出口商提出，也可以由欧盟委员会建议出口商作出承诺。价格承诺遵循的原则是：①自愿的原则；②价格承诺应以能够消除所造成的损害为限；③需在调查结束之前提出；④如果欧盟委员会对出口商的价格承诺不表示反对，调查终止；⑤作出价格承诺的出口商应按规定定期向欧盟委员会提供履行承诺的情况并接受监督。

7. 反规避措施

反规避措施是针对规避反倾销税的行为而采取的一种反倾销措施。如果某一产品已被征收反倾销税，其生产商或出口商通过变换原产地国、出口方式等手段继续向进口国倾销出口该产品，这种行为即属于规避反倾销的行为。

欧盟法律确认的规避方式有 4 种：①在欧盟境内和第三国组装涉案产品；②对涉案产品进行轻微改变，但未改变产品的本质特征；③涉案产品通过第三国转运；④通过获得低税率的出口商出口。

**（五）欧盟反倾销法律制度的特点**

跟其他国家相比，欧盟反倾销法律制度存在如下特点：欧盟利益、复杂的抽样调查程序、分阶段回答不同的调查问卷以及反倾销税率仅给生产商等特点。

1. 欧盟利益

欧盟的反倾销做法有其独到之处，一般来说实施反倾销措施是为了保护本地区企业的利益，而欧盟所采取的反倾销措施则是着眼于一个地区公众的总体利益，这里面既包括了企业的利益，也包括了其他各个方面的利益。当某种商品对本地区企业所造成的损失小于对进口这种商品的进口商、分销商和消费者的利益的时候，欧盟通常不会使反倾销程序进入到实施阶段。

2. 抽样调查程序[①]

依欧盟反倾销基本条例第 17 条的规定，抽样调查是反倾销调查程序的一个方式，主要适用于申诉方或出口商或进口商参与的数量以及涉及的产品品种或交易量比较大的反倾销调查案。

由于中国产业结构的特点，在某些反倾销调查中应诉企业数量可能比较多，欧委会为了在调查启动阶段能够确定是否有必要进行抽样调查程序，通常在立案时要求应诉企业填写抽样调查表。整个抽样调查程序，从申请到作出审核决定的时限为自立案之日起 21 天完成。在欧委会立案后 15 日内，应诉企业应按

---

① 本节参考了蒲凌尘《应诉欧盟反倾销律师业务》（法律出版社 2007 版）中的相关内容。

程序和要求向欧委会提交抽样调查表回答，以供欧委会决定是否采用抽样调查程序。

一般地说，调查期内出口量比较大、并且有一定量的内销或者产量比较大的企业是欧委会在抽样调查程序中选择的重点企业。进入抽样调查程序的企业应该意识到进入程序后所应承担的义务，有可能被要求填写反倾销调查表，对该企业实施可能性的实地核查，并可能被要求履行其他程序义务；若被抽中企业中途退出，或拒绝填写反倾销调查表，不配合实地核查，该企业仍然会被认定为拒绝合作。

通常每一个被抽样调查企业的倾销幅度需要单独计算，但涉及中国应诉企业的抽样程序并非如此简单，及欧委会并不直接将中国应诉企业分成"抽样"和"未被抽样"两组企业，而是与申请市场经济地位或单独待遇地位以及具体参与应诉企业的数量联系在一起，同时还要考虑被抽样企业获得市场经济地位或单独待遇地位的数量，相当复杂。

欧委会在化纤布一案[①]中采取抽样调查程序将应诉企业分成以下四组：

第一组为申请市场经济地位而且被选定作为抽样调查的企业；

第二组为申请市场经济地位但没有被选定作为抽样调查的企业；

第三组为申请单独待遇地位但没有被选定作为抽样调查的企业；

第四组为只参加抽样程序但不申请市场经济或单独待遇地位的企业。

从调查程序来看，第一组和第二组的应诉企业为重点，它们有可能获得单独税率或加权平均税率。

此外，对中国应诉企业来说，是否提出抽样申请以及是否申请市场经济或单独待遇地位，往往也适用不同的程序。从欧委会现行的调查程序看，中国应诉企业基本分为如下四种应诉地位：

(1) 为提出抽样申请同时申请市场经济地位的企业；

(2) 为提出抽样申请但仅申请单独待遇地位的企业；

(3) 为提出抽样申请但不申请任何地位的企业；

(4) 为不参加抽样程序，但直接进入"个案审理"调查程序的企业。

欧委会通常根据企业符合的不同标准，从市场经济地位到单独待遇地位，再到无任何地位的审核，次第进行。按照企业提供资料的全面、详实与否，决定该

---

① 欧盟官方公报 OJ L 09, 16.3.2005"对原产于中国进口的化纤印染布料实施临时反倾销税"。

涉案企业符合给予何种地位，从而获得不同的税率，地位越高，无疑可能获得的税率会越优惠。

3. 分阶段回答不同的调查问卷

依欧盟反倾销基本条例的规定，中国企业应诉欧盟反倾销调查提交的反倾销调查表时限归纳起来有三个不同的时限：

(1) 自立案之日起 40 天。自立案之日起 15 日内应诉企业就要回答和提交抽样调查表，未被抽样的企业应在上述时限内主动提交市场经济地位或单独待遇申请问卷和反倾销调查问卷，以争取获得自己单独的反倾销税率。

(2) 欧委会作出抽样或不抽样程序决定之日起 30 天。在欧委会公告被抽样企业名单后，被抽样企业应在 15 日内填写并提交市场经济地位或单独待遇申请问卷，同时在公告抽样企业名单后，被抽样企业应在 37 天内填写并提交生产商/出口商倾销调查问卷。

(3) 获得市场经济地位的应诉企业在接到欧委会正式通知后的 20 天或 30 天内将反倾销调查表涉及的成本和内销数据提交到欧委会，并进入调查程序第二轮的正常值成本等数据的实地核查。

在所有不同的应诉时限中，除了对参照国的评议外，所有其他的应诉程序时限和提交的材料都与应诉企业是否获得或维持合作企业地位紧密相连。然而，这一权利的获得是有条件的，应诉企业必须满足各种不同的程序要求以后才能获得合作地位。在任一阶段不配合或不符合其程序要求的中国应诉企业都会被视作不合作企业。

在对合作企业的正确认识上，中国应诉企业往往存在误区，以为没有获得市场经济地位或单独待遇地位，企业继续应诉的意义就不存在了，这是对其法律程序的误读。获得市场经济地位或单独待遇地位固然重要，但前提是获得合作企业的地位；失去了这两个地位，并不等于企业的合作地位也丧失了。

4. 反倾销税率仅给生产商

在生产商通过贸易公司出口的情况下，反倾销税率仅给予生产商。而印度反倾销调查会给予联合应诉的生产商和贸易商捆绑的反倾销税率。

由于在立案之日起 15 日内应诉企业就要回答和提交抽样调查表，而往往在这么短的时间内中国涉案企业还未决定是否参与应诉，这就在时限上给应诉企业和律师提出了比较高的要求。同时，分阶段回答不同的调查问卷，应诉企业也应严格遵守相应的程序性时限要求，否则很可能被认定为不合作企业。同时，与韩国、泰国和巴基斯坦相比，欧盟不承认中国市场经济地位，应诉企业需单独申请市场经济地位或者单独税率，从而使欧委会接受自身的内销数据和成本数据。欧委会制定了获得市场经济地位的“五条标准”，对企业的公司性质、财务体系和财务记录等提出了严格的要求，一些国有企业及财务制度和财务记录不是很完善的企业很难通过“五条标准”的检测。

## 第二节　应对欧盟反倾销律师实务

### 一、应诉欧盟反倾销需注意的主要问题

#### （一）应诉企业应诉时需要提供的材料

为了做好应诉工作，在填写各项申请表和调查问卷前，以及为应付此后可能的核查，应诉企业通常应准备好如下文件，并提前做好中英文翻译，做到尽可能准确。

(1) 公司关联公司结构图；

(2) 营业执照复印件、出口企业资格证（如有）复印件、外汇账户备案表（如有）复印件；

(3) 公司章程；

(4) 调查期内股东会、董事会决议，股东、董事变更情况；

(5) 公司内部组织机构图；

(6) 被调查产品的销售/分销渠道的流程图；

(7) 关于被调查产品的投入、生产、销售的所有有关许可权、技术和销售的协议；

(8) 描述被调查产品性质的目录表、小册子；

(9) 调查期内被调查产品国内销售发票、有关费用调整的证明文件（包括发票、付款证明、银行结单等）；

(10) 被调查产品国内价格表；

(11) 被调查产品如何向欧盟出口的相关实物（投入和产出）和财务（如发票、付款）流程；

(12) 被调查产品出口价格表；

(13) 被调查产品的原材料清单；

(14) 调查期内向欧盟出口被调查产品的全部销售协议、出口发票和有关费用调整证明文件（包括发票、付款证明、银行结汇单）；

(15) 与欧盟进口商的补偿性协议(如有);

(16) 调查期内每笔向欧盟出口被调查产品的销售收入兑换成人民币所使用的汇率和日期;

(17) 涉及调查期的审计报告、生产报表及账目、销售报表及账目(如销售收入账等)、损益类账目;

(18) 调查期内生产车间职工工作记录(体现每名职工的工作时间);

(19) 调查期内被调查产品库存账册;

(20) 生产被调查产品的原材料购买凭证(如发票、购买协议、付款记录、银行结单等),原材料供应商的名称、地址和所有权形式;

(21) 调查期内被调查产品生产成本账;

(22) 涉及调查期的三大期间费用账册;

(23) 调查期内转账凭证、银行往来凭证等;

(24) 调查期内应诉企业工作人员劳动合同一份。

**(二) 填写市场经济地位或单独待遇地位申请问卷中需注意的问题**①

应诉生产企业为了取得较低税率甚至零税率,必须满足的基本前提是争取获得市场经济地位待遇,如该项申请未获准,则努力获取单独待遇地位,两者可同时申请,也可视情况分别申请。需要注意的是,企业必须谨慎认真,前后数据要一致,相关解释也应前后连贯。而且还必须与反倾销调查表的数据相协调,不能顾此失彼。

该申请问卷主要由三大部分组成,即企业的组织结构与管理;企业的经营决策与成本;企业的财务管理与具体会计原则的运用。下面对其中的关键点进行具体的说明:

1. 应诉企业的股权结构和所有制形式

欧盟调查机关首先关注的是企业的股权结构和所有制形式。调查机关重点考察应诉企业到底是国有企业、私营企业还是乡镇集体企业,是否存在国有股权,国有股权的比例占了多少。

2. 应诉企业董事会的组成情况

欧盟调查机关进而会考察应诉企业董事会的构成,包括董事会成员的身份、董事的职能、董事在其他地方任职的情况、担任董事的原因、董事由谁任命、董事

---

① 本部分参考了蒲凌尘《应诉欧盟反倾销律师业务》(法律出版社 2007 版)中的相关内容。

代表的利益方等。目的是为了确定董事是否由国家或者国有股东任命，是否代表国家或者国有股东的利益，是否是政府官员或者与政府存在任何关联关系，担任董事是否需要政府的批准等，以确定是否存在国家干预。

3. 应诉企业用来生产被调查产品的主要原材料和水电气煤等公用事业的采购情况

欧盟调查机关重点考察供应商是否是国有或国有控股的公司，应诉企业与供应商之间是否存在关联关系或者其他特殊的安排，应诉企业的采购价格是否与同期的通常市场价格相一致是否反映了市场价值，从而确定：①应诉企业的采购活动是否受到国家干预；②应诉企业主要投入的成本是否反映市场价值。

调查机关对上述信息是进行综合考察的。例如在应诉企业从关联公司购买原材料的情况下，如果应诉企业能够证明其购买价格与关联公司卖给其他非关联公司的价格以及市场通常价格相一致，调查机关对应诉企业的购买价格是予以认可的。在应诉企业从国有企业购买水电气等公用事业的情况下，如果应诉企业能够证明其购买价格与供应商的通常费率是一致的，且供应商的通常费率反映了市场供需关系，则调查机关对应诉企业的购买价格也是予以认可的。

4. 应诉企业的销售活动是否受国家控制

欧盟调查机关会考察应诉企业的销售活动包括内销和出口是否受国家干预，销售价格是否由政府决定或者要经政府审批。调查机关通常通过企业是否有出口经营权、是否存在政府指导价或者政府定价、是否为中国入世议定书中的国营贸易产品等做出判断。

5. 应诉企业是否能自主谈判和签订协议，是否能不受国家干预自主选择管理层，是否能保有销售收入，并自主决定对利润的分配或亏损的弥补

现在中国企业基本都符合这些标准。应诉时需要提供公司的章程、合同、股东会和董事会的任命决议、利润分配决议、会计账簿等。

6. 应诉企业是否能根据市场供求关系自主与员工决定工资水平

欧盟调查机关会考察应诉企业能否与员工自主协商确定工资水平，目的是为了确定应诉企业的劳动力投入的决策是否受国家干预，劳动力成本是否反映了市场价值。就目前中国企业的现状来讲，基本实现了企业与员工根据市场供求关系自主决定是否签订劳动合同以及工资水平，而且不同类型的员工的工资水平往往是不同的，各地也基本都有自己的法定最低工资标准。

7. 应诉企业是否存在特殊的贷款或者补贴

欧盟调查机关会调查应诉企业的贷款或者补贴情况，以确定应诉企业是否

存在不符合市场经济常理的特殊贷款或者补贴以及是否存在国家干预。

8. 应诉企业的财务会计状况

企业的财务账册反映了企业的各项经济活动，是欧盟调查机关调查的重点。应诉企业要想获得市场经济地位，在财务会计上应当基本健全规范，会计报表应当经过审计，财务账册应当完整规范，符合国家相关会计准则。

9. 应诉企业的资产取得情况

欧盟调查机关会对应诉企业的资产包括资金、厂房、机器设备等的取得状况进行考察。在这里调查机关关注的是企业的原始资产是如何获得的。调查机关会了解应诉企业的资产是通过何种方式取得的（市场购买、股东投资、赠与、抵债等），从谁那里取得的，取得价格是多少，该取得价格是否反映了市场价值。目的是为了确定在应诉企业资产取得的过程中是否存在国家干预，取得价格是否反映了市场价值。应诉企业应当提供股东投资时的资产评估报告、验资报告并解释资产取得情况。

10. 应诉企业是否存在易货贸易

易货贸易往往被看作是市场经济不发达的一种表现。目前绝大部分中国企业不存在易货贸易，欧盟调查机关也没有发现中国应诉企业存在易货贸易的现象。

11. 应诉企业是否受破产法和财产法的约束，从而保证企业经营的法律确定性和稳定性

由于这个标准基本只涉及硬性的法律适用问题，中国有相对完善的符合市场经济体制的破产法和财产法，因此欧盟调查机关在众多的反倾销调查中都认定中国应诉企业符合这个标准。

12. 应诉企业所使用的汇率是否是市场汇率

目前我国实行的是以市场供求为基础的、有管理的浮动汇率制度，我国也一直在不断地改革完善我国的汇率制度。只要中国应诉企业按照中国人民银行公布的汇率遵循企业会计准则的相关规定做账，欧盟调查机关一般都认定应诉企业符合这个标准。

## 二、欧盟反倾销案件调查表概述①

从欧委会的立案通知以及对相关法律程序的描述可以清楚地看出，反倾销

---

① 本节参考了蒲凌尘《应诉欧盟反倾销律师业务》（法律出版社 2007 版）中的相关内容。

调查程序的立案启动预示了随后一系列严谨的法律程序的开始。如前面介绍，应诉欧盟反倾销案件需要分阶段填写相互独立又相辅相成的不同调查问卷，所以决定应诉的企业要把握好各个程序的完整准确性及内在联系关系，对抽样调查程序或"个案审核"程序、申请证明市场经济地位、填写反倾销调查表等环节有一个基本了解，只有这样，才能有放地积极应对，有的放矢地进入程序。

应对欧盟反倾销，最初也是最主要的方式就是填写各种反倾销调查表，而最常见的反倾销调查表一般分为：

(1) 抽样调查表；

(2) 申请市场经济(单独关税待遇)地位调查表；

(3) 反倾销调查表；

(4) 反吸收、反规避、日落复审、新出口商、期间复审、退税调查表；

(5) 进口商调查表；

(6) 关联进口商(或关联企业)调查表；

(7) 起诉方调查表；

(8) 最终用户、供货商等相关利益方(欧盟利益)的凋查表。

对于原审案件来说，中国应诉企业经常遇到和使用的调查表一般集中在上述的(1)～(3)项内容的调查表。因此本章主要对(1)～(3)项内容进行简单介绍并附上调查表的中文译本。

1. 抽样调查表

抽样调查表用于掌握了解应诉企业在调查期内的生产、内销、外销、企业经营等重要信息，同时，抽样表征求应诉企业是否申请市场经济待遇、是否参加抽样程序以及是否愿意合作，提交调查表和接受实地核查。

该调查表主要分为7或8个组成部分。应诉企业不应误认为抽样调查表内容简单而忽略该表的重要性，这是企业进入法律程序的第一步，不是简单意义上的"通告"欧委会应诉，它直接关系到如何妥善完成随后而来的各个程序步骤。因此，在文字描述与数据整理过程中，企业要严谨，要有针对性，不能随意，应该与同时准备提交的证明市场经济地位的数据材料和随后的反倾销调查表内容保持连贯一致。应诉企业必须意识到在回答调查表中涉及承诺履行义务问题时，诸如是否愿意配合实地核查、填写反倾销调查表等，应该严肃认真，充分意识到在程序中所应该承担的义务，绝不能出尔反尔，随意改变应诉的地位，这会直接影响企业的应诉结果。

2. 申请市场经济(单独关税待遇)地位调查表

市场经济地位、单独关税待遇地位的申请表主要包括三大部分，即企业的组织结构与管理;企业的经营决策与成本;企业的财务管理与具体会计原则的运用。

第一部分的内容包括:企业的设立、组成和法律形式.登记注册,经营范围,资金来源,股东组成,董事会成员,决策程序,关联企业的业务,股权结构,股权性质,合同章程等。

公司概况是第一部分的要害,也是获得市场经济、单独关税待遇地位的关键一步。在这一部分里共有八个主要问题,有的问题比较直接,有的问题相对笼统些,欧委会在实地核查中围绕这些问题展开的核查主要涉及企业的管理体制是否健全,是否在经营过程中受到"政府干预"。这八个问题同样适用于"单独关税待遇"待遇。

在这一部分里应诉企业需要提供的书面支撑材料通常包括:企业成立(或改制发展的背景),企业的法律形式,营业执照,公司章程、合同,股东名单(每一股东的投资比例,以及投资的明细和银行凭证),验资报告证明,股权变更证明,董事会成员以及所代表的股东,公司管理层的决策与表决程序,董事会、股东大会的详细决议和纪要,所有应诉企业的关联公司的营业执照复印本,章程,股东(法人、自然人)的身份证明材料。

本部分还应注意的是涉及生产或销售涉案产品的关联企业的公司性质、注册证明、章程等,企业所适用的法律及文件,企业资金来源与注册资本的证明(银行凭证),这些关联企业的地位在申请证明市场经济地位的时候非常重要,与应诉主体企业没有本质上的差别,应该同时进入程序。

第二部分的内容包括:企业获取原材料、能源、生产设施的途径及方式,涉案产品成本要素的构成,采购成本和生产成本,分摊的方法,内外市场销售的数量和金额,涉案产品的生产、劳工、知识产权等。

本部分涉及的内容比较广泛,从所有为涉案产品生产所需要的原材料采购,到原材料供应商的情况,原材料的采购发票、明细、支付货款凭证;涉案产品主要辅料的采购;涉案产品成本的构成;生产涉案产品的技术、专利、联合开发、转让许可等协议和支付凭证;应诉企业人员劳工的组成以及工资构成与发放证明,解聘、雇用的程序,劳动合同;生产涉案产品(调查期内)的月统计数量与金额;涉案产品的内外销售(调查期内)的月统计数量与金额。

表面上看本部分是一个简单数据统计工作,实际上它环环扣住一个企业的财务管理和会计原则在实际经营中的运用。一个管理不完善的企业往往会在这里陷入困境,使欧委会利用该企业的薄弱环节来否定其市场经济待遇。

申请表的最后一部分内容为:企业采用的具体会计原则,资产估价方法以及使用会计准则的法律法规。企业的资产负债表、损益表、内部管理报告、成本核算明细、审计报告的关键章节,资产评价报告,投资或购置固定资产以及折旧,贷款数额与偿还借款凭证,土地使用权,外汇兑换,易货或补偿贸易,利润分配的原则,各项费用提取的比例和凭证(公职金、福利金、利润分配等)缴纳各种税赋的凭证等。

本部分重点是企业的财务会计制度与资产负债表、损益表、现金流量表、审计报告。涉及的具体内容一般包括企业处理财务时遵循的会计原则、确认销售收入的原则、库存计价方法、资产估价原则、折旧与摊销的原则、发票凭证明细账的管理、费用与成本、应收账款和坏账准备原则、利润分配、投资活动、在建工程、银行贷款等。

申请单独关税待遇地位的调查表与申请市场经济地位的调查表完全一样,最根本的差别在于申请单独关税待遇地位的企业不必填写回答有关成本和会计部分的问题。欧委会采用"一表两用"的方法,如果应诉企业没有获得市场经济地位,欧委会可以将提供的资料进一步审核企业是否符合单独关税待遇地位的标准。

当然,如果应诉企业在程序的一开始认为难以达到符合市场经济地位的标准,该企业也可以直接申请单独关税待遇地位。因为申请市场经济地位必须提供财务相关的所有证明资料和审计报告,而这些证明材料必须翻译成英文,否则欧委会将不接受企业提出的申请。

以下所附,是欧盟市场经济地位和/或单独关税待遇申请的调查表中文译本。

**欧盟委员会**

**倾销策略:倾销方面**

**反倾销Ⅱ (倾销的认定)以及与产业的联系**

□ 保密版本

□ 非保密版本

(在合适的方框内划勾)

用于反倾销调查程序中的公司申请

市场经济地位和/或

单独关税待遇

用于：　　　　　　　　向欧盟出口的生产商
产品：　　　　　　　　（填写涉案产品）
源于：
调查期(I.P)：
参考法律：　　　　　　欧盟理事会规则 第　　号，
参考规定：　　　　　　立案通知 OJ C(填写相关信息)
调查程序登记编号：　　AD[　　]
申请表答复到期日：　　(填写日期)(立案通知发布之日起　　天内)

主管官员：

| 倾销小组 | 损害小组 |
|---|---|
| 部门负责人： | 部门负责人： |
| 主管官员： | 主管官员： |

地址：　　欧洲委员会
　　　　　总理事会 贸易-C-2
　　　　　Rue de La Loi 200
　　　　　1049 布鲁塞尔
　　　　　比利时
传真：　　(+32-2) 295.65.05

**请注意本申请表应填写一式两份，一份作为保密版本，一份作为非保密版本。**

## 前　言

本文件旨在列出在本反倾销案中要求市场经济地位和/或单独关税待遇的出口生产商被要求提供的信息清单。出口生产商指在中国生产有关产品并销售出口的法律实体。所有提交的文件应当附有英文版本。除有特别要求外，信息应当与调查期相关。请注意本表格仅列出需要的最低限度的信息，各公司可以提交其认为对确定其地位有用的全部补充证据。

市场经济待遇将被赋予那些提交了及时完成的申请表并能证明其符合基本条例中第 2(7)(c)款中规定条件的出口商。

在市场条件成立的情形下，该待遇可以导致采用被调查出口商的国内价格和成本，否则就会采用类似的第三国的数据。这同样意味着，在即便要强加反倾销措施的情况下，该公司也将被适用其自己的单独税率，而不是全国统一税率，即自动被认为符合单独关税待遇条件。

单独关税待遇，如果出口商可以证明其与出口销售相关的决定（价格与质量）是独立作出的而与国家无关，即可得到准许。在这里，重点将被放在出口行为是否完全免于国家干涉，以及在要求单独关税待遇的出口商如果不存在规避反倾销措施的风险时，如果调查是确认存在有损害的倾销和反倾销措施是否不违反欧盟利益。

赋予出口销售单独关税待遇意味着确认出口商的个别倾销/损害幅度，作为一国单一的倾销/损害幅度的例外。即便在强加反倾销措施的情形下，出口销售获得单独关税待遇的出口商被适用其自己的单独税率，而不是统一税率。

对获得单独关税待遇但不是市场经济地位的公司，其正常价值将在相似国家的信息的基础上确定，然后再与出口商向共同体出口的价格作比较。

**请在合适的方框中划勾，以说明贵公司申请何种待遇：**

[　　] 市场经济待遇，也就是说如果调查发现贵公司不符合规定的条件则代之以单独关税待遇申请。

[　　] 仅单独关税待遇。

如果贵公司仅申请单独关税待遇，仅需回答标记有星号（*）的问题。如果贵公司申请市场经济待遇，需回答所有问题。

如果对本申请表或整个程序有任何问题或困难，请立即联系封面上列出的任何负责人。

**请注意**

如果不想申请任何一种待遇，本申请表无需填写。

你对本申请表中关于市场经济地位的回答可能被实地核查。所以，你应保留回答问题时用到的所有支持文件以及工作文件，以备实地核查。

本申请表的保密版本以及非保密版本均需填写。请注意以下问题：

⇒ 对利害关系人提供的保密信息应作相应的非保密的概述。这些概要应当足够具体以便对提交的保密信息的实质内容有合理的理解。在特殊情况下，这些关系人可以指明这些信息不便进行概括。在这些特殊情况下，应当提供之所以不能进行概括的理由的说明。

⇒ 如果保密请求被认为没有正当理由，并且信息的提供者或是不愿意向他人公开信息或授权在概要中披露，则这些信息可能不被考虑。

应当注意，在任何利害关系人在期限内拒绝允许查阅或者拒绝提供必要信息，或者明显阻挠调查，提供虚假、错误的信息的情况下，可以否决该市场经济待遇和/或单独关税待遇的申请。

除非有相反说明，所有的销售价格和价值，应当以贵公司记账中使用的货币单位表示。

除非有相反说明，应在本问卷第一页中确定的调查期内完成回答。所有与调查期相关内容都应遵照该期限。

**警告：本调查有严格的强制性的截止期限，封面上指定期限以后收到的任何回答都可能被拒绝。**

## 第一部分 基本信息

A-1 联系信息

请提供贵公司下列详细信息：

名称：

地址：

电话：

电传：

联系人电子邮件：

请指明联系人名称及在公司中的职务。

A-2 法律代理人

如果指定法律代理人协助参与本次调查程序，请提供其下列详细信息：

姓名：

地址：

电话：

电传：

联系人电子邮件：

A-3 调查范围

本次调查涉及的产品________________________________。

本次调查涉及产品现分类 CN 号为________________________。该 CN 号仅作为信息提供，对产品分类没有约束效力。

任何本问卷所涉及的涉案产品即指上述产品。

A-4 企业信息

*1. 贵公司的法律形式是什么?

对位于中国的公司请说明贵公司是否是:

[ ] 中国与外资合资或合作企业,

[ ] 全外资企业,

[ ] 外国公司分支机构,

[ ] 中国全资有限责任公司,

[ ] 国有企业(或全民所有),

[ ] 股份有限公司,

[ ] 集体所有企业,

[ ] 其他法律形式 (请明确).

如果贵公司的法律形式在过去五年中发生变更,请将这些年中原有的法律形式一并列出。

*2. 请提供图表简述贵公司内部等级及机构结构,以及详细的图表说明所有与国内及出口市场上的产品的生产、销售及分发相关的所有单位。

*3. 请提供公司在世界范围内的组织结构图,包括母公司、子公司或者其他与公司直接或间接关联的公司,同时也应列明这些公司的经营范围、它们的营业执照或任何其他证明它们经营范围的文件。

*4. 请提供所有国家中与生产或销售该产品有关的子公司或其他关联公司的名称、地址、电话和电子邮件。列明每一个关联公司的经营范围、它们与公司的关系、说明公司是否与这些公司有共同的董事会成员或高级管理人员。如果是,请列出这些人的姓名、在两个公司任职的性质。请提供公司之间有关这种安排的文件。

*5. 列出每一个拥有公司5%以上股份或资产的股东,指出每一股东或所有者是否为私人、公司、国家或政府。并:

| 股东名称 | 持股比例 | 股东变更 | 备注 |
|---|---|---|---|
| | | | |
| | | | |
| | | | |
| | | | |

在备注一栏，请注明是私人、公司还是国家或地方/地区政府，而且：

- 如果是私人，注明其是中国国籍或是其他国籍；
- 如果是公司，注明其是中国公司、外资公司或与外资公司合资的公司；
- 如果是中国公司，注明其是私人公司、国有公司或者地方/地区政府所有的公司。如果公司部分国有或地方/地区政府所有，明确说明国有或地方/地区政府参与的程度；
- 如果是地方或地区政府，请具体说明。

*6. 请提供公司章程及其英译文。

*7. 请提供公司董事会及股东会成员名单，并说明每一个成员代表的利益，他们的职能是什么，他们投票权的性质。

如果任何股东或董事会拥有中国国籍，请说明股东会议或董事会表决时所需要的人数和表决方法。有关规定是按照公司章程或由其他文件做出？如果不是由公司章程规定，请提供有关规定的文件并英译文。

*8. 请明确说明下列法律在贵公司中的实施程度并给相关证明：

- 公司法
- 劳动法
- 合资企业法
- 会计规则及法律

## 第二部分 经营决策及成本

B-1 生产涉案产品的原材料和其他消耗部件

1. 请提供调查期内用于涉案产品生产的主要原材料平均单位成本清单。填写以下形式的表格，以对这些采购进行总结（请指明主要原材料，包括本表格中已经列明的部分）

| 原材料种类 | 价值 | 数量 | 平均单位成本 |
|---|---|---|---|
| | | | |
| | | | |
| | | | |

*2. 请解释生产涉案产品的原材料及其他相关投入（如上所列）是如何获

得的(短期或长期合同,现货市场,不同供应商的数量,当地或国外采购等)。

3. 对于前述成本部件,请注明:

i) 供应商的名称及地址。请注明该供应商是私人、公司、国家或地方/地区政府:

- 如果是私人,注明其是否中国国籍或是其他国籍;
- 如果是公司,注明其是中国公司、外资公司或与外资公司合资的公司;
- 如果是中国公司,注明其是私人公司、国有公司或者地方/地区政府所有的公司。如果公司部分国有或地方/地区政府所有,明确说明国有或地方/地区政府参与的程度;
- 如果是地方或地区政府,请具体说明。

* ii) 在进口您使用的原材料中,是否存在直接或者间接的限制或条件。如果有,请说明。如果在 I. C. 6 或 I. C. 7. 中尚未提供,请提供规定了这些限制或条件的文件(并有英文译文)并提出相关条文。

B-2 知识产权及法律要求

1. 指明与任何公司、机构或政府就有关产品的研发、生产、销售、特许经营、工艺及专利协议有关的,包括设立合资企业等的合同义务关系。请提供这些协议的文本和英译文。
2. 逐一列明公司就以上须支付的特许使用费及其金额。
3. 逐一说明公司为在中国生产、销售或出口产品所需获得的批准。公司在这些经营活动上是否受到任何直接或间接的数量或其他形式的限制?请提供公司营业执照、公司登记证或其他有关的公司经营许可证,请说明在何种情况下该营业执照或营业许可将被撤销。
4. 请介绍破产法和物权法对公司的适用,介绍该法在对公司或公司经营业务的行业适用上是否有所保留。
5. 请说明公司在分配利润及收回投入的资本时是否受到任何限制。如果存在,请提供详细情况并提供有关文件及英译文,指明有关条款。

B-3 劳动

*1. 请说明如何组织劳动力的生产,熟练工和非熟练工及管理人员的雇佣情况?调查期内每一类员工的基本平均工资是多少?

*2. 请说明公司雇员薪酬制度(即具体指明薪酬具体组成部分,包括正常

工资，加班工资，公务车使用，假期津贴等）。工资发放周期是多少？工资最终来源是哪里？雇员及其家庭可否享受其他福利比如住房，医疗，养老金，教育等？请明确说明。如果雇用外国员工，请单独回答本段中的有关问题，并解释其最终的工资支付来源。

*3. 详细描述聘用和解雇员工的程序。指明由谁负责做最终决定。

B-4 生产设备及生产

1. 请提供调查期内涉案产品每月的生产量。
2. 如贵公司是外资公司，请给出调查期内每种主要产品的生产总量。

B-5 销售

1. 请提供涉案产品每月平均国内销售价格（注明货币单位）以及调查期内每月销售数量。

   如果贵公司是外资公司，请给出调查期内贵公司售出的每种主要产品在国内市场上的销售总量。
2. 请提供贵公司在调查期内使用的涉案产品的国内价目表。

   *解释任何地方/地区政府部门及国家在设定销售价格及数量上的干预。提供规定这些干预的文件副本（并有英文译文）并指明相关条款。
3. 请提供涉案产品每月平均出口价格（注明货币单位）以及调查期内每月出口数量。
4. 请提供贵公司在调查期内使用的涉案产品的出口价目表。

   *解释任何地方/地区政府部门及国家在设定销售价格及数量上的干预。提供规定这些干预的文件副本（并有英文译文）并指明相关条款。
5. 请解释（例如，使用图表）涉案产品是如何出口至欧盟，并说明相关的货物（供货和产品）及金融（例如发票和付款）流程。
6. 请提供________月中所有向欧盟出口销售的清单（直接或经由第三国）。该清单应给出以下信息：发票号，数量，发票总量，产品型号以及买方名称。

## 第三部分 账目

C-1 财务报表

1. 指明贵公司的财务年度。
2. 每年应向官方登记何种会计文件？哪个政府部门负责这些文件的官方登记？

3. 请附最近两个财务年度的完全财务报表(资产负债表,损益表,相关计划,财务报表注释及审计意见),同时按原文及英文版本提供。请提供审计人员的名称及地址(如果有的话)。

4. 审计要求

如果贵公司的财务报表未经审计,请解释其原因。是否存在账目应当全部或部分审计的法律规定?

C-2 会计原则和实践

1. 法律要求和基本会计原则

a) 账簿和记录

请就必要的法律要求进行简要说明并提供参考资料,比如报表应使用的语言和货币单位,报表及其他文件(比如重要的合同,协议,章程,董事会会议记录,财务声明以及审计报告)应当保存的期限等。

b) 会计方法和一般原则

如果在财务报表未有反映,请简要说明一般会计原则和实践。请就以下项目进行说明:比如评估方法的一贯性,资产及责任的区分,审慎评估,目前受关注的原则,特定财务年度的收入及费用是否在相关的年度报表中予以考虑。

2. 会计原则来源

请说明贵公司应当遵守的规则由谁制定,比如会计规则和标准的管理机构(例如财政部,税务部门,证券部门等)。请列出这些规则。

3. 特别会计原则与实践

请简要描述关于下列项目的会计原则和实践,如果其在财务报表中未有反映的话。

*a) 资产评估

解释对主要固定资产及无形资产所使用的折旧及摊销的方法。请说明购置价及现有账面价值。请解释在每种情况下,资产如何取得(例如公开市场上购买,从股东处受让,从国家或第三方公司无偿取得或折让取得)。如果上述资产的评估方法在过去的10年中有所改变,请解释其改变的基础和原因。也请给出其对现有账面价值的的影响。

列出所有用于生产和/或商业目的但不属于贵公司所有的设施(土地,建筑,机器)。请附租赁合同。

b) 贷款和补贴

请提供贵公司现有贷款的清单。给出具体的数量，分期偿还额以及利率。解释公司是否享有特别贷款或补贴计划(例如，优惠利率和延长还款期限，能源供给补贴等)。

c) 外汇交易

用于购进及外销的外汇交易汇率由谁确定？是否只存在唯一可以使用的汇率？

解释贵公司对外汇的使用或换汇是否存在任何限制。如果贵公司有外汇兑换账户，请提供有关部门对您的申请的批准书(并有英文译文)。

d) 易货贸易/对销贸易

公司在最近五年中的任何时候是否从事易货贸易或对销贸易，以货物或商品交换(国外)设备，服务或商品。请具体说明并解释所使用的会计方法。

e) 补偿贸易/产品买回

解释公司最近五年中的任何时候是否从事补偿贸易(也被称作产品买回)，即一个(国外)公司提供机械和设备并因此收取特定的回报，通常是以回购产出的产品的方式。解释这种回报是否以贷款或分期销售构成。解释所使用的会计方法。

f) 利润分配。

请说明贵公司最近三年的利润分配政策。

3. 反倾销调查表①

在反倾销规则的传统应用国，调查问卷已变得越来越复杂，经常包含一些仅与计算沾边的问题。复杂冗长的调查问卷会使得收到调查问卷的利害关系方饱受折磨，并可能因此而不予合作，从而最终导致“可获得的最佳信息”的运用。

相对而言，欧盟的调查问卷并不是十分复杂，以下将首先介绍欧盟反倾销调查问卷的类型，然后对调查问卷中的一些概念和问题进行阐述。

如上所述，在反倾销程序发起之后，欧委会将把调查问卷发放给所有欧盟成

① 本节参考了肖伟主编的《国际反倾销法律与实务-欧共体卷》(知识产权出版社2005版)中的相关内容。

员国生产商(包括提出申诉的和未提出申诉的)、进口商以及该产品的出口商,包括那些在发起程序的通知公布之后宣称自己为利害关系方的进口商或出口商。

调查问卷主要有四种类型:针对欧盟生产商的调查问卷,针对外国生产商/出口商的调查问卷,针对非关联进口商的调查问卷,以及针对关联进口商的调查问卷。四种调查问卷所关注的问题各不相同,要求出口商提供的信息主要是为了使得欧委会确定是否向欧盟成员国出口的产品构成倾销,要求欧盟成员国生产商提供的信息是为了确定损害,要求关联进口商提供的信息是确定结构出口价格的必要条件,而要求非关联进口商提供的信息则主要关注欧盟成员国的转售价格、进口成本以及进口商的利润,而这是计算价格削减和低于市价所必需的。

每一利益相关方将收到两份不同的调查问卷,一份标明为"保密",另一份标明为"非保密"。在保密的调查问卷中,相关当事方必须提交包括保密信息在内的完整回答,而在非保密的调查问卷中,应该根据基本条例第 19 条提交非保密的概要。这些非保密的回答将置于非保密文件之中,并根据基本条例第 6 条第 7 款,开放供其他相关当事方查询。

自从第 3283/94 号理事会条例通过以来,对调查问卷有了明确的规定。调查问卷将发放给所有的出口商、欧盟成员国生产商以及涉案产品的进口商。在任何反倾销程序中,调查问卷中回复的信息通常都构成所作结论的最重要的信息源。所设计的调查问卷的内容必须涵盖所有与倾销和损害的确定相关的因素。欧委会应将调查问卷送往那些地址为他们直接或间接获悉的出口商,或者将调查问卷转送给出口国的适当的外交代表。出口商之外的其他当事方的调查问卷将直接邮寄给他们。

虽然问卷格式基本上是标准的,但问卷是由处理案件的主管人员准备的,不可避免地会反映出这些主管人员的偏好、调查产品或相关出口国的了解等,这也意味着调查问卷的长度可能会因案件的不同而变化,通常是从 25 页到将近 100 页不等。

调查问卷必须填写完整,利害关系方也能够添加他们希望附上的信息,特别是有关损害的意见。答卷中提供的信息将作为实地核查的根据,因此,长时间保存文件记录,使所有的信息都能找到原始文件支撑是非常重要的。

鉴于应诉中国企业多为涉案生产商/出口商,故本部分主要针对该调查问卷的主要内容作一介绍。

发放给外国生产商/出口商的问卷是为获取确定倾销是否存在以及此等倾

销是否已造成损害的必要信息而设计的。因此调查问卷通常会要求提供最近3～5年内向欧盟成员国的出口价格和出口数量，在调查查期间外国生产商在国内市场和欧盟成员国市场上的要价的详细信息（以逐笔交易的形式提供），以及在将出口价格转换成出厂价标准时可以扣除的欧盟成员国内外的直接销售费用等。在每一调查问卷中，都会要求提供在调查期间内该生产商整体的、每一部门的以及每一件产品的生产成本的有关信息，并进一步要求提供营业方面的语如产量、产能、产能利用率、库存、就业、投资、现金流转等统计数据。最后，生产商/出口商通常会被要求将逐笔交易的信息（有时包括完整信息）按照调查问卷所要求的格式储存于电脑磁盘或磁带巾提交给欧委会。

具体而言，涉案生产商/出口商调查问卷包括封面、一般信息产品说明、经营统计、涉案产品向欧盟成员国的出口、涉案产品的国内销售、生产成本、电子信息要求、核对表以及附件等部分组成。

封面部分会列出问卷名称、涉案产品、原产地、调查期间、适用法规、援引规定、反倾销程序的登记号、提交答卷的正确时间以及主管官员及其联系方式等信息。

概要部分包括表明发送涉案出口商调查问卷的目的、问卷的填写、不合作的后果以及一般性提示等内容。

一般信息部分由企业名称和联系方式、应诉代理人以及公司信息共三个部分组成。

产品说明部分由调查范围、涉案产品描述、相似产品描述以及相似产品和涉案产品的比较共四个部分细成。

经营统计部分由营业收入、销售总量和金额、产量和生产能力统计、存货、雇员以及投资共六个部分组成。

涉案产品向欧盟成员国的出口部分由一般信息、向欧盟成员国独立用户的销售、向关联企业的销售以及出口销售调整等四个部分组成。

涉案产品的国内销售部分由一般信息、向独立客户的销售、涉案企业关联方向独立客户的销售和国内销售调整共四个部分组成。

生产成本部分由会计制度和政策以及涉案产品的生产程序和生产成本共两个部分组成。

附件部分则提供涉案出口商以及与其有关联的企业合作填写的调查问卷，即出口商的关联企业调查问卷、汇率表以及术语表三个部分组成。其中，出口商关联企业问卷由一般信息、与购买价格和存货有关的信息、与转售价格有关的信息共四个部分组成。

正常情况下，只有那些在申诉中名称和地址已经确定的生产商/出口商（也就是欧盟产业所知道的生产商/出口商）会收到欧委会的调查问卷。由于反倾销税将对一国的所有该出口商品适用而不是仅针对倾销程序中确定的生产商/出口商，因此申诉中未提到的生产商/出口商向欧委会表明自己的身份是有利的，如若不然，欧委会将利用可获得最佳信息确定对其适用的反倾销税的水平，通常至少是该国合作的生产商所获得的最高反倾销税。

以下所附，是欧盟涉案生产商/出口商调查问卷中文译本（以 2005 年 8 月针对 DVD＋－/R 产品的问卷为基本蓝本）。

**欧盟委员会**

**贸易总司**

**贸易保护 C 司—反倾销策略：倾销情况（政策，调查和措施）**

**倾销调查；控诉，要求回顾（倾销情况）并联系企业**

□ 保密文本

□ 公开文本

（请在适当的方框内划勾）

致：出口欧盟的生产商及出口商

关于：　　　　　　（涉案产品）

源自：　　　　　　中国

调查期(I. P)：__________到__________

法律依据：　　年　　月　　日　　欧盟委员第　　号法案，官方公报（以下称“基本法规”）

提交答卷最后期限：__________（公告发布的 40 天内）

本案负责官员：

| 倾销小组 | 损害小组 |
|---|---|
| 部门负责人： | 部门负责人： |
| | |
| 经办官员： | 经办官员： |
| | |
| | |

Fax:　　　　　(+32-2) 295.65.05
传真:　　　　　(+32-2) 295.65.05

**请注意此调查问卷必须填写两份,一个保密文本,一个公开文本。**

## 目　录

E-3 部分　对国内市场客户的销售

E-4 部分　国内销售的调整

F 部分:成本

F-1 部分　会计系统和制度

F-2 部分　生产工序和原材料采购

F-3 部分　生产成本

F-4 部分　销售成本

G 部分:计算机信息要求

G-1 部分　计算机文件的一般介绍

G-2 部分　产品描述的文件格式

G-3 部分　对欧盟出口销售的文件格式

G-4 部分　国内销售的文件格式

H 部分:核对表

**附件　对生产商和出口商的调查问卷**

I 部分:一般信息

Ⅰ-1 部分　名称

Ⅰ-2 部分　代理人

Ⅰ-3 部分　公司信息

Ⅰ-4 部分　一般会计信息

J 部分:经营数据

J-1 部分　营业额

J-2 部分　利润表

J-3 部分　总销售量及销售额

J-4 部分　存货

J-5 部分　雇员

J-6 部分　销售渠道

K 部分:有关采购价格的信息

K-1 部分　采购及进口程序

K-2 部分　采购数量及价格

L 部分:有关转销价格的信息

L-1 部分　一般信息

L-2 部分　对欧盟客户的销售

L-3 部分　　销售成本

M 部分：要求提交的电子版材料

M-1 部分　　对欧盟销售的文件格式

N 部分：核对表

Ⅱ. 术语表

Ⅲ. 公开文本的调查问卷填写指南

## 前　　言

该调查问卷旨在提供欧委会调查所需的信息。

在完成以下的调查问卷之前建议您再仔细阅读一下前面的信函及附录Ⅱ中的倾销术语。该调查问卷由以下部分和附件构成：

A 部分要求提供贵公司的相关信息，如法律形式、组织结构和一般会计信息等。

B 部分要求详细列出此次调查所涉及的全部产品并且提供贵公司在不同的市场上所销售的产品类型的详细信息。

C 部分要求提供经营统计数据，如总销售量及销售额，产量和存货。

D 部分要求提供出口销售价格和销售条件的一般信息，以及对欧盟出口的被调查产品的所有销售清单。

E 部分要求提供国内销售价格和销售条件的一般信息，以及在国内市场上被调查产品的所有销售清单。

F 部分要求提供涉案产品的成本会计系统和会计政策，以及生产成本和销售成本。

G 部分要求提供在整个调查问卷过程中所需要的电子文件格式的详细信息。

H 部分要求贵公司完成一张调查问卷答卷的核对清单。

I 部分至 N 部分

这几部分都从属于附件 I，附件 I 是专门为涉案产品被销售到的欧盟的每个子公司或其他关联公司而设计的。

每一部分都应以独立文件夹方式提交，并且每个文件夹中的每份文件应当清楚标明适当的字母，例如，A 部分。

在填写调查问卷的时候，请仔细阅读所有的说明。尽可能准确和完整地填写问卷并附上相关支持资料，这将对贵公司有利。除了对问卷中的问题做出详细回答之外，贵公司可以再提供相关的补充资料。如果问卷中的问题不适用贵公司，请解释清楚原因。

欧委会可以对贵公司进行实地调查，以检查贵公司的记录并核实在答卷中所提供的信息。

贵公司应当明确，对调查表的答复将成为信息机构就贵公司做出初步和最终裁决的依据。因此，贵公司对调查表的答复及对答复的重大纠正必须在规定的时限内提交，因为我们在进行证据调查之前还将进行大量的准备工作及对答复进行分析。

贵公司也应当明确，如果在规定期限前未能够提供所有的相关资料，或提供的资料不完整、虚假或存在误导性，将会对贵公司产生不利后果。在此情况下，欧盟将适用基本法规第18条的规定，不予采用任何迟到的答复，或任何可能阻碍调查程序的不完整、错误或误导的信息。

如果欧委会决定不予采用问卷的答复，它就将根据其他可获得的信息，可能包括来自于申请人提供的信息，来做出初裁或终裁。

如果在填写问卷过程中有任何问题，请及时与该问卷封面提到的欧委会官员联系。

所有与委员会的通讯必须注明本调查表第1页上列出的程序注册号码。

**重要提示：**涉案国家的所有生产商和出口商都要完成这份调查问卷，如果贵公司没有生产被调查产品，或对该调查问卷是否适用于贵公司感到有疑问，请立即咨询该案的调查官员。

一般性说明：

1. 按照问卷所列的顺序来回答。列出的信息和表格应尽可能与所建议的格式一致并应被清楚地注明。有困难请与案件负责人联系以找到一个可接受的解决办法。如果问卷中为答复所留的空白不够，请附上附件并且注明该附件所对应的部分。
2. 所有在回答本问卷时使用的工作表格和文件，特别是那些联系所提交的信息与管理和会计记录之间的工作表格和文件，必须留存以备实地核查时检查。
3. 为了方便核查，请说明资料的来源和这些源文件的保存地点。在查证过程中，你公司应做好证实所提供信息的准备工作。答复的每一部分都应该能够在公司正常商务过程中的通常文件中找到依据。
4. 所有提交的资料和来源都必须翻译成英文。

5. 所有信息都必须根据G部分所说的格式提交电子文件。请提供充足的格式信息以方便信息的补救。不提交电子文件可能被视为不合作。如果贵公司在这方面有何困难,请及时与案件负责人联系。
6. 尽管问卷是下发到贵公司,但是所有子公司或其他关联公司都是该诉讼案的当事方。关于贵公司组织结构的具体问题在问卷的A部分列出。

   你必须关注以下情况:
   - 如果你的子公司或其他关联公司是被调查产品的生产商或出口商,则这些公司也必须就本问卷的第一部分完成一份独立的答辩。
   - 如果在欧盟被调查产品的销售或营销中涉及子公司或其他关联公司,则附件I必须由该子公司或其他关联公司完成。否则,附件I中的问卷可以忽略。
7. 为完成问卷的答卷,贵公司必须使用你的会计系统中采用的调查期间的汇率。
8. 请清晰地标明你的表格、列表及计算中所使用的计量单位和货币单位。在填写问卷过程中应该使用统一的计量单位。我们所说的单位是指单个被调查产品的所谓“一单位”。我们所说的数量比如千克或公吨是指净重量,例如包装不包括在内。
9. 除非特别说明,所有销售价格和销售额,都必须使用贵公司会计记录中使用的货币单位来表述。
10. 除非特别说明,贵公司的回答必须与问卷第一页中规定的调查期间相关,所有与调查期间有关的参考资料也需要。
11. 如果贵公司打算聘请律师事务所或会计师事务所作为代理人来进行应诉,请确保欧委会收到一份确切的“授权委托书”。

## A部分　一般信息

A-1　公司基本信息

请提供以下的具体信息:

名称:

地址:

电话:

传真:

联系人的电子邮箱：

并且注明联系人的姓名及在公司里的职位。

A-2 代理人

如果贵公司在此次调查中委任了代理人，请提供以下具体信息：

姓名：地址：

电话：

传真：

联系人的电子邮箱：

A-3 公司信息

1. 贵公司的法律形式

2. 请说明贵公司生产设备的所在地址，如果分散在不同的地点，请描述每个地点的主要特征。

3. 列出在调查期内持有贵公司5%以上股份的所有股东，并在下表中列出其变更情况。

| 股东姓名 | 股份比例 | 股东变更 |
|---|---|---|
| | | |
| | | |
| | | |
| | | |

4. 请用图表的形式概括贵公司的内部等级和组织结构。图表中必须包含在国内和国外出口市场从事被调查产品的生产、销售和分销的所有部门。

5. 请列出贵公司生产和销售的产品清单。如果这些产品归属于不同的组别，请注明这些组别。

6. 请列出贵公司在世界范围内的公司结构及附属机构，包括母公司、子公司和其他的关联公司。贵公司可以用表格的形式提供。

7. 请提供与被调查产品有关的所有子公司及关联公司的名称、地址、电话和传真号码。具体列出每个关联公司的变更情况。请在以下表格中列出给贵公司生产被调查产品(见下文B部分)提供原材料的所有关联公司。具体列出贵公司与这些关联公司之间互相持有的股份数。

| 姓名，<br>地址，<br>电话，<br>以及有关公司的传真 | 如果与被调查产品有关，请打勾 ✔ | 列出其变更情况 | 如果是被调查产品的生产商，请打勾 ✔ | 如果是被调查产品的原料供应商，请打勾 ✔ | 持有关联公司的股份 | 关联公司持有贵公司的股份 |
|---|---|---|---|---|---|---|
| | | | | | | |
| | | | | | | |
| | | | | | | |
| | | | | | | |

8. 在任何情况下，请说明你们之间关联关系的性质。指出贵公司的董事会成员或高级行政管理人员是否是这些关联公司的董事会成员或在其高级行政管理职位任职。如果有，请指明这些人，并说明他们相互间附属机构的性质。请附上各方之间安排的副本。
9. 对于上表中提到的每一个关联公司，请就与被调查产品有关的生产、销售、许可、技术和专利协议，详细说明贵公司与关联公司之间的财务或合同关系或合资关系。

A-4 一般会计信息

1. 说明贵公司正常的财务会计期间。
2. 请说明贵公司业务活动会计记录的保存地点。如果保存地点不同请分别说明。
3. 请附上一份经过审计的英文会计资料，包括贵公司及与被调查产品有关的关联公司最近三个财务年度的资产负债表，利润表和所有的报表、注释、会计报表附注以及审计报告（见附表一）。如果可能，还应提供相同期间的合并财务报告。如果贵公司的账目未经审计，请附上最近三个完整会计年度的财务报表并附上贵公司或关联公司所在地的地方政府或国家政府机构的证明文件。
4. 如果有关于被调查产品的内部财务报告、管理报告、标准成本报告，请提供最近三个会计年度的相关副本。
5. 请提供一张图表来说明每一个关联公司的会计资料（如果需要，请译成英文）。

## B部分　产品的描述

B-1　调查范围

该案件涉及的产品包括＿＿＿＿＿＿＿＿＿＿＿＿＿＿＿＿。

该案件涉及的产品目前的海关编码是＿＿＿＿＿＿＿＿＿＿。

B-2　被调查产品的规格

请尽可能全面和完整地提供以下信息，以界定和区分由贵公司及其关联公司生产或销售的被调查产品(涉案产品)的不同类型。

1. 请提供贵公司及关联公司颁布的关于所有被调查产品的一整套完整的目录和手册。
2. 解释贵公司及关联公司生产和销售的被调查产品的详细类别。
3. 具体说明贵公司的产品编码体系，包括所有前缀、后缀或其他可以辨别产品类型的标志。
4. 详细解释贵公司及关联公司在国内市场和欧盟市场上销售的被调查产品的差别，包括在原材料、设计、规格和生产工序方面的差别，并说明任何导致产品价格差别的因素。
5. 请提供一份关于应用于产品之中的合金的完整清单，并说明可供比较的合金类型。

B-3　出口产品及国内销售产品的对比

1. 请为G-2部分(参考该页给出的例子)列明的每一项独特的产品特性组合设定一个“产品控制号”(PCN)。PCN有助于比较并对应出口销售产品与国内销售的相同或最相似产品。因此，在填写问卷过程中始终如一地应用PCN码非常重要。
2. 准备一张“RELECDM”表格(电子文件——详见G-2部分)提供调查期内足以建立被调查产品在本国内的销售与出口到欧盟市场的类型之间的直接关系的信息。

## C部分　经营数据

C-1　营业额

1. 在以下表格中说明贵公司扣除商业折扣后的税后净营业额(应用你的会计记录中所使用的货币单位)。

| | 调查期前两年 | | | 调查期前一年 | | | 调查期当年财务年度 | | | 调查期间 | | |
|---|---|---|---|---|---|---|---|---|---|---|---|---|
| | 非关联客户 | 关联客户 | 总额 | 非关联客户 | 关联客户 | 总额 | 非关联客户 | 关联客户 | 总额 | 非关联客户 | 关联客户 | 总额 |
| 公司总营业额(所有产品) | | | | | | | | | | | | |
| 国内市场 | | | | | | | | | | | | |
| 欧盟市场 | | | | | | | | | | | | |
| 其他国家 | | | | | | | | | | | | |
| 部门营业额(包括被调查产品) | | | | | | | | | | | | |
| 国内市场 | | | | | | | | | | | | |
| 欧盟市场 | | | | | | | | | | | | |
| 其他国家 | | | | | | | | | | | | |
| 被调查产品营业额 | | | | | | | | | | | | |
| 国内市场 | | | | | | | | | | | | |
| 欧盟市场 | | | | | | | | | | | | |
| 其他国家 | | | | | | | | | | | | |

2. 如果贵公司账目已经与关联公司合并，请按 C-1.1 表格形式准备一张表格，说明合并后扣除商业折扣的税后营业额，并具体说明是如何合并的。

C-2 利润表

1. 准备一张包含主要项目的利润表①。详细说明成本如何分摊到被调查产品。

---

① 上述表格中每一行或列的项目名称对贵公司的利润表都适用，详细信息请咨询本案调查官员。

| | 调查期前两年 | | 调查期前一年 | | 调查期当年财务年度 | | 调查期间 | |
|---|---|---|---|---|---|---|---|---|
| | 所有产品 | 被调查的产品 | 所有产品 | 被调查的产品 | 所有产品 | 被调查的产品 | 所有产品 | 被调查的产品 |
| 毛销售(1) | | | | | | | | |
| 销售退回、回扣及折扣(2) | | | | | | | | |
| 净销售(1-2)(3) | | | | | | | | |
| 主要原材料(4) | | | | | | | | |
| 直接人工(5) | | | | | | | | |
| 折旧(6) | | | | | | | | |
| 制造费用(7) | | | | | | | | |
| 其他营业费用(8) | | | | | | | | |
| 总费用(4+5+6+7+8)(9) | | | | | | | | |
| 营业收入(3-9)(10) | | | | | | | | |
| 利息收入(11) | | | | | | | | |
| 利息费用(12) | | | | | | | | |
| 正常营业 | | | | | | | | |
| 收入(10+11-12)(13) | | | | | | | | |
| 非正常损益(14) | | | | | | | | |
| 税前利润(13-14)(15) | | | | | | | | |
| 税收(16) | | | | | | | | |
| 净利润(15-16)(17) | | | | | | | | |

C-3 总销售量及销售额

1. 在以下期间内①列出贵公司销售给非关联客户的被调查产品(见 B-1 部分)的总数量及净营业额。

① 一个公历年度从 1 月 1 日到 12 月 31 日。

| | 调查期前三年 | | | 调查期前一年 | | | 调查期当年财务年度 | | | 调查期间 | | |
|---|---|---|---|---|---|---|---|---|---|---|---|---|
| | 单位销售价格 | 货币价值 | 数量（公吨） | 单位销售价格 | 货币价值 | 数量（公吨） | 单位销售价格 | 货币价值 | 数量（公吨） | 单位销售价格 | 货币价值 | 数量（公吨） |
| 奥地利 | | | | | | | | | | | | |
| 比利时 | | | | | | | | | | | | |
| 保加利亚 | | | | | | | | | | | | |
| 塞浦路斯 | | | | | | | | | | | | |
| 捷克 | | | | | | | | | | | | |
| 丹麦 | | | | | | | | | | | | |
| 爱沙尼亚 | | | | | | | | | | | | |
| 芬兰 | | | | | | | | | | | | |
| 法国 | | | | | | | | | | | | |
| 德国 | | | | | | | | | | | | |
| 希腊 | | | | | | | | | | | | |
| 匈牙利 | | | | | | | | | | | | |
| 爱尔兰 | | | | | | | | | | | | |
| 意大利 | | | | | | | | | | | | |
| 拉脱维亚 | | | | | | | | | | | | |
| 立陶宛 | | | | | | | | | | | | |
| 卢森堡 | | | | | | | | | | | | |
| 马耳他 | | | | | | | | | | | | |
| 荷兰 | | | | | | | | | | | | |
| 波兰 | | | | | | | | | | | | |
| 葡萄牙 | | | | | | | | | | | | |
| 罗马尼亚 | | | | | | | | | | | | |
| 斯洛伐克 | | | | | | | | | | | | |
| 斯洛文尼亚 | | | | | | | | | | | | |
| 西班牙 | | | | | | | | | | | | |

（续表）

| | 调查期前三年 | | | 调查期前一年 | | | 调查期当年财务年度 | | | 调查期间 | | |
|---|---|---|---|---|---|---|---|---|---|---|---|---|
| | 单位销售价格 | 货币价值 | 数量（公吨） | 单位销售价格 | 货币价值 | 数量（公吨） | 单位销售价格 | 货币价值 | 数量（公吨） | 单位销售价格 | 货币价值 | 数量（公吨） |
| 瑞典 | | | | | | | | | | | | |
| 英国 | | | | | | | | | | | | |
| 对欧盟的总销售数量 | | | | | | | | | | | | |
| 对其他国家的总出口销售数量 | | | | | | | | | | | | |
| 国内总销售数量 | | | | | | | | | | | | |
| 总销售数量 | | | | | | | | | | | | |

2. 提供一张销售被调查产品给关联客户的与上述表格相同的表格。

C-4　产量和生产能力统计

1. 提供贵公司及子公司和其他关联公司关于被调查产品的生产和采购情况(如果存在购买的话)。

| | 调查期前二年 | 调查期前一年 | 调查期当年财务年度 | 调查期间 | 调查期后一年预计 |
|---|---|---|---|---|---|
| 生产线数量 | | | | | |
| 生产能力① | | | | | |
| 实际生产数量 | | | | | |
| 生产能力利用率(%)② | | | | | |
| 购买的被调查产品的数量 | | | | | |

① 假设每个工作日 24 小时生产的材料的重量都有入帐，每条生产线都以 100%的效率和速度生产，生产的最后产品都是合格品。

② 考虑有效使用时间及生产的材料的特性。

请注意：

1. “购买”是指购买被调查产品的成品。在转售前对购买的产品进行稍微的改变(例如再包装)一般不影响其作为成品的性质。
2. 描述生产线及其主要构成。
3. 解释计算生产能力和生产能力利用率的方法。
4. 如果贵公司在出口国以外的国家(包括欧盟)生产被调查产品，应以单独表格的形式提供每个生产国的上述信息。
5. 如果贵公司不止生产而且购买被调查产品，请说明原产地(参见附件Ⅱ术语表中的“原产地”)
6. 请说明生产过程中产生的平均“废品率”。
7. 请提供未来计划在出口国、欧盟或第三国家投产或增产的详细信息。

C-5　存货

1. 分别完成以下关于贵公司及各个关联生产公司的存货价值和存货数量的表格。

| | 贵公司生产的产品的库存 | | | 外购产品的库存 | |
|---|---|---|---|---|---|
| 期间 | 所有产品价值 | 被调查产品价值 | 被调查产品数量(公吨) | 被调查产品价值 | 被调查产品数量(公吨) |
| 调查期前两年财务年度年初 | | | | | |
| 调查期前两年财务年度年末 | | | | | |
| 调查期前一年财务年度年初 | | | | | |
| 调查期前一年财务年度年末 | | | | | |
| 调查期当年财务年度年初 | | | | | |
| 调查期当年财务年度年末 | | | | | |
| 调查期间初期 | | | | | |
| 调查期间期末 | | | | | |

2. 此外，提供以调查期开始到调查期结束之间的每一月份的存货的数量和价值。

| 期间 | 贵公司生产的产品的库存 | | | 外购产品的库存 | |
|---|---|---|---|---|---|
| | 所有产品价值 | 被调查产品价值 | 被调查产品数量(公吨) | 被调查产品价值 | 被调查产品数量(公吨) |
| 调查期间初期 | | | | | |
| 调查期第一个月（即04年1月） | | | | | |
| … | | | | | |
| … | | | | | |
| 调查期间期末 | | | | | |

至于子公司或其他没有生产但有涉及到被调查产品的销售的关联公司所保存的产品成品库存信息，请注意另外为关联公司准备的调查表，即本问卷的附件I。

请依据你从事会计的经验详细说明，产品库存是以成本计算还是利用其他的库存价值。

C-6　雇员

提供一份表格说明贵公司的雇员总数。

| | 调查期前三年 | 调查期前二年 | 调查期前一年 | 调查期当年财务年度 | 调查期间 |
|---|---|---|---|---|---|
| 整个公司的职员总数 | | | | | |
| 被调查产品雇员总数 | | | | | |
| 被调查产品生产过程中的人员数 | | | | | |
| 被调查产品的销售及管理人员总数 | | | | | |

请注意：提供生产被调查产品的每一关联公司的相似表格。如进行了分配，请解释分配的方法和原因。

C-7 投资

请在下列表格中列出为生产被调查产品所进行的投资。

| | 调查期前两年 | 调查期前一年 | 调查期当年财务年度 | 调查期后一年预计 |
|---|---|---|---|---|
| 厂房 | | | | |
| 机器和设备 | | | | |
| 其他(请具体说明) | | | | |

请注意:提供生产被调查产品的每一关联公司的相似表格。

C-8 分销渠道

请列出调查期内不同的销售渠道的营业额百分比(%)。

| 销售渠道 | 国内市场销售 | 欧盟市场销售 |
|---|---|---|
| 分销商 | | |
| 零售商 | | |
| 最终用户 | | |
| 其他(请具体说明) | | |
| 总计 | | |

## D部分 被调查产品对欧盟的出口销售

本部分要求列出调查期内贵公司出口到欧盟的销售情况的所有具体信息。如特别要求,贵公司还应提供销售价格及定价方法方面的信息。请特别注意,子公司和其他关联公司应根据附件Ⅰ的要求完成独立的问卷。

贵公司应与你的关联公司合作来完成问卷各个部分的答复,以确保关联公司所提供的“与购买价格有关的信息”与下文给出的信息一致。

为确定调查期内的销售,一般采用发票日期作为销售日期。

D-1 一般信息

1. 请说明贵公司自出工厂起到第一次销(转)售给欧盟非关联客户的分销渠道。请提供一张流程图,内容包括销售术语、对包括关联公司在内的不同等级顾客(转售商、销售商等)的定价政策。在D-2部分的顾客清单中要求提供每一销售渠道的控制号。解释贵公司对顾客的分类依据。

2. 请描述销售谈判过程中的每个步骤,从首次接触客户开始到任何售后价格调整。如果不同等级的顾客销售过程不同,请分别描述。

3. 如果出口销售通过中间国家,请提供以下信息:

a) 说明被调查产品进入欧盟的每一个渠道。列出涉及的公司的名称,并说明其与贵公司是否有关联。说明在中间国家谁拥有对被调查产品的法定权利。列出被调查产品的型号/类型或质量及其由哪个国家运抵欧盟。提供一张关于实地交货、订货、开具发票及付款的流程图。

b) 如果被调查产品在中间国家有任何加工或装配,或改变形态或提高性能,请具体说明。你可以使用图表或表格来补充你的回答。

c) 说明通过中间国家发运到欧盟的被调查产品是否包含来自其他国家而非出口国的组成成分。若有,请列出组成该产品的每种成分的原产地,以及该产品的装配地。

4. 至于通过关联公司的销售,请详细描述销售如何进行,从订货时间到交货至第一个非关联顾客的整个过程,并详细解释开具发票及付款如何进行。

5. 提供一张单独的按照时间顺序的流程表样本,说明这一过程中的每一步骤,并表明每个步骤的平均时间框架。

6. 如果贵公司根据合同(无论长期或者短期)来销售,请描述这些合同,包括价格和数量是如何达成一致的。请描述被调查产品适用的每一合同类型,包括合同期,价格变更的条件或任何一方的再谈判等等。指明双方各自的义务,什么条件下合同可以提前终止。

7. 说明生产是在客户提供产品规格及销售达成时开始的,还是根据公司通常的生产计划开始的。

8. 请提供调查期内为欧盟客户公布或者使用的所有价目表(英文版或附着英文翻译)的副本,包括关联公司使用的价目表。

9. 请列出贵公司直接或间接地支付或退回给关联公司的任何费用,不管这些费用是否与被调查产品有关,并具体解释这些费用的性质。

D-2 对欧盟客户的销售

D部分要求贵公司提供销售被调查产品到欧盟关联客户或非关联客户的完整信息。

1. 准备一张“ECSALES”的列表(电子版本,详见 G-3 部分),列出对欧盟在交易对交易的基础上的所有被调查产品的销售。
2. 准备一张“ECCUST”的列表(电子版本,详见 G-3 部分),提供所有欧盟客户的信息。

D-3 出口销售调整

请提供以下信息,以便对被调查产品的出口价格和正常价值进行公平比较。如果正常价值和出口价格不可比较,则就影响价格及其价格可比性的内容可作适当调整。如果你能够证明有关因素导致了对客户采用不同的价格,则你方可请求价格调整。

请在交易对交易的基础上按 G-3 部分的“ECALLOW”文件中的要求具体解释并报告所有价格调整的请求。请报告实际费用而不是平均费用。若贵公司对这些费用进行了分摊,请解释分摊的理由和方法。

1. 折扣、回扣和数量上的差异

具体描述贵公司提供给欧盟客户折扣和回扣的政策。列出所有的折扣或回扣的类型,比如现金折扣、数量折扣、忠诚度折扣、年末回扣等等,并说明其期限,包括递延折扣。如果不同等级的客户折扣/回扣不同,请分别解释各个等级适用何种折扣/回扣。

列出所有符合贵公司给予折扣或回扣条件的顾客和顾客号(见 D-2 部分),并解释贵公司根据什么标准来判定他们是否符合条件。

请提供贵公司的折扣计划,并准备好提供能反映所给的折扣和回扣的合同或协议。

注意“回扣”包括现时赊购和未来赊购、期票、延长赊购期限、免费商品和服务。

在第 9 点中的交易对交易列表中报告相关调整,指出资料的来源。

2. 运输成本、保险费用、搬运成本、装载成本和辅助成本之间的差异

所有的费用都应以它们发生时的货币来计量。

列出包含在出口价格中的所有收费,并解释如何量化收费。在第 9 点中的交易对交易列表中报告相关调整。核对与总分类账上记录的金额是否一致。

至于运输成本方面,请注意只有在销售达成后发生的运输成本,即将产品从生产工场搬运到非关联客户的运输成本才可请求调整。

3. 包装成本的差异

具体列出被调查产品的包装成本,材料成本和人工成本分开列示。详细描

述被调查产品的包装材料或在被运抵欧盟之前的任何特殊处理过程。如果被调查产品在欧盟被重新包装,请分别报告这些费用和成本。

在第9点中的交易对交易列表中报告相关调整。核对与总分类账上记录的金额是否一致。

4. 销售信贷成本之间的差异

赊销是指买方支付货款的时间成本,例如付款条件。请描述贵公司计算赊销成本的方法及所使用的利率。请提供短期借款利率。在第9点中的交易对交易列表中解释赊销成本的计算方法。

5. 根据法律或合同要求提供的担保、保证、技术帮助和服务的直接成本之间的差异

列出以上提到的出现并规定在出口销售合同中或者依据涉案国家法律的要求的所有成本。

单独提供最近四个财务年度每一型号/类型被调查产品的担保/保证成本记录。

说明贵公司如何计算这些成本,指出相关资料来源。如果这些成本只在特定顾客身上发生,请提供这些顾客的详细信息。如果这些成本只在部分被调查产品身上发生,或不同产品的该类成本不同,请指出产生这些成本的产品并说明贵公司所使用的分摊方法。在第9点中的交易对交易列表中填写这些计算方法。

技术服务成本包括贵公司为客户提供的关于被调查产品的任何修理或咨询服务。只有直接与被调查产品的销售有关的费用才能进行调整。如果技术帮助和服务是由贵公司的某个部门或成本中心提供的,请指明该部门。描述这些技术帮助和服务。在下文第9点中报告这些调查,并核对与总分类账的记录是否相符。

在下文第9点中报告这些调查,并核对与总分类账的记录是否相符。

6. 佣金差异

如果佣金是支付给非关联或者关联买方,请报告付给关联或非关联卖方的佣金数额及条件,并报告在第9点的列表中,核对与总分类账的记录是否相符。

7. 货币转化

为了便于出口销售与国内销售之间的对比,需要进行货币转化。只有在特定的情况下,例如浮动一直处于持续状态,汇率变动才予以考虑。

如果需要进行货币转化,请提供贵公司所在国汇率变动的详细信息。请提

供过去两年贵国中央银行发布的与出口商品和服务相关的官方汇率及官方日卖出价和买入价。提供非官方汇率及其来源。在第9点的交易对交易列表中解释这些调整。

如果贵公司在销售日期之前购买外汇,请提供相关的具体信息,并解释该购买行为是否与出口交易有关。如果是,在第9点的交易对交易列表中列出购买该涉案销售的汇率。

8. 其他因素

在以上1～7点中没有提及的,但会影响价格对比的其他因素也需要进行调整,尤其是那些导致国内顾客经常支付不同价格的因素。

9. 电子文件

准备一张"ECALLOW"表格(电子版本——详见G-3部分)在交易对交易的基础上列出你方要求的对欧盟客户的销售调整。所有调整都必须以贵公司的财务记录中使用的货币进行报告。

## E部分 被调查产品的国内销售

该部分问卷要求提供在调查期内被调查产品国内市场销售的详细信息,尤其是价格及定价信息。请特别注意子公司和其他关联公司必须按附件Ⅰ的要求独立完成该部分的调查问卷。

贵公司的问卷应与你的关联公司的问卷在各个相关部分进行协调,以确保关联公司所提供的信息与下文给出的信息简便并完全的协调一致。

为确定调查期内的销售,一般采用发票日期作为销售日期。

E-1 一般信息

1. 请说明贵公司自出工厂起到第一次销(转)售给欧盟非关联客户的分销渠道。请提供一张流程图,内容包括销售术语、对包括关联公司在内的不同等级顾客(转售商、销售商等)的定价政策。在E-3部分的顾客清单中要求提供每一销售渠道的控制号。解释贵公司对顾客的分类依据。
2. 说明自首次接触买方起至售后价格调查的整个销售谈判过程的步骤。如果不同等级的顾客销售过程不同,请分别描述。提供一张整个过程中每个步骤的按时间顺序的流程图样,说明这一过程中的每一步骤完成的平均时间。
3. 至于通过关联公司的销售,请详细描述销售如何进行,从订货时间到交货至第一个非关联顾客的整个过程，并详细解释开具发票及付款如何进行。

4. 如果贵公司根据合同（不管是短期合同还是长期合同）来销售，请描述这些合同，包括价格和数量是如何达成一致的。请描述被调查产品适用的每一合同类型，包括合同条件，价格变更的条件或任何一方的再谈判等等。指明双方各自的义务，什么条件下合同可以提前终止。

5. 解释生产在何时开始进行，是在顾客提供产品规格，销售达成时开始，还是根据公司的正常生产计划生产。

6. 请提供调查期内为欧盟客户公布或者使用的所有价目表（英文版或附着英文翻译）的副本，包括关联公司使用的价目表。

7. 请列出贵公司直接或间接地支付或退回给关联公司的任何费用，不管这些费用是否与被调查产品有关，并具体解释这些费用的性质。

E-2 国内市场份额

请提供最能正确估计贵公司被调查产品国内市场份额的信息，说明用以估计的信息来源。

| | 调查期前两年 | 调查期前一年 | 调查期当年财务年度 | 调查期间 |
|---|---|---|---|---|
| 国内市场总消费（公吨） | | | | |
| 贵公司的国内市场销售（公吨） | | | | |
| 市场份额（%） | | | | |

E-3 对国内市场客户的销售

E部分要求贵公司提供销售被调查产品给国内关联客户或非关联客户的完整信息。

1. 准备一张“DMSALES”的列表（电子版本，详见G-4部分），列出在交易对交易基础上对国内的所有销售。

2. 准备一张“DMCUST”的列表（电子版本，详见G-4部分），提供所有国内客户的信息。

E-4 国内销售调整

请提供以下信息，以便对被调查产品的出口价格和正常价值进行公平比较。如果正常价值和出口价格不可比较，则就影响价格及其价格可比性的内容可作适当调整。如果你方能够证明有关因素导致了对客户采用不同的价格，则你方可请求价格调整。

请在G-4部分的“DMALLOW”文件中具体解释你方要求的所有的在交易对交易基础上的价格调整。请报告实际费用而不是平均费用。若贵公司对这些费用进行了分摊,请解释分摊的理由和方法。

1. 物理特性方面的差异

在进行销售到欧盟的产品类型与国内最相似产品之间的比较时,可以考虑它们之间物理特性方面的差异。

调查的数额应与不同产品的市场价值的合理估计相对应。分别列明每种产品的物理特性。提供一张物理特性差异的详细列表,并包含对每一项目的详细解释。对于各个请求的差异,请提供市场价值在这方面的差异的信息。指明资料来源。在下文第11点的交易对交易列表中报告以上相关信息。

2. 进口费用或间接税费

根据基本条款第2章第(10)条(b)项列出的条件,可以对进口费用及间接税费进行调整。为此,请提供以下信息:

a) 关税退税

请提供原版及英译版的关于出口货物关税退税和退税计算方法的条例及条款。

报告贵公司销售到欧盟及第三国家所收到的关税退税总额。

在下文第11点的交易对交易列表中报告对欧盟的每一笔销售所收到的关税退税额,并解释贵公司如何计算此数额。

解释如何将关税退税额与对欧盟的具体销售进行对应。

b) 间接税费

列出所有国内市场产品关于出口商品的回扣或者是不能征收的出口到欧盟的商品的内部税费。

对于以上提到的每种税收,提供英文版的征税依据,包括税收计算方法、税额评估和税款支付。

对于以上每种税收,分别提供税基或者可征收的价格、税率、估计税额、减免税情况及计算公式的信息。

说明何时产生缴纳税收的义务,何时实际交税及是否对各种税收分别进行会计记录。

将每一笔国内销售适用的税额填写在下文第11点的交易对交易列

表中。

请解释这些税额的计算方法。

3. 折扣、回扣上的差异,包括不同数量给不同折扣/回扣的差异

具体描述贵公司提供给国内非关联客户折扣和回扣的政策。列出所有的折扣或回扣的类型,比如现金折扣、数量折扣、忠诚度折扣、年末回扣等等,并说明其期限,包括递延折扣。如果不同等级的客户折扣/回扣不同,请分别解释各个等级适用何种折扣/回扣。

列出所有符合贵公司给予折扣或回扣条件的顾客和顾客号(见E部分),并解释贵公司根据什么标准来判定他们是否符合条件。

请提供贵公司的折扣计划,并准备好提供能反映所给的折扣和回扣的合同或协议。

注意"回扣"包括货币,现时赊购和未来赊购,期票,延长赊购期限,免费商品和服务。

在第11点的交易对交易列表中报告相关调整,指出资料的来源。

4. 贸易水平上的差异

如果贵公司相似产品的国内销售是在与出口销售不同的贸易水平上进行的,且这种贸易水平的不同会影响价格对比,则你方可以要求进行贸易水平调整。因此,你的请求必须通过表明被质疑的销售产品作用及价格都是与被指控的贸易水平在两个市场上是相对应的,明确确定国内贸易水平与出口贸易水平的一致性。

如果是贵公司与关联进口商之间的出口销售,请注意尽管通过出口价格的建造,"相关联"的价格已经取代了"可靠"的价格,但是仍然是贵公司与需要被确认的一方之间的销售贸易水平。

然而,没有哪个单一的因素可以确定地辨别特定的贸易水平,因此请提供尽可能详细的信息来证明你方的请求的法律依据。除了证明证明你方苏求的贸易水平有一个合理的同一性之外,这些信息还包括但并不局限于:在贵公司与购买方之间达成的,或政府、商业协会或其他机构要求的销售规则;贵公司主要竞争者及其具体产品。贵公司的贸易水平诉求及其所有信息应当是你能处置的或者是能合理得到的随后的贸易水平的不同价格和作用,最终用户或消费者的价格。在下文第11点中报告不同贸易水平上的市场价值。

5. 运输、保险、搬运、装载及辅助性成本的差异

所有的成本都应以其发生时的货币进行报告。

列出国内销售价格中包含的所有收费，并说明收费依据。在第 11 点中的交易对交易列表中报告相关调整，并与总分类账核对一致。

至于运输成本方面，请注意只有在销售达成后发生的运输成本，即将产品从生产工场搬运到非关联客户的运输成本才可请求调整。

6. 包装成本的差异

指明每种产品每一单位的包装成本，分别列出材料及人工成本，具体描述包装材料。

在第 11 点的交易对交易列表中报告相关调整，并与总分类账核对一致。

7. 赊销成本上的差异

赊销是指买方支付货款的时间成本，例如付款条件。请描述贵公司计算赊销成本的方法及所使用的利率。

请提供短期借款利率的市场信息。在第 11 点中的交易对交易列表中解释赊销成本的计算方法。

8. 根据法律或合同要求提供质量保证、技术帮助和服务的直接成本之间的差异

列出以上提到的出现并规定在出口销售合同中或者依据涉案国家法律的要求的所有成本，例如原材料的成本。对于每种模型和类型，请单独提供最近四个财务年度每一型号的被调查产品的担保/保证成本记录。说明贵公司如何计算这些成本，指出相关资料来源。如果这些成本只在特定顾客身上发生，请提供这些顾客的详细信息。如果这些成本只在部分被调查产品身上发生，或不同产品的该类成本不同，请指出发生这些成本的产品并说明贵公司所使用的分摊方法。在第 11 点中的交易对交易列表中填写这些计算方法。

技术服务成本包括贵公司为客户提供的关于被调查产品的任何修理或咨询服务。只有直接与被调查产品的销售有关的费用才能进行调整。如果技术帮助和服务是由贵公司的某个部门或本中心提供的，请指明该部门。描述任何在出口市场上提供的技术帮助和服务，并注意贵公司因这些服务而获得的补偿。

在以下第 11 点的交易对交易列表中报告这些调整，并核对与总分类账的记录是否相符。

9. 佣金上的差异

请报告付给关联或非关联卖方的佣金数额及条件，并将这些调查报告在第 11 点的交易对交易列表中，核对与总分类账的记录是否相符。

10. 其他因素

在以上 1～9 点中没有提及的，但会影响价格对比的其他因素也需要进行调整，尤其是那些导致国内顾客经常支付不同价格的因素。

11. 电子文件

请准备一张“DMALLOW”表格(电子版本——详见 G-4 部分)列出你方要求在交易对交易的基础上的所有在国内的直接销售调整。所有调整都必须以贵公司的财务记录中使用的货币进行报告。

## F部分　成本

该部分要求提供成本的详细信息。生产成本(COP)包括：

1. 制造成本“COM”。

2. 包括总利息费用在内的总销售、一般和管理费用-“SG&A”，例如总成本。

请尽可能全面及彻底地提供以下信息。如果有需要解释原因的地方，请尽可能地全面解释。

F-1　会计系统和制度

1. 请提供贵公司财务会计系统的详细信息。说明贵公司的会计实务是否符合制造国的一般公认会计原则(“GAAP”)。你的描述应当包含对被调查产品的成本有重要影响的会计原则，包括对以下问题的讨论：

a) 每一生产设备的平均使用寿命及其折旧方法和折旧率。

b) 原材料、在产品和产成品存货的计价方法(例如：先进先出法(“FIFO”)，后进先出法(“LIFO”)，加权平均法)。

c) 材料跌价方法和产成品减值方法。

d) 主要修理及维护准备。

e) 在不同的生产阶段产生的废品及次品的价值。

f) 交易产生的汇兑损益及年末财务报表上的汇兑损益。说明将外币转换成贵公司本国货币的汇率，并具体指出该汇率的日期，如发票日，装运日等等，以及该汇率的来源，如官方汇率或其他汇率。附上贵公司总进口值和出口值的月份列表。指明购买和出口发票上时采用何种货币。

g）一般费用或作为产品投资成本组成部分的利息费用的资本化。

h）加速折旧。

i）坏账准备。

j）计划或非计划的设备闲置、停产成本。

k）结转成本。

l）改组成本。

2. 如果贵公司在最近三个财务会计年度中变更了会计方法，请提供会计方法变更的详细说明，变更日期及变更原因。

3. 描述贵公司用于记录被调查产品生产成本的成本会计系统。你的描述应以叙述性的形式进行，且应包括但不限于以下几项：

a）贵公司适用于单个被调查产品的生产成本的成本计算方法的概括描述（如：分批法、分步法）。说明成本计算系统是否是贵公司财务会计系统必不可少的组成部分。

b）如适用，请描述标准成本和预算成本的应用，包括：

（ⅰ）贵公司成本会计系统中记录的成本差异并说明它们如何应用于管理报告过程中；

（ⅱ）成本差异计算和记录的期间；

（ⅲ）改进贵公司标准成本制度的方法；

（ⅳ）标准成本制度的修改频率，包括最近一次修改的日期。

c）若贵公司使用标准成本制度，请说明答卷中是否也使用标准成本制度，并说明标准成本及实际成本之间的差异是否摊销。具体说明摊销方法，以及详细说明调查期内发生的任何重要或非正常的成本差异。

d）简要描述构成贵公司成本会计系统的每个直接成本中心下的每一生产部门。

e）简要描述每个成本中心归集的间接成本，说明归集方法及将这些成本分摊到直接成本中心和被调查产品的方法。

f）说明公司组织结构之间进行成本分摊的方法和基础（例如：母公司向子公司分摊费用，公司向车间分摊费用，车间之间的费用分摊等）。

g）说明废品、残料及次品的成本以及返工成本的计算方法。

h）描述经审计的财务报告中用于计量销售成本，原材料、在产品及产成品存货价值的成本会计系统。

i) 列出为某一财务会计目的而特殊计量或处理的所有成本，说明与成本系统中计量的不同及原因。

F-2 生产过程及原材料的购买

1. 基于以下几点描述被调查产品的制造过程：
   a) 生产设备描述。如果任何一个生产过程在多个生产设备上进行，列出不同的生产设备及其地点，简要描述在主要生产设备上的生产活动。
   b) 描述贵公司销售的被调查产品的生产过程，并提供完整的生产流程图，包括每个阶段的具体描述。
   c) 如果同一种材料既用于生产被调查产品，又用于生产其他产品，请提供重叠使用的原材料的详细信息。
   d) 指明在同一生产设备上生产的被调查产品。
   e) 说明被调查产品生产过程中产生的主要副产品及其用途。
   f) 列出生产过程中使用的原材料，说明主要供应商与贵公司之间的关系（关联或非关联），说明原材料是否是进口的，其价值中是否包含进口关税及其他税费。
2. 提供在调查期间贵公司为生产被调查产品而购买的原材料清单。清单中至少应包括原产地、购买日、重量、价格、进口关税，以及与原始购买凭证之间如何联系。
3. 基于以下的"原材料"的购买清单，在以下表格中填写购买价格及进口关税。

| | 本地购买没有关税 | | 本地购买有关税 | | | | 进口没有关税 | | 进口有关税 | | | | 总计 | | |
|---|---|---|---|---|---|---|---|---|---|---|---|---|---|---|---|
| 类型 | 价值 | 数量 | 价值 | 数量 | 关税 | 退还的关税 | 价值 | 数量 | 价值 | 数量 | 关税 | 退还的关税 | 价值 | 数量 | 每单位平均成本 |
| | | | | | | | | | | | | | | | |
| | | | | | | | | | | | | | | | |
| | | | | | | | | | | | | | | | |
| | | | | | | | | | | | | | | | |
| 总计 | | | | | | | | | | | | | | | |

F-3 生产成本

1. 请根据生产或贸易成本(以贵公司的会计货币)填写下列表格。每一项的名称必须与公司内部的成本会计系统的表述相符。

货币:　　　　　　　　　　　　被调查产品

| 项目 | 调查期当年 | 调查期间 |
|---|---|---|
| 直接制造成本 | | |
| 原材料(请参见 F3.3,详细说明) | | |
| 能源 | | |
| 直接人工 | | |
| 其他(请列明) | | |
| (1)直接制造成本小结 | | |
| 间接制造成本 | | |
| 间接人工 | | |
| 能源(间接) | | |
| 租金 | | |
| 折旧 | | |
| 维修费用 | | |
| 工作过程中的库存变化 | | |
| 其他(请列明) | | |
| (2)间接制造成本小结 | | |
| 制造成本合计(1)+(2) | | |
| 销售费用,一般费用和管理费用 | | |
| 财务 | | |
| 保险 | | |
| 运费 | | |

（续表）

| 销售费用，一般费用和管理费用 | | |
|---|---|---|
| 包装 | | |
| 管理 | | |
| 销售/广告/公关 | | |
| 研发 | | |
| 技术援助 | | |
| 安全 | | |
| 污染控制 | | |
| 其他（请列明） | | |
| 该项目小结 | | |
| 生产成本总计(1)＋(2)＋(3) | | |

2. 根据被调查产品生产/贸易成本的总结填写下列表格。

被调查产品

| Item 项目 | 调查期当年 | 调查期间 |
|---|---|---|
| 生产 | | |
| 产量（以公吨为单位） | | |
| 总生产成本 | | |
| 平均生产成本 | | |
| 销售 | | |
| 销售额（以公吨为单位） | | |
| 价格（扣除折扣） | | |
| 平均销售价格 | | |

3. 如果生产处于启动阶段，投资新生产设备导致低生产能力利用率，影响所报告的生产成本，请提供以下信息：

   a) 新生产设备的详细描述，地点、生产设施及生产活动；

   b) 新生产设备上的成本开支；

   c) 启动阶段生产能力利用率的详细信息；

   d) 生产开始的具体日期；

   e) 启动阶段的时间跨度。

4. 具体描述表 F-3.1 中每一成本的分摊方法。说明实际计算方法，为每一成本项目提供一说明性的计算过程，你的描述应包含以下几点：

   a) 关于从非关联企业购买的材料成本，解释购买合同的性质。说明材料成本中是否包含运输费用、关税及其他为取得生产用材料而发生的正常成本。

   b) 如果材料是从关联供应商购买的，请说明转移价格能否代表市场公平价格。如果可能，提供从非关联方购买的价格信息。若该信息无法获得，提供投入的生产信息成本。

   c) 如果直接人工成本包含支付给承包商的费用，请单独报告这些费用。说明承包商是否与贵公司有关联。描述承包商所提供的生产服务。

   d) 解释被调查产品研究与开发费的计算。

   e) 解释"主要维修规定"的订立方法。

5. 准备一份"ECCOP"表(电子文件，详见 G-3 部分)列明销售到欧盟的每一种被调查产品(PCN)。详细说明制造费用、销售费用、一般费用和管理费用如何被分摊到每一产品。

6. 准备一份"DMCOP"表格(电子文件，详见 G-4 部分)列明销售到国内的每一种被调查产品(PCN)。详细说明制造费用、销售费用、一般费用和管理费用如何被分摊到每一产品。

F-4 销售成本

1. 请完成下表，列示每一公司的总成本，分清被调查产品和其他产品，对关联方和非关联方的销售。表格应该能够反映各个公司及项目的被调查产品与其他产品，关联公司与非关联公司的销售之间的总成本。提供每个公司相关的营业额，即总营业额、被调查产品营业额、其他产品营业额、销售到关联方/非关联方的营业额。表格应如下所示。

| | 所有产品总计收益和损失上一会计年度 | | 所有产品总计收益和损失调查期间 | | 调查期国内市场销售 | | | | | | | | EXPORT MARKET sales during the IP | | | | | | | |
|---|---|---|---|---|---|---|---|---|---|---|---|---|---|---|---|---|---|---|---|---|
| | | | | | 非关联顾客 | | | | 关联顾客 | | | | Unrelated customers | | | | Related customers | | | |
| | | | | | 被调查产品 | | 其他产品 | | 被调查产品 | | 其他产品 | | Product concerned | | Other products | | Product concerned | | Other products | |
| | 价值 | % | 价值 | % | 价值 | % | 价值 | % | 价值 | % | 价值 | % | Value | % | Value | % | Value | % | Value | % |
| 总净销售 | | | | | | | | | | | | | | | | | | | | |
| 销售成本 | | | | | | | | | | | | | | | | | | | | |
| | | | | | | | | | | | | | | | | | | | | |
| 财务 | | | | | | | | | | | | | | | | | | | | |
| 保险 | | | | | | | | | | | | | | | | | | | | |
| 运输 | | | | | | | | | | | | | | | | | | | | |
| 包装 | | | | | | | | | | | | | | | | | | | | |
| 管理 | | | | | | | | | | | | | | | | | | | | |
| 销售广告/宣传 | | | | | | | | | | | | | | | | | | | | |
| 研究与开发 | | | | | | | | | | | | | | | | | | | | |
| 技术援助 | | | | | | | | | | | | | | | | | | | | |
| 安全 | | | | | | | | | | | | | | | | | | | | |
| 污染控制 | | | | | | | | | | | | | | | | | | | | |
| 其他(请列明) | | | | | | | | | | | | | | | | | | | | |
| 小计 | | | | | | | | | | | | | | | | | | | | |
| 总成本 | | | | | | | | | | | | | | | | | | | | |
| 经营收益/损失 | | | | | | | | | | | | | | | | | | | | |

请注意：每一栏的名称都适用你的成本会计系统中的术语。

营业额是指净营业额(扣除折扣)，每一栏应单独给出。

%栏是指净营业额百分比，每一成本项目都应以净营业额百分比列示。

请说明每一成本项目的分摊基础，若不止一个分摊基础，请具体说明。

"销售成本"指制造成本(直接或间接)或被调查产品的购买成本。

SG&A 应根据每一项目单独列示。

## G-部分 计算机和信息要求

所有资料应以电子版本提交。如果在国内市场和欧盟市场上合计的交易数据过大，也可以提交光盘，具体请与负责的调查官员联系。如果贵公司并没有职权提交所要求的电子数据，则应遵循此问卷的指导。

G-1 电子文件一般说明

1. 以 3.5 寸软盘或光盘提交。
2. 应以 1 中提到的媒体方式提交以下材料：
   a) 名为 RELECDM 的文件描述产品规格型号，建立欧盟销售与国内销售之间的联系；
   b) 名为 ECSALES 的文件描述欧盟销售；
   c) 名为 ECCUST 的文件说明欧盟市场顾客；
   d) 名为 ECALLOW 的文件说明对欧盟市场顾客的销售的调整；
   e) 名为 ECCOP 的文件说明出口销售的生产成本；
   f) 名为 DMSALES 的文件说明国内非关联顾客销售；
   g) 名为 DMCUST 的文件说明国内市场客户；
   h) 名为 DMALLOW 的文件说明对国内销售的调整；
   i) 名为 DMCOP 的文件说明国内销售的生产成本。
3. 根据 G-2 和 G-4 部分的格式和栏目标题提供相关文件，包括每个字段名称的顺序及其题目。
4. 提供以上所有文件的列表。如果文件记录超过 500 条，请打印文件的首页和末页，并提交每个数字栏加总的数额。
5. 请选择以下格式提交相关文件

   ACCESS 版本 2 或与其相同的格式

   DBASE 版本Ⅲ或Ⅳ

   用特殊分隔符将栏目隔开的 TEXT 文件

G-2　产品描述格式

1. 产品控制编号(PCN)表

| 字段描述 | 字段格式 | 解释 | 字段长度 |
| --- | --- | --- | --- |
| | | | |
| | | | |
| | | | |
| | | | 总长度 |

产品编号示例：

| |
| --- |
| |

2. 准备一份“RELECDM”表(电子文件，详见 G-1 部分)，提供能够建立国内销售和出口欧盟销售的被调查产品类型之间的直接联系(用以下提到的字段名做栏目名)。

* 在国内市场和欧盟市场上销售的产品，如果没有物理特性或其他方面的不同，就认定它们是“相同产品”。直接建立这些产品之间的关系，字段 PRODDIFF 无须填写。

* 如果两个市场上销售的产品不同，但相类似或可进行对比，则被认定为“可比较产品”。请在字段 PRODDIFF 中简要说明它们之间的不同。请注意在回答“调整”一项时要详细解释这些产品之间的差异(包括其市场价值)。

* 如果产品只在一个市场上销售(国内或欧盟)，同样要提供“产品描述”方面的信息，但不用提供“关联”产品编码。

| | 字段描述 | 字段名 | 解释 |
| --- | --- | --- | --- |
| A | 国内市场产品控制号 | (DM-PCN) | 报告国内市场销售的产品控制号(参见 B2 部分和 G2-1 部分) |
| B | 国内市场生产编号 | (DM-PRODCOD) | 指明国内市场销售的被调查产品的生产编号 |
| C | 国内市场产品销售编号 | (DM-SALECOD) | 指明国内市场销售的销售编号 |

（续表）

| | 字段描述 | 字段名 | 解释 |
|---|---|---|---|
| D | 国内市场净销售量 | (DM-NETQTY) | 以公吨为单位的该类产品的国内净销售量，不包括销售退回和已注销的销售 |
| E | 国内市场净销售价格 | (DM-NETVAL) | 该类产品的国内净销售价格，扣除折扣及税费 |
| F | 欧盟市场产品控制号 | (EC-PCN) | 报告欧盟市场销售的产品控制号（参见 B2 部分和 G2-1 部分） |
| G | 欧盟市场生产编号 | (EC-PRODCOD) | 指明欧盟市场销售的被调查产品的生产编号 |
| H | 欧盟市场产品销售编号 | (EC-SALECOD) | 指明欧盟市场销售的销售编号 |
| I | 欧盟市场净销售量 | (EC-NETQTY) | 以公吨为单位的该类产品的欧盟净销售量，不包括销售退回和已注销的销售 |
| J | 欧盟市场净销售价格 | (EC-NETVAL) | 该类产品的欧盟净销售价格，扣除折扣及税费 |
| K | 产品描述 | (PRODDESC) | 根据出口商或生产商的产品分类，简短的产品描述/规格 |
| L | 产品差异 | (PRODDIFF) | “可比较产品”之间差异（物理的或其他）的简短说明 |

G-3 对欧盟出口销售的文件格式

1. 准备一份“ECSALES”表格（电子文件，见 G-1 的文件格式）列示所有对欧盟客户的销售（用以下提到的字段名作栏目名称）。

| | 字段描述 | 字段名 | 解释 |
|---|---|---|---|
| A | 序号 | (SN) | 用序号标明每一笔销售（即第一笔交易记“1”，第二笔记“2”） |
| B | 产品控制号 | (PCN) | 报告产品控制号（见 G-2 部分） |
| C | 产品销售编号 | (SALECOD) | 指明你记录中使用的产品编号 |
| D | 资料类型 | (DOCTYPE) | 指明该笔交易的单据类型：正常销售发票＝“I”，信用证＝“C”，收款单＝“D”，对原销售的纠正应当使用信用发票或者借贷发票 |
| E | 开具日期 | (DATEISS) | 报告该笔交易的单据开具的日期（发票开具日、信用证/收款单开具日 |

（续表）

| | 字段描述 | 字段名 | 解释 |
|---|---|---|---|
| F | 发票号 | (INVNUM) | 指明发票号。如果此交易是信用发票或者借贷发票，请指明作为签发此发票依据的原销售发票号 |
| G | 信用证/收款单号 | (CREDEBNUM) | 指明信用证或收款单号。只有在此交易为信用证或者借贷证时，此栏目才需要填写 |
| H | 装载单号 | (NOBILL) | 指明装载单号或其他运输单据的号码 |
| I | 客户号 | (CUSTNUM) | 报告“ECCUST”中列示的顾客的编号 |
| J | 客户关系 | (CUSTREL) | 非关联客户标明“U”，关联客户标明“R” |
| K | 目的国 | (DEST) | 指明作为货物最终目的地的欧盟成员国。查阅附件Ⅱ的“货币及国家编号”缩写表 |
| L | 定单/合同号 | (ORDNUM) | 提供交易的销售定单号或合同号 |
| M | 定单日/合同日 | (DATEORD) | 提供该笔交易的销售定单日期或合同日期 |
| N | 付款条件 | (PAYTERM) | 指明付款条件（如现付＝00，30天付款＝30等） |
| O | 发货条件 | (DELTERM) | 指明交货条件（如FOB，C&F，CIF等），见附件Ⅱ的“国际商会国际贸易术语解释通则” |
| P | 数量 | (QTY) | 报告该笔交易的数量 |
| Q | 毛价值 | (GROSSVAL) | 以结算货币报告扣除税费后的毛价值 |
| R | 单据上的折扣 | (SALDISC) | 报告单据上扣除的折扣额 |
| S | 净值 | (NETVAL) | 以结算货币报告扣除SALDISC字段后的净值 |
| T | 发票货币 | (CURR) | 指明销售所使用的结算货币，见附件Ⅱ的“货币和国家编号”缩写表 |
| U | 汇率 | (EXCHANGE) | 指明将结算货币转换成你的会计货币所使用的汇率 |
| V | 以你的会计货币为单位的净值 | (TURNOVER) | 以你的会计货币报告扣除SALDISC字段的净值 |
| X | 欧盟港的CIF价格 | (CIFVAL) | 提供欧盟港的CIF价格，即未支付关税。如果产品不是以CIF价格出售，请根据你所能获得的最佳信息估计CIF价格，并在你的叙述性回答中详细说明对CIF价格如何进行调查。以你的会计货币报告该数字 |

2. 准备一张“ECCUST”表（电子文件，见G-1的格式）提供所有欧盟客户的信息（用以下提到的字段名作栏目名称）。

| | 字段描述 | 字段名 | 解释 |
|---|---|---|---|
| A | 顾客名称 | (CUSTNAME) | 报告你顾客的名称 |
| B | 顾客号 | (CUSTNUM) | 指明顾客编号(见以上交易对交易列表) |
| C | 顾客地址 | (CUSTADD) | 提供顾客的完整地址 |
| D | 顾客所在国 | (CUSTCOUNTRY) | 明顾客所在国,见附件Ⅱ的“货币和国家编号”缩写表 |
| E | 顾客关系 | (CUSTREL) | 非关联顾客标明“U”,关联顾客标明“R” |
| F | 顾客贸易水平 | (LEVTRAD) | 原始设备制造商标明“1”,分销商标明“2”,零售商标明“3”,最终用户标明“4”,其他的请按上述编号方法编号 |
| G | 总营业额 | (TOTTURNO) | 报告每一顾客的总营业额 |
| H | 被调查产品营业额 | (LPTURNO) | 报告每一顾客的被调查产品营业额 |
| I | 折扣、回扣总额 | (TOTDISC) | 报告给予客户的被调查产品的折扣、回扣及红利总额 |
| J | 交货一般条件 | (GENDELTERM) | 指明对每一顾客的交货条件(如FOB,C&F,CIF等),见附件Ⅱ的“国际商会国际贸易术语解释通则” |
| K | 付款一般条件 | (GENPAYTERM) | 指明付款条件(如现付=00,30天付款=30等) |

3. 准备一张“ECALLOW”表(电子文件,见G-1的格式)根据G-3(1)部分提供的顺序提供所有基于交易对交易销售给非关联欧盟客户的调整诉求(用以下提到的字段名作栏目名称)。

| | 字段描述 | 字段名 | 解释 |
|---|---|---|---|
| A | 序号 | (SN) | 说明每一笔请求调整的销售记录及其原始的交易记录。此序号应与“RLSALES”表格中对应的SN号相同。 |
| B | 产品控制号 | (PCN) | 报告产品控制号(见调查表的G-2部分) |
| C | 折扣 | (DISCOUNT) | 发票上没有扣除的实际折扣数额 |
| D | 回扣 | (REBAT) | 实际的回扣数额 |
| E | 佣金 | (COMM) | 支付的佣金数额 |

（续表）

| | 字段描述 | 字段名 | 解释 |
|---|---|---|---|
| F | 出口国运输费 | (INLFREIGHT) | 出口国的内陆运输费 |
| G | 海运 | (FREIGHT) | 海运费 |
| H | 保险 | (INSUR) | 保险费数额 |
| I | 欧盟运输费 | (ECFREIGHT) | 从欧盟港支付给非关联顾客的内陆运输费 |
| J | 搬运、装载及辅助性费用 | (CHARGES) | 搬运、装载和辅助性费用数额 |
| K | 包装费用 | (PACKAGE) | 包装费用数额 |
| L | 赊销成本 | (CREDIT) | 给顾客提供赊销的成本 |
| M | 银行费用 | (BANKCHAR) | 与该交易有关的银行费用，如资料费、银行手续费、货币兑换等 |
| N | 担保和保证费用 | (WARR) | 担保和保证费数额 |
| O | 技术援助及服务费用 | (AFTERSAL) | 技术援助和服务费用数额 |
| P | 进口关税 | (IMPORT) | 若支付了欧盟关税，请列明数额 |
| Q | 其他 | (OTHER) | 若有其他不确定的调整方面的请求，请指明 |

4. 准备一张“ECCOP”表格（电子文件，见G-1部分的格式）显示B部分列示的每种销售到欧盟的产品，提供以下信息（用以下提到的字段名作栏目名）。请详细说明“制造成本”、“销售、一般和管理费用”如何分摊到每个PCN。

| | 字段描述 | 字段名 | 解释 |
|---|---|---|---|
| A | 产品控制号 | (PCN) | 见调查表的G-2部分 |
| B | 生产编号 | (PRODCOD) | 指明贵公司记录中使用的产品编号 |
| C | its 销售数量 | (QTYSOLD) | 报告销售数量 |
| D | 生产数量 | (QTYPROD) | 报告生产数量 |
| E | 直接原材料成本 | (DIRRAWMAT) | 原材料成本 |
| F | 直接“其他材料”成本 | (DIROTHMAT) | 其他材料成本 |

（续表）

| | 字段描述 | 字段名 | 解释 |
|---|---|---|---|
| G | 直接能源成本 | （DIRENERGY） | 直接能源成本 |
| H | 直接人工成本 | （DIRLAB） | 直接人工成本 |
| I | 直接“其他”成本 | （DIROTHER） | 未包含在“其他材料”成本中的直接“其他”成本 |
| J | 总直接制造成本 | （DIRTOTMAN） | E+F+G+H+I 的总和 |
| K | 间接人工成本 | （INDLAB） | 间接人工成本 |
| L | 间接能源成本 | （INDENERGY） | 间接能源成本 |
| M | 间接“其他”成本 | （INDOTHER） | 未包含在其他间接成本中的间接“其他”成本 |
| N | 总间接制造成本 | （INDTOTMAN） | K+L+M 总和 |
| O | 总制造成本 | （TOTMANUF） | J+N 总和 |
| P | 单位制造成本 | （UNITMANUF） | 总制造成本除以生产数量=O/D |
| Q | 销售和管理费用 | （SELLADMIN） | 销售和管理费用 |
| R | 财务费用 | （FINANC） | 财务费用 |
| S | 包装 | （PACK） | 包装成本 |
| T | 运输和保险成本 | （TRANINS） | 运输和保险成本 |
| U | 研究和开发成本 | （R&D） | 研究和开发费用 |
| V | 其他销售、一般和管理成本 | （OTHSG&A） | 其他销售、一般和管理费用 |
| W | 总销售、一般和管理费用 | （SG&A） | Q+R+S+T+U+V 总和 |
| X | 单位销售、一般和管理费用 | （UNITSG&A） | 总销售、一般和管理费用除以销售数量=W/C |
| Y | 单位生产成本 | （COPUNIT） | 单位制造成本+单位销售、一般和管理费用，=P+X |

## H部分　核对表

该核对表的目的是确保贵公司已经回答了以上提到的所有部分，通过快速检查防止遗漏。你必须分别在已提交完整信息及未提供充足信息处打勾：

| 部分 | 若已提交所有信息，请打勾 ✔ | 若未提交或未提交全部信息，请打勾 ✔ |
| --- | --- | --- |
| A部分：一般信息 | | |
| B部分：被调查产品 | | |
| C部分：经营数据 | | |
| D部分：被调查产品欧盟市场销售 | | |
| G部分：电子信息 | | |

证明

以下签名证明在此提供的对问卷的回答信息都是完整和正确的，并了解所上交的信息将通过欧盟委员会的审计和核查。

______________________

日期

______________________

授权官员签名

______________________

授权官员姓名及头衔

## 附件Ⅱ 术语表

本术语表对调查表中使用的专业术语作了解释。

**调整**

应对出口价格和正常价值作公平比较。对于影响价格可比性的差异，比如在物理特性、进口费用和直接税、折扣、回扣和数量、贸易水平、运输、保险、搬运、装载和辅助性成本、包装、售货、售后成本、佣金和货币兑换方面的差异，应根据情况，作适当的价格调查。生产商或出口商应在对调查表的答复中对价格调查作出请求，并应证明价格的可比性受到了影响。

**公历年度**

始于1月1日终于12月31日的时间段。

**构成价值**

如果出口国内被调查产品的国内价格不能用以确定正常价值，即，如果没有销售，或销售数量不够，或销售不是在正常贸易过程中进行，则正常价值可以基于构成价值确定。构成价值应根据原产地的生产成本加上合理的销售费用、一般费用和管理费用，以及原产地国内市场上的利润来确定。

**制造成本**

制造成本包括原料成本、直接人工成本和制造费用。请参阅对原材料成本、直接人工成本和制造费用的解释。

**生产成本**

生产成本包括制造成本和销售费用、一般费用及管理费用(SG&A)。融资成本包括在SG&A费用中。参阅对制造成本和SG&A费用的解释。

**原产地**

原产地通常为独立完成货物生产的国家(地区),或者,在货物生产涉及多个国家(地区)的情况下,进行最后重要生产步骤的国家(地区)。

**货币和国家(地区)编码**

货币和国家(地区)编号应当是通过国际标准组织(ISO)认证的。在回答欧盟调查表的过程中,如果要求货币和国家(地区)编号,都应使用ISO编号。下列表格列出了较为常用的几个编号。

| 国家(地区) | 国家(地区)编号 | 货币编号 | 国家(地区) | 国家(地区)编号 | 货币编号 |
|---|---|---|---|---|---|
| 奥地利 | AT | ATS | 澳门 | MO | MOP |
| 孟加拉国 | BD | BDT | 马其顿 | MK | MKD |
| 白俄罗斯 | BY | BYB | 马来西亚 | MY | MYR |
| 比利时 | BE | BEF | 马耳他 | MT | MTL |
| 巴西 | BR | BRL | 墨西哥 | MX | MXN |
| 保加利亚 | BG | BGL | 摩尔多瓦 | MD | MDL |
| 加拿大 | CA | CAD | 摩纳哥 | MC | FRF |
| 中国 | CN | CNY | 缅甸 | MM | MMK |
| 克罗地亚 | HR | HRK | 荷兰 | NL | NLG |
| 捷克斯洛伐克 | CZ | CZK | 新西兰 | NZ | NZD |
| 丹麦 | DK | DKK | 尼日利亚 | NG | NGN |
| 埃及 | EG | EGP | 挪威 | NO | NOK |
| 爱沙尼亚 | EE | EEK | 巴基斯坦 | PK | PKR |
| 芬兰 | FI | FIM | 菲律宾 | PH | PHP |
| 法国 | FR | FRF | 波兰 | PL | PLN |

（续表）

| 国家（地区） | 国家（地区）编号 | 货币编号 | 国家（地区） | 国家（地区）编号 | 货币编号 |
|---|---|---|---|---|---|
| 德国 | DE | DEM | 葡萄牙 | PT | PTE |
| 希腊 | GR | GRD | 马尼亚 | RO | ROL |
| 香港 | HK | HKD | 俄罗斯 | RU | RUR |
| 匈牙利 | HU | HUF | 沙特阿拉伯 | SA | SAR |
| 冰岛 | IS | ISK | 新加坡 | SG | SGD |
| 印度 | IN | INR | 斯洛伐克 | SK | SKK |
| 印度尼西亚 | ID | IDR | 斯洛文尼亚 | SI | SIT |
| 伊朗 | IR | IRR | 南非 | ZA | ZAR |
| 伊拉克 | IQ | IQD | 西班牙 | ES | ESP |
| 爱尔兰 | IE | IEP | 瑞典 | SE | SEK |
| 以色列 | IL | ILS | 瑞士 | CH | CHF |
| 意大利 | IT | ITL | 台湾 | TW | TWD |
| 日本 | JP | JPY | 泰国 | TH | THB |
| 韩国 | KR | KRW | 土耳其 | TR | TRL |
| 拉脱维亚 | LV | LVL | 乌克兰 | UA | UAH |
| 列支敦士登 | LI | CHF | 英国 | GB | GBP |
| 立陶宛 | LT | LTL | 美国 | US | USD |
| 卢森堡公国 | LU | LUF | 南斯拉夫 | YU | YUM |

**直接人工成本**

直接人工成本是随生产数量的变化而变化，并因此直接与被调查产品的生产过程相关的人工成本。此成本应包括工人的全部所得和福利，以及全部成本。

**倾销**

如果被调查产品对欧盟的出口价格低于出口国国内正常贸易过程中的价格，则该产品被认为构成倾销。

**欧盟委员会**

欧委会有义务接受申诉并进行反倾销调查。欧委会有权决定是否终止程序或接受承诺或征收临时税。欧委会应就征收最终反倾销税事宜向部长理事会提出建议，以便其作出决定。

**欧盟(EC)**

欧盟现包括下列 27 个成员国[①]：奥地利、比利时、保加利亚、塞浦路斯、捷克、丹麦、爱沙尼亚、芬兰、法国、德国、希腊、匈牙利、爱尔兰、意大利、拉脱维亚、立陶宛、卢森堡、马耳他、荷兰、波兰、葡萄牙、罗马尼亚、斯洛伐克、斯洛文尼亚、西班牙、瑞典、英国。

**出口国**

出口国一般是原产地，但也可以是中转国，除非产品仅仅是从该国转运，或被调查产品不在该国生产，或者该国没有被调查产品的可比价格。

**出口价格**

出口价格是指对销往欧盟的被调查产品实际已付或应付的价格。

**现有最佳事实**

如果有利害关系方在期限内拒绝提供获取必要信息的途径，或以其他方式拒绝提供信息或严重阻碍调查，则临时或最终裁定可基于现有最佳事实作出。一旦发现有关方提供了错误或误导的信息，则可以忽略该信息而采用现有事实。因此，在反倾销程序中采取积极合作的态度将对有利害关系方有利。

**国际贸易术语解释通则**

请注意下列国际贸易术语的缩写是国际商会和联合国欧洲经济委员会达成一致的标准形式。

**在出口国经营场所获得**

工厂交货

**货物交第一个承运人**

货交承运人

船边交货

装运港船上交货

**出口商支付运费**

成本加运费

成本、保险费加运费

运费到付

运费、保险费付至

---

① 参见 http://europa.eu/about-eu/member-countries/index_en.htm。

**在进口国境内获得**

边境交货

目的港船上交货

目的港码头交货

未完税交货

完税后交货

**调查期间(IP)**

为作出具有代表性的裁定之目的,倾销案件中的调查期应不少于发起调查前的6个月。调查表中明确了具体的调查期。

**制造费用**

制造费用是被调查产品的偶然或必要成本。例如非直接人工成本、折旧成本、能源成本、保养成本等。

**正常价值**

正常价值是在出口国由非关联客户在正常贸易过程中实际已付或应付的价格。如果出口国内出口商没有生产或出售被调查产品,则正常价值可基于其他生产商或卖方的价格确定。正常价值也可基于构成价值确定,见对构成价值的解释。

**原设备制造商(OEM)**

指制造商生产的产品以买方提供的品牌出售。OEM是指目前是或曾经是产品制造商的产品购买者。

**自有品牌制造商(OBM)**

指制造商以自己的品牌出售产品。

**原材料成本**

原材料成本包括构成被调查产品的所有原材料的成本。

**被调查产品**

是指受调查并由发起调查公告所确定的产品。

**关联方(公司)**

为完成此调查表之目的,如果某公司直接或间接持有你方1%以上的股份,或以其他方式控制你方,或者你公司持有该公司5%以上股份,或者你公司以其他方式控制该公司,或该公司被视为关联公司。

**销售、一般和管理费用(SG&A)**

SG&A是生产成本的一部分:

原材料成本＋直接人工成本＋制造费用＝制造成本＋SG&A 费用＝总生产成本

SG&A 包括所有的销售、包含财政成本在内的一般费用和管理费用。

**非关联客户**

如果一个客户不能被认定为关联客户，则被认定为非关联客户。见对关联客户的解释。

**自由流通的豁免**

在进入某一个欧盟边境之前消除产品的关税，而不用再经过海关而进入欧盟自由流通和消费。

**持续经营假设**

指一个会计主体能够继续进行业务活动的会计假设。

**搬运成本**

为运输而装载或卸货而发生的成本。

**总分类账**

记有所有购买方和销售方的公司账本或记录，不管是电子格式还是其他格式。

**期票**

由买方开给卖方的，由卖方在指定日期到银行兑换成现金的一种票据。

**信用证**

开具给公司债权人(顾客或其他公司)的票据。

**收款单**

开具给公司债务人(顾客或其他公司)的票据。

## 附件Ⅲ 公开文本的调查问卷的填写指南

在填写公开文本的调查表时必须注意，所有出口商、进口商和其他欧盟生产商都应接受调查。对本调查表的回答应当详细，足以对保密文本中的回答作出合理的理解。

在填写公开文本的调查问卷时我们建议采取以下做法：

1. 以完整的保密文本的答卷为基础。在保密文本的答卷中找出你认为非保密的相应的信息，复制到公开文本中。
2. 然后，核对一下保密文本中没有被复制到公开文本的部分是否真是保密的。如果你还是认为其是保密的，必须解释为什么，并以公开文本的形式逐项简要列示这些保密信息。如果在特殊情况下,没有办法列示出这些保密信息的话,请说明为什么。

列示保密信息示例

如果信息涉及不同年份的数字,你可以使用索引。保密信息示例:

| 2002 | 2003 | 2004 |
|---|---|---|
| 欧洲货币单位 | 欧洲货币单位 | 欧洲货币单位 |

公开文本的列示如下:

| 2002 | 2003 | 2004 |
|---|---|---|
| =100 | 150 | 200 |

如果信息涉及单一的数字,可以在某个百分比范围内改变它。保密数字示例:

"我公司的生产成本是每公吨300英镑。"

公开文本列示如下:

"我公司的生产成本是每公吨330英镑"(+脚注:"为了保密之目的,实际数据在+/-10%的范围内作了更改")

如果保密信息涉及文字,你可以对之进行简要概括或只说明主体的职能而隐藏其名称。

保密信息示例:

"贸易有限公司称进口价格降低20%。"

公开文本列示如下:

"[我公司其中一个顾客]称进口价格降低20%。"

# 第四章　加拿大反倾销的应对

## 第一节　加拿大反倾销法律制度简介

### 一、加拿大对华反倾销调查案件的一般情况

从 1984 年加拿大《特别进口措施法》颁布至 2010 年 6 月 30 日止，加拿大政府发起对世界各国的反倾销调查案件共 156 起，其中对于中国提起的就达 29 起，属于前列①。总体来看，加拿大对华反倾销调查呈现以下几个特点：第一，产品比较集中。在全部的反倾销产品中，以轻工产品及冶金产品为主，而且加拿大对同一种产品有可能反复发起反倾销调查。第二，对华反倾销立案呈增加趋势。2000 年以前加拿大对华反倾销案件基本上每年一起，2000 年后加拿大对华反倾销立案的数量增至每年 3 起。第三，采取最终反倾销措施的比例较高。已经裁决的案件中未征收反倾销税的仅有 7 起。第四，反倾销和反补贴并存，且比例呈逐年增长趋势。

### 二、加拿大反倾销法简介

#### (一) 法律渊源

加拿大现行的反倾销的法律渊源，除了一些与 WTO 有关的反倾销方面的规定外，主要是以 1984 年公布的《特别进口措施法》为核心，加上《特别进口措施法实施细则》、《加拿大国际贸易法庭法》和《加拿大国际贸易法庭规则》等构成的法律体系。

1.《特别进口措施法》

1984 年 12 月 1 日生效的《特别进口措施法》是加拿大反倾销的基本法。该法规定了加拿大反倾销调查的实体和程序问题，共计 98 条，规定得十分具体详

---

① 参见 http://cbsa-asfc.gc.ca/sima-lmsi/hist-eng.html。

细，自公布实施以来，经过多次的修订。其所包括的主要内容有：①定义规定，该法第2条对于反倾销诸如“国内产业”、“公平价值”等名词作出了解释和定义；②征收反倾销税的规定；③有关反倾销调查程序的规定；④与北美自由贸易区国家的产品有关争议的解决；⑤与美国产品有关的争议解决。

目前，加拿大现行有效的反倾销法仍然是《特别进口措施法》。该法的最新修订，主要表现为C-50法案的颁布。C-50法案是针对中国“入世”的相关承诺，加拿大于1999年对于《特别进口措施法》的修订。依据该法，加拿大反倾销调查机构边境服务署署长认为，来自中国的产品价格受到中国政府的控制或操纵，可运用不同于其他国家的计算方法确定该产品的国内销售价格，即在15年内使用所谓的“替代国”原则计算国内的产品销售价格。尽管中国的经济处于转型期，且在不久的将来这种价格的控制或许不存在，但这种修订实际上是视中国为非市场经济国家，从而使用不同的计算方法来确定来自中国的产品国内销售价格。

2004年6月，加拿大边境服务署对于《特别进口措施法》中第20条及有关非市场经济问题的有关政策进行了修订。根据修订后的第20条的规定，在对所谓非市场经济国家的产品发起反倾销调查和进行复审时，加拿大政府将推定调查的行业为市场经济导向行业，并采取于其他国家输加产品相同的计算方法来确定其产品的正常价值，如其国内申请方能够提出充分的证据来反对这一推定，则加拿大调查部门将启动市场导向行业调查，以确定该行业是否属于市场导向。[①]

2.《特别进口措施法实施细则》

加拿大于1984年颁布了《特别进口措施法实施细则》。该法共计58条，对于《特别进口措施法》中的有关问题作了大量的具体解释，这些解释主要包括正常价值和出口价格的确定、倾销幅度和补贴数额的计算、损害、阻碍与损害威胁的判定等。

3.《加拿大国际贸易法庭法》

该法于1988年9月13日批准通过，共有63条，对加拿大国际贸易法庭的建立、国际贸易法庭进行损害调查的权力以及调查程序等都进行了非常具体的规定。

4.《加拿大国际贸易法庭规则》

该法于1999年8月14日颁布，对于国际贸易法庭的调查程序作出了更为

---

① 见肖伟主编《国际反倾销法律与实务(其他国家卷)》第1-3页，知识产权出版社2006年3月第一版。

具体明确的规定。应该说，该规则不仅是对《加拿大国际贸易法庭法》的细化，也是对于《特别进口措施法》中一些条款的细化。

在上述各项法规中，加拿大还有许多法律和反倾销调查有关。比如，《海关法》有关对被采取反倾销措施的进口产品征收反倾销税的条款，《联邦法院法》和《联邦法院程序规则》有关反倾销案件司法审查的法律规定，等等。

**（二）调查机构**

加拿大负责反倾销调查的机构主要有边境服务署、国际贸易法庭、海关、财政部和联邦法院上诉庭。

1. 边境服务署（简称 CBSA）

边境服务署是 2003 年 12 月 12 日由原来的加拿大海关和税务总署改组而成，通过加拿大公共安全和紧急情况准备部部长向国会报告。边境服务署的职能是提供综合性的边境服务，维护加拿大国家安全和公共安全，促进人员和产品的自由流动。该署负责反倾销调查申请的接受，决定是否立案，负责调查倾销是否存在及具体的倾销幅度，并根据倾销幅度决定征收反倾销税。边境服务署设署长和执行副署长各一人，由总督任命，任期 5 年，可以连任。边境服务署内部的反倾销反补贴调查局专门负责反倾销和反补贴调查工作。

2. 国际贸易法庭

国际贸易法庭是准司法性质的行政管理部门，通过加拿大财政部向国会报告。国际贸易法庭的主要职能有：①对总督或财政部部长提交的事项进行调查并做出报告；②对反倾销案件进行中期复审并做出报告；③受理国内生产商提出的申诉和延期申请，在合适情况下进行调查并做出报告；④接受潜在的供应商提出的申诉，进行调查并做出裁定；⑤审理、裁定和处理所有根据议会法律及其实施细则向国际贸易法庭提出的上诉；⑥履行其他议会法律及其实施细则规定的职能[①]。

在反倾销调查中，国际贸易法庭主要负责调查倾销的进口产品是否对加拿大的国内产业造成实质性损害或实质性损害威胁，或对于加拿大国内的相关的产业的建立造成实质性的阻碍，具体事项包括初步损害调查、最终损害调查、中期复审及期满复审调查，以及公共利益的调查。此外，国际贸易法庭还有权依法独立进行保障措施的调查，负责调查进口产品的激增是否对加拿大国内产业造成实质性损害或实质性损害威胁。

---

① 见《加拿大国际贸易法庭法》第六条。

3. 海关

加拿大海关负责协助边境服务署进行相关事项的调查，并执行生效的反倾销命令。

4. 财政部

财政部并不参与反倾销案件的具体调查工作，但财政部长在名义上拥有最终的确定反倾销税及采取保障措施的权力。此外，财政部还负责《特别进口措施法》的管理工作，根据 WTO 最新的谈判成果或加拿大参与争端解决的结果对《特别进口措施法》进行相应的修改；负责制定和管理加拿大的国际贸易和投资政策，特别是关于进口方面的关税和贸易救济政策等；负责牵头参加与 WTO 有关的贸易救济规则的谈判；负责反补贴和保障措施调查过程中同期其他国家之间的磋商；参与同其他国家(地区)之间的贸易争端应对工作等[①]。

5. 联邦法院

加拿大边境服务署和国际贸易法庭在调查反倾销案件中所做出的最终决定，联邦法院有权进行司法审查。其中，联邦上诉法院(Federal Court of Appeal)具体负责审理与反倾销有关的上诉案件[②]。

**(三) 实体规定**

1. 倾销的认定

根据《特别进口措施法》的规定，当进口产品以低于正常价值的出口价格进入加拿大市场，并使加拿大同类产品的生产受到实质性损害时，该进口产品即构成对加拿大的倾销。其中，同类产品是指与倾销产品在各方面都一致的产品，如不存在上述产品，则指在用途和其他特性上十分类似的产品。因此，在倾销的认定中，正常价值和出口价格的确定是核心的问题，直接关系到倾销的是否存在、倾销的幅度大小，以及反倾销税的征收比例。

1) 正常价值的确定

正常价值是指同类产品在出口国正常贸易过程中消费的可比价格。加拿大《特别进口措施法》规定，在确定正常价值时，通常将被调查国区分为市场经济国家和非市场经济国家，两者适用不同的方法。对市场经济国家，有三种正常价值的确定方法：出口国国内市场销售价格、第三国销售价格和推定正常价值(亦即

---

① 见肖伟主编《国家反倾销法律与实务(其他国家卷)》第 6 页，知识产权出版社 2006 年 3 月第一版。

② 见肖伟主编《国家反倾销法律与实务(其他国家卷)》第 6 页，知识产权出版社 2006 年 3 月第一版。

结构价格）。对中国等非市场经济国家则采用“替代国价格”。

《特殊进口措施法》第 20 条针对非市场经济国家的正常价值计算作出了单独的规定。通常情况下，判断非市场经济国家的标准主要看两方面：一是看该国政府是否垄断或实际垄断了该国的出口贸易；二是看该国是否实际上控制了国内的市场价格。《特别进口措施法》第 20 条还规定，非市场经济国家仅适用于反倾销调查，不适用于反补贴调查。根据该法第 20 条的规定，对于非市场经济国家提起的反倾销调查，在确定正常价值时，应以同类产品在替代国的出口价格作为确定正常价值的基础，并作适当的调整。具体而言，依次按照替代国的国内市场销售价格、结构价格和加拿大进口商从替代国进口产品后的国内转售价格来确定。同时，加拿大边境服务署在选择某一市场经济第三国作为替代国时，往往按照下列三个顺序选择：①从潜在替代国生产同类产品的生产商获得信息的可能性；②被调查国与替代国在地理环境上的相似性；③两国经济发展程度的可比性[①]。

2）出口价格的确定

《特别出口措施法》规定了两种出口价格的确定方法，即实际出口价格和推定出口价格。根据该法第 24 条的规定，出口价格是指出口商将产品出口到加拿大的价格，或者加拿大进口商购买或允许购买的价格，二者取其低者。但如果上述价格不存在，或者如果边境服务署调查员认为由于出口商间有某种联系或各方之间存在有补偿协议，导致按照上述方法确定的出口价格不可信时，按照第 25 条的规定，则以加拿大的进口商将进口产品转售给独立购买人的价格减去一些费用后所确定的价格为出口价格。这些费用除了运往加拿大时所产生的各种额外费用及关税及其他税收外，还包括进口商在加拿大转售的利润、销售费用以及其他费用支出。如果进口商的利润难以获得，则以加拿大同一种类产品的零售商的平均利润率来决定；如果此数据仍然难以获得的，则以转售价格的 7.4% 作为进口商的利润。

3）倾销幅度的确定

边境服务署在确定同类产品的正常价值和出口价值时，可以根据案情的具体情况进行必要的调整，如适当考虑销售条件、销售日期、税率和汇率、现金折扣、交易水平的差异等因素，以消除这些因素对出口价格和正常价值计算的影

---

① 见李卓文《加拿大反倾销及其对中加贸易的影响》，载《对外经贸事务》1994 年第 8 期第 27 页。

响，使正常价值和出口价格的比较处于公平合理的基础之上。确定了进口产品的正常价值和出口价格后，倾销幅度按照正常价值的加权平均值减去出口价格的加权平均值计算。如果倾销幅度小于出口价格的 2%，或者倾销数量小于加拿大全部进口总量的 3%（当出口国数量超过三个国家或地区时，每个出口国倾销数量不超过 3%且合计不超过 7%）时，倾销幅度可以忽略不计。

通常情况下，边境服务署对不同的出口商分别决定不同的倾销税率。如果出口商或产品的数量、种类数目较大或其他原因致使分别计算不同税率是不实际的，则可采取最大比率或抽样方法对出口商进行调查。未被选定调查的出口商倾销幅度，以被选定受调查的出口商倾销幅度的加权平均数来计算，但如果未被调查的出口商能够主动提供相关资料，除影响调查按期完成等特殊原因外，边境服务署一般会进行实地核查，并单独计算反倾销税率①。

2. 损害的认定

按照加拿大反倾销法的定义，损害是指对于国内产业造成的损害，具体包括倾销对国内已经建立的相关产业造成实质性损害、或产生实质性损害威胁，或者实质性阻碍。国内产业指的是同类产品的国内生产商的整体或者总产量占整个产业产量主要部分的生产者的集合，但如果生产者与倾销产品的进口商有关联或本身就是进口商，则应该被排除在国内产业范围之外。根据加拿大反倾销法的实践，"主要部分"并不一定要占国内生产总量的 50%以上。

根据加拿大《特别进口措施法实施细则》的规定，判断倾销产品对国内产业是否产生实质性损害或实质性阻碍，通常要考虑以下因素：①倾销产品的数量；②倾销产品对同类产品价格的影响；③倾销产品对国内产业造成的影响，尤其是对相关经济因素和指标的影响，包括产量、销售、市场份额、利润、生产力、投资回报或产能利用率实际或潜在的下降，对现金流转、存货、就业率、工资、增长率或资本筹集能力实际或潜在的负面影响以及对其他相关因素的影响②。

判断倾销产品是否对国内产业造成实质性损害威胁，通常考虑以下因素：①进口到加拿大的倾销产品数量是否有明显的增长；②出口商的数量是否有明显的或可能会有大量的增长；③产品转产的潜在可能；④是否可能影响国内同类产品的价格，增加进口的需求；⑤库存量；⑥对已经建立和将要建立的同类产业

---

① 见吴喜梅著《WTO 反倾销立法与各国实践》第 128 页，郑州大学出版社，2003 年 9 月第一版。

② 见《特别进口措施法实施细则》第 37 条第 1 款第 1 项。

造成实际的和潜在的消极影响；⑦产品倾销幅度的大小；⑧除加拿大外的第三国对同类产品采取反倾销措施的记录；⑨相关的其他因素[①]。

3. 倾销和损害的因果关系

就如何确定因果关系，WTO《反倾销协议》仅指出在明确倾销和损害之间的因果关系时须依照有关机关所获得的相关证据为基础，但并未具体指出判断因果关系需考虑的因素。这实际上给各国在处理这一问题上自由裁量权和发挥余地的空间。

根据加拿大《特别进口措施法》的规定，在确定倾销和损害的因果关系，主要是从倾销产品的市场占有量的增加、出口商的历史倾销记录和国内库存三个方面来辨别的。具体而言，通常会考虑以下因素：①来自单个出口国的正在被调查的倾销产品从发起反倾销调查之日起 90 天期限内的进口产品数量是否超过反倾销调查前相同期限进口产品数量至少 15％的比例；②倾销产品的进口商、生产商或出口商是否有向加拿大进口或出口该倾销产品的历史，而且该倾销产品曾经被加拿大国际贸易法庭裁定对国内产业造成损害；③除加拿大之外的第三国是否曾经裁定被调查的出口商的倾销产品或与之类似的产品对该第三国的国内产业造成损害；④加拿大国内被控倾销产品的库存量是否在短期内大幅度增加；⑤其他相关因素[②]。

**(四) 程序规定**

按照加拿大的法律规定，对于反倾销案件的诸如倾销是否存在，以及倾销幅度等事项的调查，是由加拿大边境服务署负责的；而对于国内同类产品或类似产品的产业的损害是否存在以及倾销和损害之间的因果关系，则是由加拿大国际贸易法庭来进行的。两者都是通过加拿大《特别进口措施法》及其实施细则来统一进行规定的。这种程序主要包括：发起调查、初步调查及初裁、承诺、最终调查及终裁、复审、公共利益调查等几个方面。

1. 发起调查

根据加拿大《特别进口措施法》的规定，负责发起反倾销调查的机构为边境服务署。边境服务署发起反倾销调查的方式有三种：一是基于职权主动调查；二是基于国内产业的书面申诉；三是基于国家贸易法庭的通知或建议[③]。基于国

① 见《特别进口措施法实施细则》第 37 条第 1 款第 2 项。

② 见《特别进口措施法》第 37 条第 11 款。

③ 见《特别进口措施法》第 31 条。

内产业的书面申诉发起反倾销调查是最常见的方式。署长收到国内产业的书面申诉后，应于 21 日之内决定该申诉书面材料是否符合要求。如不符合要求，署长应书面通知申诉人，通知其补充；如符合要求，署长则应书面通知申诉人和出口国政府，告之申诉已被受理及申诉符合要求。

如果边境服务署署长认为存在倾销的证据，并且合理的迹象表明引起了损害的发生，则应在告知申诉人申诉符合要求之日起 30 日内发起有关是否存在产业损害的调查，并将调查通知发给国际贸易法庭的秘书、出口商、出口国政府、申诉人及法律规定的其他人，同时在《加拿大公报》上刊登。国际贸易法庭的秘书收到边境服务署发起产业损害调查的通知后，国际贸易法庭应该毫不迟疑的进行初步调查，以裁定有关证据是否合理表明产品的倾销已经造成了损害或阻碍或正在引起损害威胁。

如果边境服务署在对产品倾销作初步裁定之前，认为没有倾销的充分证据以支持继续调查，或认为来自某一国家的或数个国家的产品倾销的数额是可以忽略不计的，或者其实际或潜在的数量可以忽略不计；或者国际贸易法庭就部分或全部调查产品得出结论，认为没有合理证据表明产品的倾销已经引起损害或阻碍或正在构成损害威胁，则边境服务署长应就相关产品的终止反倾销调查，通知有关各方，并予以公告①。

2. 初步调查及初裁

根据加拿大反倾销法的规定，初步调查及初裁包括三个方面，即：初步损害调查、初步倾销调查以及征收临时性反倾销税。

1）初步损害调查

如前所述，关于损害的调查是由加拿大国际贸易法庭进行的。在初步损害调查中，国际贸易法庭要确定是否“有证据合理表明”倾销已经引起了损害或阻碍或正在引起损害威胁，而在最终损害调查中，国际贸易法庭要确定倾销是否已经引起了损害或阻碍或正在引起损害威胁。这是初步损害调查和最终损害调查在裁定标准上的区别。在进行初步损害调查时，国际贸易法庭一般不发放调查问卷，也不进行公开听审，而是主要依靠边境服务署提供的材料和当事人提供的意见作出初裁。

国际贸易法庭的损害的初步裁决，应该在在边境服务署发起调查之日起 60 日之内作出，以确定是否有证据合理表明倾销已经引起了损害或阻碍或正在引

---

① 见《特别进口措施法》第 35 条。

起损害威胁。如果损害初裁是肯定的，则边境服务署将继续进行其倾销的调查；如果损害初裁是否定的，则国际贸易法庭将终止有关产品的初步损害调查，而边境服务署也相应的终止其对于倾销的调查，整个案件则终止。

2）初步倾销调查

边境服务署对于倾销进行调查的目的，是从出口商、进口商和出口国政府出获得必要的信息，以判断涉案产品是否以低于正常价值的价格销售给加拿大的进口商。根据加拿大反倾销法律的规定，初步反倾销调查一般包括以下几个阶段：①在调查开始时，要求所有的已知的进口商、出口商和出口国政府对于调查信息进行回复和提供；②边境服务署通过公告，邀请其他有利害关系的当事方提交包含其认为与调查有关信息的书面意见；③边境服务署的调查官员接收并分析各方提供的书面信息和意见；④边境服务署认为必要时，对出口商、进口商和出口国政府进行实地核查，以核实其答复的意见的真实性、可靠性；⑤在前面工作的基础上，做出终止案件调查的决定或发布反倾销的初裁并继续进行调查。

在初步反倾销调查中，所有的当事方都有义务按时提供准确而详细的信息资料，边境服务署署长也必须在规定的时间期限内作出裁决。如果缺乏完整的信息或者信息被认为不可靠，裁决将根据当时可获得的信息做出，而这些信息往往是不利于出口商和生产商的。一般而言，边境服务署应该在发起调查 60 日后的 90 日前作出倾销的初步裁决。如果调查中出现特殊情况，该调查期限可以延长至 135 日。

在发起调查之日，边境服务署将向所有已知的出口商、进口商和出口国政府发出要求其提供信息的通知。而这些要求往往是通过发放调查问卷的方式来实现的。出口商和出口国政府应于收到要求提供信息的通知后 30 日内提供信息，进口商则应于收到要求提供信息的通知后 21 日内提供信息。对于进口商和出口国政府而言，收到信息的日期为边境服务署发出通知后 7 日。有关当事方有义务确保边境服务署在规定的时间期限内收到其提交的意见。提交信息的期限一般不允许延长。对于中国的出口商和生产商来讲，除了要填写关于市场经济地位的问卷外，还要填写反倾销调查的出口商问卷调查的问卷。

如果当事方提交的信息基本完整且边境服务署希望核查这些信息，则被联系的当事方应马上安排核查会议。一般而言，边境服务署会在核查会议之前告知当事方需要核查的材料和核查时必须提供的数据。如果当事方提交的信息不完整，则边境服务署不安排核查，而是再次要求其提供缺少的信息，或告知如果信息被采用应采取的步骤。

经过信息收集分析，以及实地的核查，如果有证据表明存在倾销和补贴，且国际贸易法庭在其损害的初裁中认为有证据合理表明倾销行为造成了损害，则边境服务署将做出关于倾销的初步裁决，通知当事各方以及国际贸易法庭，并予以公告。

3）征收临时税收

在倾销初裁作出后，如果边境服务署认为征收临时性税对于防止损害、阻碍或损害威胁是必要的，则对于在做出初裁之日起至边境服务署在最终调查中终止调查之日或国际贸易法庭对该产品作出命令或决定之日止放行的该类倾销产品，加拿大进口商应在《海关法》规定的期限内缴纳不超过估计倾销幅度数额的临时税，或者提供不超过估计倾销幅度数额的担保，两种方式可以由进口商任选一种。

3. 承诺

承诺是出口商或出口国政府作出的旨在消除倾销对加拿大生产商的损害而遵守一定条件的许诺。因此，只有承诺可以抵消倾销的数额或消除加拿大国内产业的损害，由代表调查所涉产品的全部或几乎全部贸易的出口商或出口国政府提出，并且条款内容足够准确、具体、便于监控执行，边境服务署才可以接受承诺。承诺可能导致倾销调查的中止，进而可以提供一种比走完整个调查程序更为快捷、成本更低的解决方案。只有在边境服务署做出倾销的初裁后才能接受承诺。承诺的有效期一般为5年，承诺有效期间不征收反倾销税。

4. 最终调查及终裁

最终调查阶段分为最终倾销调查、最终损害调查两部分，前者由边境服务署进行，后者则由国际贸易法庭进行。

1）倾销终裁

边境服务署应在作出初裁后90日内作出倾销的终裁，除非调查由于承诺的接受而中止。在大多数调查中，一些经查证的信息在初裁中就已经获得，而最终倾销调查主要包括：与没有参加初步调查的企业举行会议、查证新的信息、重新对出口商核查已澄清详细资料以及必要时对进口商进行核查等。最终倾销调查的目的是获得充分的数据并得到查证，从而根据这些数据计算倾销幅度的数额。如果获得的信息表明产品受到倾销且倾销不是可以忽略不计的，则边境服务署应作出倾销终裁。在终裁文件中，应该对于每一家出口商计算出精确的倾销幅度，并将倾销终裁书面通知所有利害当事方。此外，倾销终裁还应提供给国际贸易法庭，国际贸易法庭在其最终损害调查中应考虑该倾销终裁。

倾销终裁的做出，标志着边境服务署根据《特别进口措施法》进行的反倾销调查程序的结束，也是整个加拿大政府行政司法层面调查工作的结束。在一定条件下，当事人如果有异议，可以将边境服务署作出的反倾销终裁决定或终止调查的决定上诉至加拿大联邦法院，启动相应的纯粹司法程序进行审查。

2）损害的终裁

根据加拿大法律，国际贸易法庭必须在收到倾销初裁后 120 天内完成最终的损害调查，并发布产品倾销是否对加拿大国内产业造成损害或阻碍或损害威胁的裁定。国际贸易法庭的反倾销终裁有效期为 5 年，除非国际贸易法庭对其进行复审并做出延长期限的命令或立即撤销。一般而言，国际贸易法庭的损害终裁有下列几种：①没有损害的终裁。在这种情况下，边境服务署应向进口商退还所有已征收的临时税，或退还向边境服务署提供的担保。②造成损害的终裁。在这种情况下，则应向临时税期间进口的所有倾销的产品，以及从国际贸易法庭的损害终裁作出之日至该终裁无效之日止放行的倾销产品征收反倾销税。③造成损害威胁的终裁。在这种情况下，则对该终裁作出之前放行的产品不征收反倾销税收，应连同利息返还给进口商，进口商由于临时税提供的担保也予以解除。但是所有在终裁做出后放行的倾销产品都应该缴纳反倾销税。④造成阻碍的终裁。根据《特殊进口措施法》第 2(1)条的规定，“阻碍”是指“对某一国内产业的建立有实质性的阻碍”。在实践中，国际贸易法庭极少作出该等终裁。

5. 复审

与其他国家的反倾销法律制度一样，加拿大反倾销调查也包含复审制度。根据《特殊进口措施法》的规定，复审包括重新调查、中期复审和期满复审三种，其中，重新调查是由边境服务署为主导进行的关于倾销幅度的调查，中期复审是由国际贸易法庭为主导进行的产业损害调查，而期满复审则是由边境服务署和国际贸易法庭协同配合进行的全面综合调查。

1）重新调查

重新调查的程序同初步调查的程序相似，但重新调查不考虑损害问题。重新调查一般一年一次，又可以称作年度复审，其目的是为了更新倾销幅度，以及为新的出口商或品种确定其自己的倾销税率。没有参加在初步调查或随后的重新调查中的出口商都可以申请对倾销幅度进行加速复审。一旦边境服务署决定发起重新调查，则应该通知申诉人、出口商、进口商和出口国政府。通知中应指出边境服务署预计发出新的倾销幅度的时间（通常为发起中心调查后 90 日）。如果出口商没有提供合格的陈述，或者不愿接受核查，则应根据署长的指定而发布倾销幅度,而署长指定的幅度一般是最初调查中确定的最高幅度。

2)中期复审

加拿大《特别进口措施法》规定,如果有合理的证据表明出现了足够的新事实或者导致做出损害终裁的情形发生重大改变,国际贸易法庭可以对损害终裁进行中期复审,以裁定损害终裁应该撤销还是应该继续。加拿大财政部长、边境服务署署长或其他任何人或政府都可以书面申请国际贸易法庭进行中期复审。中期复审的申请必须寄给国际贸易法庭的秘书,申请的文件应包括的内容有:①指出损害终裁作出后出现的新事实或者情况的重大改变,或者损害终裁作出后发现的某些在之前的复审或调查中已经存在的但没有作为证据且当时尽了勤勉义务后仍未发现的事实;②指出受到的新情形影响的进口产品或国内产品;③指出国内或国际市场的改变,包括产品供应或需求的改变,以及进口至加拿大的产品的流向和来源的改变;④提供其他有关的信息[①]。

一般在收到中期复审的申请后30天,国际贸易法庭会根据当事人提出的信息决定是否进行中期复审,并进行公告。完成中期复审后,国际贸易法庭应该:①在对整个损害终裁进行中期复审的情况下,继续、修改或撤销损害终裁;②在对部分损害终裁进行中期复审的情况下,如果情况需要,做出新的裁定。

3)期满复审(日落复审)

加拿大《特别进口措施法》规定,如果国际贸易法庭没有在损害终裁作出后5年期限届满前发起期满复审,则损害终裁期满。期满复审可分为三个阶段:在第一阶段,由国际贸易法庭决定是否进行期满复审;如果国家贸易法庭决定进行期满复审,则进入第二阶段,由边境服务署进行倾销的调查,以裁定如果国际贸易法庭的损害终裁期满,产品的倾销是否有可能继续或恢复;如果边境服务署认为产品倾销有可能继续或恢复,则进入第三阶段,国际贸易法庭确定倾销是否有可能对国内产业造成实质性的损害。为了保证期满复审的程序高效率进行,国际贸易法庭和边境服务署将在收集信息与交换信息方面尽最大的努力进行配合。

## 第二节　应对加拿大反倾销律师实务

加拿大是世界上制定第一部反倾销成文法的国家,从1904年至今,已经有

① 见《加拿大国际贸易法庭规则》第70(1)条。

上百年的反倾销案件调查的历史。由于加拿大自身产业结构和市场规模的局限，其针对中国进行反倾销调查的案件数量，虽然明显地比不上美国、欧盟等发达国家和印度等新兴经济体，但加拿大的反倾销案件的调查程序却设计得十分“精致”，既贯彻了 WTO 反倾销守则的普遍要求，又体现了加拿大固有的传统特色。因此，我们探讨应对加拿大反倾销案件，就要针对这些特点作具体的分析。

## 一、市场经济导向行业测试的应对

像其他国家的反倾销案件一样，加拿大也视中国为非市场经济国家，在计算反倾销中的正常价值时，不采用我国企业的国内价格，而是选择所谓“替代国”（即与中国经济发展水平相当的市场经济国家）的国内价格确定正常价值。这样做的结果，必然会造成人为的高额反倾销税率。因此，“非市场经济地位”问题也是中国企业在应对加拿大反倾销调查中面临的首要问题。

关于市场经济地位问题，加拿大《特别进口措施法》第 20 条进一步规定，在对所谓非市场经济国家的产品发起反倾销调查和进行复审时，加拿大政府将推定调查的行业为市场经济导向行业，并采取与其他国家输加产品相同的计算方法来确定其产品的正常价值。如其国内申请方能够提出充分的证据来反对这一推定，则加拿大调查部门将启动市场导向行业调查，以确定该行业是否属于市场导向。

在加拿大反倾销的司法实践中，确定反倾销案件所调查的产品所处的生产行业是否属于市场经济导向行业，是通过向中国的进口商发放相关的调查问卷、收集相关的信息后，由加拿大反倾销调查部门进行确定的。这一问卷由加拿大反倾销调查机构边境服务署制定、发放，由于是针对《特别进口措施法》第 20 条所规定的市场经济产业导向的测试而制定的，所以业内俗称该问卷为“Section 20 问卷”。

Section 20 问卷的设计目的，在于通过向涉案企业收集有关信息，使加拿大反倾销调查机构了解涉案企业及其所在的行业是否直接或间接受中国政府的控制，即中国政府对于涉案企业的设立、组织、管理、生产、经营、销售等各方面是否存在非市场因素和手段的干预。围绕着这一目的，问卷主要包括三个方面的内容：一是关于中国政府对中国相关产业采取的一些措施的信息；二是关于应诉企业的组织形式以及中国政府对应诉企业运营的干预情况等信息；三是有关中国政府采取的措施和应诉企业的涉案产品的销售和生产信息。

Section 20 问卷的最大特点，也是加拿大反倾销与其他国家反倾销调查的最大区别，同时也是应诉企业面临的主要问题，主要有两点。

首先，是要应诉企业在短时间内，提供与自身平时具体的生产经营活动关联度不是很大的中国国家各级政府、行业协会层面的许多公共政策、行业规划、行业自律等方面的文件及其英文译本。这些文件从可公开查询的角度看，有些是公开的产业政策，有些是半公开的行业内部指导，还有些是不公开的会议讲话等；从发布的机构来看，有的是属于中央政府或各部委发布的，有的是行业协会层面发布的，还有的是个别省级政府制定、发布的；从效力来看，有的效力仅及于部分企业，有的效力及于全国所有企业。正是由于这些涉及公共信息文件的多样性和庞杂性，使得平时忙于具体生产经营事务的应诉企业一下子无所适从，不知如何下手。在很短的时间内收集大大小小的诸多不熟悉的文件，对于应诉企业来讲，困难极大。即使应诉企业通过自身努力和各种渠道，最后收集了问卷中所要求提供的文件，但将相关文件翻译成中文也成为应诉企业非常大的负担。

其次，按照 Section 20 问卷的声明，该份问卷有时也会同样向中国政府相关部门提供，而中国政府对相关问卷内容是否回应，如何回应，涉案企业是无法做主的。这种在反倾销调查中，除了向应诉企业收集信息、要求其提供相关文件外，还向被调查产品生产国政府提供相关问卷、要求其提供相关信息和文件的做法，应该说很少见。究其原因，主要在于加拿大的反倾销和反补贴法从法律层面是合二为一的，从调查机构来讲也是同样一套机构。而在反补贴调查中，向涉案国政府发放问卷则是国际上通常的做法。

针对以上两个应诉中的问题，应诉企业在实际填写 Section 20 问卷时，应该积极主动地保持与当地政府、协会、其他中国出口商、加拿大进口商等多种渠道之间的联系，必要时要求这些部门为自身应诉提供相关文件。相关的行业协会最好亦能建立起案件的临时协调机构，在协调应诉步调的同时，保持各应诉企业所提供文件的一致性和准确性。同时，为了节省开支和时间，对于比较大的文件翻译工作，可商定由几家应诉企业采取分工负责、费用分担的方式予以完成。一般讲，凡是反倾销调查案件中要求中国政府提交的问卷，中国政府在对等的原则下，都会积极配合安排相关部门的专门人员来完成，并递交到加拿大边境服务署。

以下所附，是加拿大 Section 20 调查问卷的中文译本（以铝型材产品反倾销案件为例）。

## 出口商调查问卷(第20条)
## 根据特别进口措施法而要求提供的信息
## 与加拿大的正常价值和出口价格调查相关
## 关于某些原产于或出口自中华人民共和国的铝型材

**调查期间：**为确定贵国的铝型材产业是否符合特别进口措施法第20条规定的条件，调查期间自2007年7月1日至2008年6月30日。

**提交答卷时间：**贵公司针对本调查问卷提交的全部答卷材料必须在2008年9月24日之前交至加拿大渥太华的加拿大边境服务署。

**答卷交至：**加拿大边境服务署　反倾销和反补贴部门

加拿大安大略省渥太华市梅特卡夫街100号11楼，邮编：K1A 0L8

**注意：特别进口措施法登记和公开版本**

**进一步信息**　请联系：Robert Wright(613)　954-1643　Robert. Wright@cbsa-asfc. gc. ca

Matthew Lerette　(613)954-7398　Matthew. Lerette@cbsa-asfc. gc. ca

传真：(613)948-4844

**注意：**贵国政府提交的任何资料都将被认为是公开信息，将根据请求提供给有关各方，除非该信息已被明确标示保密。为了保护您的信息保密，请仔细注意一般准则的第8项和附件1。

### 一般准则

**1. 目的**

本调查问卷(RFI)要求提交的信息是为了让加拿大边境服务署(CBSA)判断《特别进口措施法(SIMA)》第20条(即竞争的市场条件)是否适用于贵国的被调查产业，即铝型材产业。中华人民共和国(中国)是第20条规定的国家，因此，加拿大边境服务署主席认为第20条适用于贵国，国内销售价格由贵国政府充分决定；但是，他们也有足够的理由认为，如果这些价格是由竞争的市场条件来决定，那么它们肯定会有不同。

根据加拿大边境服务署第20条的规定，调查和重新调查的发起是以假定《特别进口措施法》第20条不适用于被调查产业为前提的，除非有证据表明情况并非如此。根据投诉人提供的信息以及加拿大边境服务署自己的研究，我们有足够的理由相信第20条的条件存在于中国的被调查产业之中。因此，我们于

2008 年 8 月 18 日发起关于第 20 条的问卷调查。

通过本次问卷调查，加拿大边境服务署为中国的生产者/出口商提供机会，以提供证据查明被调查产业没有根据第 20 条的条件操作。为了查明这一问题，加拿大边境服务署也将向中国政府(GOC)提供调查问卷，并继续研究从第三方处获得的信息。如果您回复了本调查问卷，根据您的答复和加拿大边境服务署对答复的审查，我们将可能要求您提供进一步的信息。

经加拿大边境服务署主席审查现有资料，若认为第 20 条规定的条件普遍存在于被调查产业之中，那么产品的正常价值将依据可获得的替代国信息来确定，该替代国由主席指定。若加拿大边境服务署主席没有形成这样的意见，那么，产品的正常价值可根据《特别进口措施法》第 15、19 或 29 条的规定，由中国的出口商/生产商提供的信息来确定，或通过某个部级规范来适当确定。

**2. 疑问的澄清**

如果您有问题需要澄清，请联络本调查问卷第 1 页中载明的任何一名官员。

**3. 调查问卷的梗概**

本调查问卷有三个核心部分：

A 部分——请提供关于中国政府对中国铝型材产业采取的一些措施的信息。

B 部分——请提供关于贵公司的组织形式以及中国政府对贵公司企业运营的干预情况等信息。

C 部分——请提供有关中国政府采取的措施和贵公司的铝型材销售和生产信息。

**4. 具体的回复**

对本调查问卷的答复应尽可能具体，以清楚地反映调查期间存在的情况。虽然要求提供的资料很广泛，但对每个问题进行完整而详尽的回答也是您的利益所在。如果某个问题并不适用于贵公司，应作出适当的解释，前后对照具体问题。

**5. 下一步事宜**

加拿大边境服务署官员访问出口商是正常做法，以便核对出口商提交的信息。在这种情况下，加拿大边境服务署可能审查和核实出口商和政府提交的、针对各自调查问卷的答复。一般来说，在对贵国进行现场核查之前，出口商和政府都必须对问卷提交完整的答复。

如果对问卷的答复不完整，加拿大边境服务署通常不会对其进行现场核查。

如果《特别进口措施法》第20条并不适用于贵国的被调查产业，但是生产商/出口商提供的信息不完整或不允许对提交的资料进行充分核查，我们将考虑按部级规范来确定正常价值。

**6. 源文件**

源文件和答复本调查问卷时用到的工作底稿应保留好以备核查。某些文件的副本，经调查人员选定，也可能需要用到。在加拿大边境服务署官员核查期间，知晓文件来源和文件所载信息的所有公司人员，都应能联系到。

**7. 定义**

在本调查问卷中，有些词汇和术语需要解释。以下是为此次调查目的对他们的定义：

**铝型材产业**

为本调查问卷的目的，"铝型材产业"是指中国所有国内生产和销售的铝型材，而不是仅限于重量和尺寸在向加拿大出口的、涉案产品的产品定义范围之内的产品。

**请注意，虽然加拿大边境服务署是在调查第20条的条件在中国的铝型材产业中是否存在，原铝是用于生产铝型材的一个整体原料投入，因此贵公司也可能需要提供涉及原铝工业（即冶炼铝以生产铝锭或铝块）和一般铝工业（即生产和销售氧化铝、铝及铝合金制造/加工产品）的信息。**

**中国政府（GOC）**

为本调查问卷的目的，中国政府是指各级政府，包括中央、省、地区、城市、经济特区、自治市、镇、乡、村，立法、行政或司法，单个、集体，选举或任命。它还包括任何个人、机构、企业，或依据任何生效法律的授权代表该国政府或省、州或自治市或其他地方或区域政府的任何机构。

**国有企业（SOE）**

为本调查问卷的目的，"国有企业"是指在中国政府（定义如上）的直接或间接控制或影响下经营的任何公司或企业。这也包括与中国政府合伙经营或合资运营的任何公司，或其股票公开上市且全部或部分股份由中国政府拥有的公司。

**关联个人和/或公司**

《特别进口措施法》第2(2)和2(3)条对"有关人士"的界定如下：

2(2)为本法目的，下列人员是"相关联的个人"或相互有关的人员：

（一）相互有关系的人员；或

（二）彼此没有关系，但不能相互平等对待的人员。

2(3)就第(2)款而言,下列人员是相互有关系的人员,如果:

(一) 存在所得税法第251(6)条所指的血缘关系,婚姻或收养关系;

(二) 一方是另一方的主管或董事;

(三) 俩人都是相同两个公司、协会、合伙组织或其他组织的主管或董事;

(四) 是合作伙伴;

(五) 一方是另一方的雇主;

(六) 他们直接或间接地控制同一人或由同一人控制;

(七) 一方直接或间接地控制另一方或由另一方控制;

(八) 任何其他人直接或间接拥有、持有或控制各关系人百分之五或以上的、有优先表决权的股票或股份;或

(九) 一方直接或间接拥有、持有或控制另一方百分之五或以上的、有优先表决权的股票或股份。

此处"人"的定义,包括合伙组织和协会。

**8. 保密和非保密申请**

贵公司提交的书面材料中请求保密的那部分必须清楚地标明"保密"字样。此外,所有要求保密的信息都必须提交相应的非保密版本给加拿大边境服务署。如果贵公司未能按这些要求操作,您提交的信息将得不到保密处理。

欲了解更多有关保密和非保密信息的资料,请参阅本调查问卷的D部分至G部分。

**9. 答卷使用的语言**

您对本问卷的答复应使用英文或法文。您答卷时提供的任何源文件,都必须是原始语言文本,并随附一份英文或法文译本。

**10. 披露**

关于第20条调查问卷的调查结果将在调查结束时提供给贵公司。此后,如果贵公司对调查结果有异议,加拿大边境服务署官员可在加拿大渥太华接见您或贵公司代表。

**11. 调查期间**

调查期间为2007年7月1日至2008年6月30日。但是,在回答某些问题时,可能需要贵公司提供调查期限以外的某个时期的一些信息以供分析。

除另有规定外,本调查问卷要求的所有信息都是关于调查期内的。

若要求提交的关于某些情况的信息在调查期间发生了变化,则需要提供所有相关信息,包括已更改的以及新的或修订的信息,例如,如果有关某种经济活

动的一项规定被修正或修订，则需要同时提供旧的和修订后的该项规定的副本。此外，还需要对这些变化进行解释。

**12. 需要提交的材料份数**

贵公司对本调查问卷的答卷材料，针对保密文本应提交三份纸质副本。若提交的纸质文本均为8 1/2"×11"型号，这将是加拿大边境服务署所希望的。如果可能的话，请将超过这一规格的大型文件缩小，以适应规定的纸张型号。

此外，有关本调查问卷的答卷材料，还必须提交两份磁盘或CD的电子副本。

您的答卷材料还必须包括两份经编辑的非保密版本。该非保密版本将由加拿大边境服务署进行审查，以确保它足以描述并合理传达保密文本资料中反映的实质信息。如果加拿大边境服务署认为非保密版本无法接受，将要求贵公司进行调整，纠正不足，并重新提交一份新的版本。

贵公司对问卷的完整答卷必须提交至本问卷第1页所载的加拿大边境服务署地址。此外，贵公司还应对提交的答卷材料保存一份完整的复制件在您的办公场所，以便加拿大边境服务署官员在进行任何实地核查时使用。若贵公司没有提交合适的非保密版本或没有要求的副本数量，都将被视为答复不完整。

**13. 答卷截止日期**

逾期答复将不符合本次调查的目的。因此，加拿大边境服务署最迟必须在本调查问卷第1页载明的截止日期之前收到您的答卷材料。

**A部分**

该部分所要求提交的资料将有助于加拿大边境服务署更好地了解中国政府在铝型材方面所采取的措施。

请注意，除了您对每个问题的描述性回答之外，还应提交必要的支持文件。

A1. 请提供下列文件的中文原版，以及相应的完整翻译副本：

（一）2005年9月颁布的《铝工业产业发展政策》；

（二）2005年9月颁布的《铝工业发展专项规划》；

（三）2007年11月颁布《铝行业准入条件》；

（四）2005年6月27日国家发改委公布的《中国铝工业布局和结构调整的建议》；

（五）2007年11月颁布《铝行业准入条件》。

A2. 在调查期间中国政府是否有针对铝工业和铝型材行业发布任何意见、指示、法令、措施等？如果有，请提供相应的文件副本及其翻译件。还请提供中国政府或行业协会在调查期间向贵公司下发的、有关实施铝型材措施的通知文件。

A3. 提供贵公司所在的各地区、省或经济特区负责实施国家有关铝型材措施的有关政府部门、局或机构的名称,以及政府官员的详细邮寄地址、联系人姓名、电话及传真号码。须确保贵公司的答卷材料中包括以下几个部门的联系信息:

—铝型材行业的产业政策和指导部门

—制定铝型材行业市场准则的部门

—铝型材行业环境执法部门

—土地利用与管理部门

—铝型材行业的中国银行业监督管理部门

—新铝型材生产设施的监督和检查部门

—国家发展和改革委员会中负责铝型材行业的部门

—铝的进口许可证办理部门

A4. (一) 贵公司销售的铝型材产品是否受到任何出口配额的限制? 如果有,请解释为什么商品需有配额以及配额的分配方法。在这个过程中是否有政府参与确定货物的销售价格? 如果有,请解释。

(二) 如果货物目前没有出口配额,请说明配额在调查期间是否存在,何时不再实行,以及为什么要移除。

(三) 指出哪个政府机构对配额进行立法和监管。

(四) 对于铝型材产品销售到国内市场的数量,中国政府是否有设定任何的目标或限制? 若有,请提供详情。

A5. (一) 请详细解释政府关于铝型材行业增加产能和/或成立合资企业的审批过程。

(二) 政府是否有权要求修改关于铝型材行业增加产能和/或成立合资企业的条款? 如果有权,请详细说明。

A6. 据报道,2007 年 7 月 1 日中国政府实施了一系列的增值税减免政策①,所涉及的产品范围广泛。

(一) 是否有涉及铝型材出口方面的增值税减免变化? 若有,请提供详细

① 财税[2007]第 90 号财政部、国家税务总局《关于调低部分商品出口退税率的通知》(2007-07-16)。

的、按时间顺序的增值税退税率变化情况，内容包括适用的产品、税率变化的有效期。请提供政府关于这些变化发布的任何通知的完整翻译副本，包括有关的附录。

（二）是否有将影响铝型材行业的其他税率变化正在计划之中？

A7. 关于铝型材产品的出口是否有实施任何的出口税？如果有，请提供详细的、按时间顺序的出口税率变化情况，内容包括适用的产品、出口税率执行的有效期。请提供政府关于这些变化发布的任何通知的完整翻译副本，包括有关的附录。

A8. 是否要求有铝型材《出口许可证》？若有，请提供详情。请提供该证件的原始中文版本，以及相应的翻译版本。

A9. 以下问题是关于国家发展和改革委员会(NDRC)的：

（一）请描述国家发改委在中国的铝型材行业中传达、执行和监督实施国家政策时所起的作用。

（二）请说明国家发改委中负责中国铝型材行业的产业指导和未来指导计划的官员。您的答复中应包括其办公地址、联系人姓名、电话号码及传真号码。

## B部分 一般信息

本部分所要求提供的信息是关于贵公司的，将为加拿大边境服务署对贵公司的组织结构，及中国政府对贵公司的运营参与情况提供一个概括了解。

请注意，除了您对每个问题的叙述性回答外，还必须提供相应的支持文件。

B1. 请提供贵公司完整的邮寄地址、电话和传真号码，并提供贵公司负责填写本《调查问卷》的管理人员的姓名、职务。

B2.（一）描述贵公司的商业性质。说明贵公司是制造商、贸易/销售商还是分销商等等，并提供贵公司的简介。

（二）请说明贵公司是独资企业、合伙企业、有限责任公司、合资企业、国有独资公司或是其他的企业类型。提供公司所有权人的详细资料。

（三）请提供一个贵公司持股比例占前15位的股东名单，包括股东姓名、地址及他们各自所占的股份百分比。此外，如果未被涵盖，请列明贵公司拥有5%以上比例股份的股东姓名和地址。

（四）请提供贵公司的董事会成员名单。说明是否有任何成员是中国政府或国有资产监督管理委员会(SASAC)的代表或雇员。若有，请说明他们所代表的政府部门。请说明是否有董事会成员由中国政府任命或推荐。

（五）请提供贵公司的股东会成员名单。说明是否有任何成员是中国政府或国有资产监督管理委员会的代表或雇员。若有,请说明他们所代表的政府部门。请说明是否有股东会成员由中国政府任命或推荐。

(六)请说明贵公司高级管理团队的每个成员以及目前的董事会成员。解释高管团队中每人的角色和责任。说明哪些职位是由政府当局任命或指定的。提供一份贵公司的组织结构图,包括管理人员的姓名和职位。提供一份关于董事会活动和职责的公司议事规则/章程。

B3.(一)请提供调查期间内贵公司董事会和股东会的会议纪要复印件。

(二)请提供调查期间内贵公司关于铝型材产品定价决策的公司会议记录复印件。

(三)请说明铝型材行业的国内价格变化实施之前,是否需要经过有关政府机构的审批。

B4.(一)请提供贵公司的营业执照复印件。请说明负责签发营业执照的政府部门或政府官员,并描述申请营业执照的相关程序。描述获得营业执照必须满足的任何要求或条件。

(二)描述并解释贵公司营业执照对您施加的任何限制。若贵公司实施了营业执照规定范围之外的行为,请说明将受到的任何制裁。描述并解释营业执照赋予贵公司的任何权利或利益。

(三)请说明在何种情况下贵公司的营业执照可能被撤销,以及谁有权撤销营业执照。

B5.(一)提供贵公司一般的决策架构和关于铝型材产品的决策架构。同时应说明哪些人员或部门主要负责决定生产哪些产品,如何生产这些产品,原材料、劳工和能源的投入标准如何设定,以及产量如何利用,例如如何决定贵公司的产品结构,公司利润如何分配等等,是如何决定的。请说明在铝型材产品制造、营销和销售的决策过程中,是否有政府的参与。

(二)提供一份凡直接或间接涉及铝型材产品的制造、销售或购买的所有政府部门/机构的名单。列出并说明中国政府在铝型材产品方面的职能。此外,列出并说明必须定期提交给中国政府的所有报告,并指出每一份报告是提交至哪个政府部门/机构。

B6.提供一张关联公司图表,以了解在更大的组织结构中贵公司的具体位置(请参阅加拿大边境服务署在本问卷第5页关于“关联人”的定义)。解释控制方的性质,并说明作为法律实体的关联公司之间他们自己的权利存在于何处。列出每个法律实体的董事会成员和高管人员,指出共同的董事及高管人员姓名

（如适用的话）。如果董事会成员是政府官员，请说明他们的职位及其所代表的部门。

B7．如果贵公司是一家上市公司，贵公司发行股票的规则是什么？请说明中国政府、雇员、其他公民和外国投资者占有的股份比例。如果有任何股东拥有贵公司超过5%的股份，请列出他们的姓名、地址及职位。请说明贵公司上市的证券交易所。

B8．若贵公司是一家其他公司的附属公司，请说明母公司的股份中有多少比例是由中国政府、雇员、其他公民和外国投资者持有。如果有任何股东拥有母公司超过5%的股份，请列出他们的姓名、地址及职位。

B9．在调查期间，贵公司的股权结构是否有任何重大变化，请提供详情。

B10．（一）列出贵公司高级管理人员的姓名和职位，并说明他们是如何被选定担任这些职位的。指出他们在担任当前的管理职位之前，在贵公司是担任何种职位。

提供有中国共产党政府代表（中共代表）头衔的人员姓名和职位，并说明其在董事会的级别。

（二）提供在调查期间生效的、厂长的雇佣合同复印件。

（三）谁有权奖励、解雇或对高级管理人员实施纪律处分？

（四）贵公司的高级管理人员在任何政府部门、组织、协会或商会是否有担任职务？如有，请描述这些职位的性质。

（五）是否要求铝型材企业必须有党派职位，例如党委书记、副书记、党纪监督委员会书记？请详细说明这些职位的作用和责任。

（六）请说明贵公司定价委员会的全称和地位。

B11．（一）请说明贵公司是否国有企业（SOE）。如果是国有企业，请说明在法律和实践中是否有要求贵公司的任一层级都有政府代表。若贵公司不是国有企业，请说明在法律和实践中是否仍要求企业任一级都有政府代表。

（二）如果有这样的规定，请解释在企业或者贵公司任一层级中任命的政府代表的作用。

（三）请说明政府代表的委任方式。政府代表在公司的职责范围是什么？

（四）请说明政府代表是否参与国有企业的生产或运营决策过程。

（五）请说明政府代表在参与其他铝型材国有企业、其他私营铝型材企业或供应商的管理层级方面是否受限制。

（六）请说明政府的政策、意见等如何传达到国有企业。

(七) 请说明谁负责执行政府的这些政策、意见等。

(八) 请提供贵公司最近两个五年计划(指导)的完整翻译副本,包括相关附录,并随附原中文版本。

(九) 请提供贵公司所在省/市的、最近两个省/市五年计划(指导)及其附录的复印件,若适用的话。副本及其附录都应有完整的翻译,并随附原中文版本。

(十) 贵公司是否提供贵公司的五年计划(指导)复印件给国家发展和改革委员会?

B12. 以下问题是关于本问卷问题A1提到的中国政府铝行业政策的一般影响。

(一) 请详细说明这些政策是如何传达至贵公司的。

(二) 指出将这些政策或任何相关措施传达至贵公司以及政府办公室或协会的政府部门、协会或公司管理人员,指出负责管理实施这些政策的主管人员姓名。

(三) 请详细说明已从官方和非官方渠道提供给贵公司的、关于贵公司将要采取行动的信息标准。

(四) 就中国政府的政策以及在这些政策的范围内如何进行当前的项目或未来计划,贵公司是否有指定公司管理人员提供指导?

## C部分　铝型材行业

本部分要求提交的信息将有助于加拿大边境服务署更好地了解政府措施和贵公司铝型材的销售和生产。

请注意,除了您对每个问题的叙述性回答外,还必须提供相应的支持文件。

C1. 请提供一个清单,列明贵公司目前生产的铝产品的全部系列。

C2. (一) 针对每个日历年2005年至2007年,及2008年前6个月,请完成下列表格,填写所有铝型材的国内和出口销售的有关数量和价值:

| 数量(公斤) | 2005年 | 2006年 | 2007年 | 2008年前6个月 |
|---|---|---|---|---|
| 国内销售铝型材的总量 | | | | |
| 出口销售铝型材的总量 | | | | |

| 价值(元人民币) | 2005年 | 2006年 | 2007年 | 2008年前6个月 |
|---|---|---|---|---|
| 国内销售铝型材的总价值 | | | | |
| 出口销售铝型材的总价值 | | | | |

（二）针对调查期间（2007年7月1日至2008年6月30日），也请按每月为基础提供铝型材的国内和出口数量和价值。

C3. （一）针对2006年1月1日至2008年6月30日这一期间，请完成附录A关于贵公司国内采购和进口铝原材料的表格。

（二）针对贵公司在附录A中所列的每家贸易公司和制造商，请列明其全称和地址。

C4. （一）请说明贵公司在铝型材产品的销售方面，由谁批准销售条款、价格和其他合同条款。

（二）请说明铝型材产品的销售价格是如何确定的，包括政府在贵公司定价决策方面的任何参与，并说明产品是否受制于政府的直接或间接定价或政府指导价格。

（三）贵公司是否与其他国内生产商、中国有色金属工业协会（CNMIA）或与其他铝型材行业协会协商铝型材产品的销售价格或供应？若有，请提供详情。

（四）请说明贵公司是否向中国政府、中国有色金属工业协会、其他政府官员或商业/行业组织提供国内铝型材的价格信息/数据。请说明贵公司是否提供铝型材的国内价格数据给省、自治区或经济区特层级的任何其他人。

C5. 如果贵公司在一个以上的地区/省有生产厂房，这些地区关于定价的法律和规定是否相同？若存在任何的地区差异，请详细说明。

C6. 详细说明政府对铝型材产品的销售所实施的任何其他限制（例如地理位置/区域、下游、使用等）。

C7. 本问题涉及到贵公司在调查期间的铝型材产品的生产/产量。

（一）贵公司铝型材产品的生产是否有任何部分受制于国家/地区的产业政策或指导？若有，请提供详细资料，包括政策/指导的背景，并解释政策/指导所施加的任何限制。

（二）与贵公司有关的政策/指导具体相关到什么程度？

（三）在适用的情况下，贵公司对这些政策/指导作出如何回应？

C8. 本问题涉及到贵公司在调查期间销售的铝型材产品价格。

（一）请说明在调查期间，在国内铝型材价格方面，贵公司是否受到任何直接或间接的政府价格指导或控制。

（二）请说明在2006年和2007年期间，在国内铝型材价格方面，贵公司是否受到任何直接或间接的政府价格指导或控制。

（三）请说明在调查期间，在铝原料的投入方面，贵公司是否受到任何直接或间接的政府价格指导或控制。

（四）请说明在2006年和2007年期间，在铝原料的投入方面，贵公司是否受到任何直接或间接的政府价格指导或控制。

（五）请说明贵公司是否遇到过由地区、省或经济特区的官方机构和/或组织设定的任何价格指导或控制。

C9.（一）贵公司是否为中国有色金属工业协会（CNMIA）的成员？若是，请说明贵公司与CNMIA的关系，以及政府对CNMIA的参与。

（二）如果贵公司是CNMIA的成员之一，请说明这种成员关系是自愿的还是强制性的。请说明CNMIA为贵公司提供的职能。详细解释在中国政府提供铝行业指导时CNMIA的作用。

（三）详细说明CNMIA管理人员的委任过程。

（四）详细说明在CNMIA中是否有中国共产党或政府委任的职位。指出党或政府任命的是哪些职位，包括联系人姓名、电话及传真号码。

（五）请提供一份CNMIA的规章、准则、章程、使命声明，或其他概述了CNMIA角色、职能和职责的指导原则的复印件。请提供完整的翻译副本，并随附原中文版本。

C10. 如果贵公司出席了2008年5月在广州举行、有各铝型材企业、中国有色金属工业协会、财政部、商务部和海关总署参与的会议，请提供下列资料：

（一）请解释本次会议的目的，并列出参加了会议的所有国家级、省级和地方政府部门。

（二）提供有关会议议程和会议记录的完整翻译副本。

（三）提供《铝型材行业廉洁自律协议》的完整翻译副本（也可称为《中国铝型材行业自我规管公约》）。

C11.（一）贵公司是否为任何铝型材或铝装配行业协会的成员？若是，请说明贵公司与该协会的关系，以及政府对该协会的参与。

（二）如果贵公司是某个铝型材或铝装配行业协会的成员，请说明这种成员关系是自愿的还是强制性的。请说明该协会为贵公司提供的职能。详细解释在中国政府提供铝型材行业指导时该协会的作用。

（三）详细解释该协会管理人员的委任过程。

（四）详细说明在该协会中是否有中国共产党或政府委任的职位。指出党或政府任命的是哪些职位，包括联系人姓名、电话及传真号码。

（五）请提供该协会的章程、使命声明，或其他协会管理原则。

C12.（一）请说明贵公司是否向统计局和/或任何其他政府组织提交资料[①]。如果需要提交，请说明提交的目的和提交信息的类型。

（二）请提供一份最近的、已向统计局和/或任何其他政府组织提交的资料样本。

（三）上述组织是否对贵公司提交的资料进行批准或评估？如果有，请详细解释。

（四）上述组织是否对贵公司提供的信息予以反馈？如果有，请详细解释。

## D部分　保密和非保密信息的处理

**为什么要提交保密和非保密资料？**

《特别进口措施法》规定，提交给加拿大边境服务署的保密资料必须随附一份非保密版本（公众版本）。以下将说明如何处理非保密信息和保密信息，以及怎样准备信息的保密和非保密版本。

**非保密信息的处理**

贵公司提交的非保密资料将会被提供给为本次诉讼目的而索要该信息的任何人。

**保密信息的处理**

在某些特定的时候，我们会提供贵公司提交的保密信息：第一，提供给诉讼当事一方的独立律师；第二，提供给加拿大的法院、法庭和陪审团。

1. 保密资料将提供给诉讼当事一方的独立律师。“律师”包括代表其他诉讼当事方的任何人，包括法律顾问。该诉讼当事方可能是参与本次诉讼并有直接相关利益的某个人或企业。

律师索要保密信息时必须书面申请，并向加拿大边境服务署提交书面保证，保证他们将：

- 只在本次诉讼程序中使用该信息；
- 不外泄所有相关资料；
- 保护这些资料；
- 未经加拿大边境服务署的许可不得复印这些资料；
- 使用完这些资料后即予以销毁；
- 向加拿大边境服务署提交资料已经销毁的书面通知；及
- 向加拿大边境服务署报告任何违反或可能违反规定的情况。

---

① 例如，有关销售、生产和成本的每月数据。

如果我们有理由信息将贵公司的保密资料提供给独立律师可能对贵公司或您的业务造成损害,我们将不会提供。

2. 保密资料将会提供给加拿大国际贸易法庭、加拿大的任何法院,两个国家的或世界贸易组织(WTO)事务委员会,以方便上诉。这些组织将使用您的信息,以履行加拿大法律、北美自由贸易协定(NAFTA)或世贸组织协定赋予它们的责任。保密资料将受到所提交法院或陪审团议事规则的保护。

只提供非保密资料时如何操作?

如果贵公司决定问卷答复中不包含保密信息,您回复的每一页都应标明“非保密”字样。贵公司必须在首页的信函中声明:未将提交的任何信息作为保密信息。

提供保密资料时如何操作?

如果您的问卷答复中包含保密信息,这个答复以及所有相关附件及支持文件都将作为保密资料。则贵公司必须:

(1) 清楚地表明,无论是方括号内的信息或是阴影部分的信息,所有保密信息均已在书面材料中。每种方法的例子见下一节“如果提供保密信息非保密版本的编辑”;及

(2) 在提交的保密资料的每一页清楚标明“保密”字样,包括所有附件。

如果贵公司提交的是保密资料,为方便加拿大边境服务署能够使用您的信息,贵公司还必须提供一个非保密版本。重要的是,非保密版本必须完整,因为如果其他各方提出要求,非保密版本将提供给他们审查。

非保密版本可采用的形式:

● 非保密的编辑版本;或

● 非保密的摘要版本,在编辑版本无法包含足够的信息来传达对所提交的保密版本资料的适当理解时,可采用该种版本。

非保密的编辑版本

编辑版本是移除了保密信息而创建的一个非保密版本。你必须保留足够的细节以方便我们理解已移除的保密信息。

在E部分,要随附贵公司的非保密版本,您必须:

(一) 简要解释您在非保密版本中所移除的保密信息的性质;和

(二) 说明您要求将信息予以保密的理由,就像在问卷本部分解释的那样。

在下面的例子中,文本表示方括号内的[保密信息]已被移除。

要求保密的答复可为:对加拿大经销商的 ABC 模型售价是[25.99]美

元/个。

答复的编辑版本为：对加拿大经销商的ABC模型售价是[　　]美元/个。在这个例子中，在非保密版本中移除的信息的性质是“销售价格信息”。

备注：括号[　　]之间的间距应与保密版本中的间距相同。

在下面的例子，文本表示方括号内的[保密信息]已被移除。

要求保密的答复可为：对加拿大经销商的ABC模型售价是25.99美元/个。

答复的编辑版本为：对加拿大经销商的ABC模型售价是▇▇美元/个。在这个例子中，在非保密版本中移除的信息的性质是“销售价格信息”。

备注：阴影区域▇▇之间的间距应与保密版本中的间距相同。

又例如，下面的例子是关于出口销售清单的可接受的编辑版本。多页清单中的某一页范例应该是这样的：

| 1 | 2 | 3 | 4 | 5 | 6 | 7 |
|---|---|---|---|---|---|---|
| IMPTR | DATSHIP | INVNUM | INVDATE | QUANTITY | EXTSP | NETSP |
| [　　] | 2006/02/16 | 14064555 | 2006/02/16 | [　　] | [　　] | [　　] |
| [　　] | 2006/03/14 | 14179020 | 2006/03/12 | [　　] | [　　] | [　　] |
| [　　] | 2006/04/14 | 14253018 | 2006/04/16 | [　　] | [　　] | [　　] |
| [　　] | 2006/05/09 | 14474937 | 2006/05/09 | [　　] | [　　] | [　　] |
| | ... | ... | ... | | | |

或者是：

| 1 | 2 | 3 | 4 | 5 | 6 | 7 |
|---|---|---|---|---|---|---|
| IMPTR | DATSHIP | INVNUM | INVDATE | QUANTITY | EXTSP | NETSP |
| ▇▇ | 2006/02/16 | 14064555 | 2006/02/16 | ▇▇ | ▇▇ | ▇▇ |
| ▇▇ | 2006/03/14 | 14179020 | 2006/03/12 | ▇▇ | ▇▇ | ▇▇ |
| ▇▇ | 2006/04/14 | 14253018 | 2006/04/16 | ▇▇ | ▇▇ | ▇▇ |
| ▇▇ | 2006/05/09 | 14474937 | 2006/05/09 | ▇▇ | ▇▇ | ▇▇ |
| | ... | ... | ... | | | |

**非保密的摘要版本**

如果非保密的编辑版本所保留的信息导致我们无法足够理解已被移除的保密信息，则需要提供被移除保密信息的非保密摘要，用以描述已被移除的保密信息。

如果您打算提供附录或附件的非保密摘要，非保密的叙述通常应随附至少1页的、被移除相关附录或附件中保密数据的示例。

**提交的非保密资料的审查**

您提交的非保密版本将由加拿大边境服务署进行审查，以确保它足够清楚地传达了在保密版本中提交的信息的实质。

如果加拿大边境服务署认定答卷者没有提交适当的非保密的编辑版本或对指定保密信息的非保密摘要，而答卷者又未能解释为何不能提供，不采取纠正措施或未提交经修订的版本，加拿大边境服务署将不会使用贵公司在诉讼程序中提交的保密资料。结果，加拿大边境服务署将根据可获得的最佳信息作出裁决。尤其重要的是，公司移除的信息仅限于保护其利益所必要的、最低限度的信息，且只限于保密信息。

## E部分　非保密声明

非保密版本中移除信息的性质，及

指定为保密信息的理由

[注：用贵公司或您的代理律师的信笺纸复制此文件，填写完整并签名。]

### 第1节　对调查问卷的回答

(一) 简要说明答卷的非保密版本中被移除的保密信息的性质。

______________________________

______________________________

(二) 为什么贵公司要求对这些信息予以保密，像本问卷D部分那样进行解释。

______________________________

______________________________

### 第2节　附录、附件及支持文件

(一) 简要说明附录、附件及支持文件的非保密版本中被移除的保密信息的性质。

______________________________

______________________________

(二) 为什么贵公司要求对这些信息予以保密，像本问卷D部分那样进行解释。

______________________________

______________________________

我，____________________，____________________的____________________

（打印姓名）　　（打印职位）　　（打印公司名称）

签名：____________________

## F部分　调查问卷清单

该份清单必须填写并与调查问卷的答卷一起提交。针对以下每个问题请在“是”或“否”栏处划“X”。如果答复为“否”，请解释说明为何贵公司未遵守有关指示说明。

| 问题1： | 是 | 否 | |
|---|---|---|---|
| 是否已按照本调查问卷的信息披露指导来提供答卷的保密和非保密版本？ | | | 如果没有，请说明理由： |
| 问题2： | 是 | 否 | |
| 是否已完成本问卷F部分，说明了要求对信息予以保密的原因？ | | | 如果没有，请说明理由： |
| 问题3： | 是 | 否 | |
| 是否已对保密答复中的保密信息划[　　]括号或阴影？ | | | 如果没有，请说明理由： |
| 问题4： | 是 | 否 | |
| 在非保密版本中保密信息被移除的地方是否已划[　　]括号或阴影？ | | | 如果没有，请说明理由： |
| 问题5： | 是 | 否 | |
| 是否已提供要求数量的答卷纸质文件：3份保密版本和2份非保密版本？ | | | 如果没有，请说明理由： |
| 问题6： | 是 | 否 | |
| 是否已提供要求数量的电子版本：2份保密版本，2份非保密版本？ | | | 如果没有，请说明理由： |

| 问题7： | 是 | 否 |
|---|---|---|
| 贵公司提交的资料是否符合下列条件： | | |
| ● 均为单面，未钉住或装订（所有页面均用回形针或弹力夹固定在一起）； | | |
| ● 从第一页至最后一页都已连续编号，包括附录和附件； | | |
| ● 采用8½"×11"或A4型号的纸张。如果可能的话，请将超过型号的文件都缩放成这些纸张型号；及 | | |
| ● 是否已准备好复印件，例如公司的宣传手册和年度报告都应准备好以便随时复印。 | | |

### G部分 真实性、准确性和完整性证明

[注:请用贵公司的信笺纸复制该证明,并由贵公司负责答复本调查问卷的代表官员签名。]

我,____________________,____________________的____________________

(打印姓名) (打印职位) (打印公司名称)

证明我公司在加拿大边境服务署对原产于或出口自中华人民共和国的某些铝型材发起反倾销调查案件中对第20条出口商调查问卷的答卷材料中所回复的信息都是真实、准确、完整的。

签名:

日期:

签署人的电话号码:

签署人的传真号码:

签署人的E-mail地址:

签署人的地址:

## 二、综合调查问卷的填写

根据加拿大反倾销法规定,加拿大边境服务署负责倾销和倾销幅度的调查和确定,而加拿大国际贸易法庭进行产业损害的调查。虽然加拿大两个反倾销调查机构在调查职权上,因倾销和损害划分彼此有所分工,属于美国式的二元调查机构,但是在调查问卷的设计上,并没有像美国那样严格分开,而是采用一套统一的调查问卷,提供给中国的应诉企业,我们将其称作“综合调查问卷”或者“主调查问卷”。

结合我们的办案体会,应诉企业在填写综合调查问卷时,应该注意以下几个方面:

1. 问卷填写时间非常紧迫

虽然我们也曾经代理过其他国家的反倾销案件,但从填写调查问卷时间紧迫性来看,应诉加拿大反倾销调查案件的问卷填写,应该是排在第一位的。因此,应诉企业应该格外注意应诉时间的安排。

一般讲,在决定发起调查之日,边境服务署即向所有已知的出口商、进口商和中国政府发出要求提供信息的通知,同时发放调查问卷。出口商应于收到通知后30日内提供问卷回复,一般不允许延期。出口商和出口国政府收到信息的日期为边境服务署发出通知后7日。因此,从案件立案到提交填好的调查问卷

给加拿大调查机构，总共有37天的时间。在这37天时间内，中国的出口商和制造商不但要和当地政府、有关的行业协会、国外客户联系，以获得案件信息，了解动态，而且还要快速对自己的企业实际情况进行评估判断，在企业内部管理层和决策层之间达成共识，形成决策，以确定究竟是否应诉。如果最终决定应诉的话，是与其他企业联合应诉，还是选取自己的律师单独应诉。在此基础上，应诉企业还应该与具有反倾销案件应诉经验的专业人士、律师事务所进行联络，洽谈合作条件，签订律师聘用协议，等等。所有这些工作要完成，顺利的话往往都要7～10天，有的企业甚至要花两周时间，因此，最后留给律师实际工作，指导企业填写调查问卷的时间往往只有20天左右的时间，非常紧迫。

对于中国的出口商和生产企业来讲，在剩下的仅仅20多天的时间里，要完成的调查问卷主要有两个：一是我们前边讲过的Section 20问卷；二是涉及到生产成本、国内生产价格、出口价格等信息的综合调查问卷。此外，如果案件是反倾销和反补贴合并调查的，应诉企业还应该填写反补贴调查问卷。由此可见，在短短的20多天内，不但要完成所有文件、信息、数据的收集，而且还要完成问卷的填写，并备齐所有的文件作为附件，同时提供英文译本，这对于任何一个企业来说，都绝对不是一件容易的事。更何况大多数的出口企业并没有经受过反倾销应诉方面的专门训练。

2. 正确处理各个调查问卷之间的关系

在应诉加拿大反倾销调查案件过程中，需要填写的Section 20问卷解决的是市场经济导向的测试问题，只有通过该测试，综合调查问卷中填写的国内销售数据信息才有可能被采用，作为计算公平价值的基础。否则，加拿大调查当局将采用替代国家的替代价格计算公平价值，应诉企业尽管花费了大量的时间精力和财力填写综合调查问卷中有关国内销售的价格信息，最终会因为Section 20问卷的被拒而没任何实际用途。因此，应诉企业一定要注意协调这二者之间的关系，在时间和力量的分配上进行有效的平衡。

以下是以加拿大铝型材反倾销调查案件为例，附综合调查问卷的中文译本。

**Part A 一般信息**

本部分要求提供的信息将为加拿大边境服务署对贵公司组织结构、生产和/或销售的产品、国际市场与国内市场提供一个概括了解。这也将有助于在贵公司进行实地核查的计划、日程及核查的开展。

A1. 提供贵公司完整的通信地址、电话、传真号码和E-mail地址。此外，提供贵公司负责本《信息采集问卷》填写的管理人员的姓名、职务、电话号码、传真号码及电邮地址。

A2. 说明贵公司的商业性质。解释贵公司是生产商、贸易公司或销售机构、分销商等，提供一份贵公司的简要发展史。

A3. 说明贵公司回复本《信息采集问卷》是以第1类、第2类还是第3类的身份(具体类别详见“指导”第21条)。解释贵公司为何将自己归入该类别。

A4. 说明贵公司是个人独资公司、合伙、有限责任公司、或其他类型的公司？说明贵公司是私营公司、公众公司、还是政府部门等等。

A5. 提供一个展示贵公司结构中所有关联公司的图表，以使我们理解贵公司在更大的关联结构中所处的位置。

A6. 提供一个所有关联公司(企业联合)地址、电话号码、传真号码及联系人姓名的清单。明确标出贵公司与各关联公司之间的关系，及贵公司和/或关联公司的股权比例。对每一家公司，解释将产品运到加拿大的每一个关联公司营业的性质及承担的职责或职能。

A7. 描述贵公司内部结构、提供一份完整的内部结构图。对每一个部、室或根据贵公司的特殊情况进行的其他分组，描述该分组以及它所做的活动。

A8. 提供一个贵公司持股比例占前15位的股东名单，包括股东姓名、地址及他们各自所占的股份百分比。如果未被涵盖，列明贵公司拥有5%以上股份的股东姓名和地址。

A9. 如果贵公司是其他公司的附属公司，提供一个母公司持股比例占前15位的股东名单，包括股东姓名、地址。如果未被涵盖，列明母公司拥有5%以上股份的股东姓名和地址。

A10. 提供贵公司在前两个会计年度(2006年和2007年)占多数的股权结构变化的详细情况。包括这些股权结构变化在过去的两年内对贵公司成本、销售、定价和/或分销活动影响的详细情况。

A11. 在过去两年内，说明贵公司是否已接受破产管理，已在破产程序下经营，已收到债权人保护，或已以任何其他方式卷入贵公司国内立法所规定的破产程序。提供任何此类情况的详细信息，包括目前可能进行的任何情况。

A12. 在过去两年内，说明贵公司是否涉入任何重大的法律诉讼。提供任何此类情况的详细信息，包括预计或目前正在进行的任何程序。

A13. 提供贵公司所有生产被调查产品的每一个生产设施或生产工厂的地址。确定所有在调查期间生产运往加拿大的被调查产品的生产设施或生产工厂。说明关于贵公司国内销售和出口至加拿大的相关销售数据和成本数据的存储地点。

A14. (1) 提供一份关于贵公司所有产品线的清单(也就是说,所有产品包括与被调查产品有相同描述的产品)。

(2) 对贵公司生产的、与被调查产品有相同描述的所有产品,以一家生产工厂为基础完成如下表格(调查期间):

| 市场 | 总数量 | 总价值 |
|---|---|---|
| 国内销售 | | |
| 出口至加拿大 | | |
| 出口至其他国家 | | |
| 总计 | | |

(3) 有着相同描述的国内销售的产品,是否包括贵公司出口至其他国家的产品?如果是,提供具体数量和价值。

A15. 针对运往加拿大的被调查产品和在国内销售的被调查产品,提供它们所适用的销售条件的具体信息,并详细解释贵公司是如何定义每个销售条件的:

(1) 交货条件(例如:离岸交货 FOB、出厂交货、到岸交货 C. I. F. 等等)

(2) 支付条件(例如:2% 10net 30days,180days after bill of lading, etc.)

(3) 支付方式(例如:现金或根据订单月结、信用证、银行转账等)

A16. 针对运往加拿大的被调查产品和在贵国国内市场销售的被调查产品,贵公司是否实行可接受的折扣?如果是,解释折扣的方法,贵公司承担的代价,以及同折扣的支付手段相关的时间。

A17. 提供一份最新宣传册、公司出版物,或其他该类一般文字材料的复印件,这些材料是关于:贵公司,贵公司关联公司,生产的或在贵国内市场或出口市场上销售的所有产品。

**Part A 的提示:**

**1. 贵公司提供的任何回复材料都必须是原语言版本,并须随附一份英文或法语译本。**

**2. 如果贵公司不是被调查产品的生产商,那么保证生产商会向加拿大边境服务署(CBSA)提供必要的信息将是贵公司的责任,同时也是为了贵公司的利益,参见“指导”中的 21 条:“应诉人的类型”。**

**3. 如果贵公司指定任何信息为保密信息，那么必须与《信息采集问卷》一起附上一份该信息的非保密版本。详情参见G部分。**

## Part B 出口信息

《信息采集问卷》的本部分是采集贵公司出口到加拿大的信息。该信息用于确定在调查期间贵公司运往加拿大的被调查产品的出口活动和出口价格。如果贵公司确实不知道产品运往加拿大的准确时间，贵公司可直接与加拿大进口商联系以确认出口销售时间，或提供在可能进口之前已安排好的、关于装运的出口销售信息。

本部分的相当内容要求是书面版本和电子版本。具体参见“指导”部分中的第 5 条“电子问卷格式”中有关任何提交电子信息的指南。

B1. 对于贵公司在调查期内将被调查产品运送给加拿大的每一个客户，提供：

(1) 进口商名称；

(2) 客户代码；

(3) 地址；

(4) 电话号码；

(5) 传真号码；

(6) 联系人的姓名；

(7) 贸易水平；

(8) 运至该进口商的每种被调查产品类型的总数量；

(9) 运至该进口商产品的交易总价值；

(10) 出口产品的所有清单价格(基础定价加上适用的额外价格)。

B2. 对回答问题 B1 时确定的每一个进口商，确认以下几种情况：

(1) 在产品被运到加拿大之前及之后由加拿大进口商进行的销售活动；

(2) 由贵公司或其关联公司为向加拿大进口商销售产品进行的销售活动；

(3) 由贵公司或其关联公司为了进口商的利益而进行的销售活动；

(4) 贵公司与加拿大客户之间的关系。如果贵公司与之是关联公司，请详细阐述；

(5) 贵公司与加拿大进口商在被调查产品方面达成的任何约定、财务或其他事项的详细信息。

B3. 详细解释贵公司向加拿大出口产品的分配渠道。提供一份流程图，显示产品从生产厂到位于加拿大的进口商交货的实物移动过程。详细解释任何代理协议或分销协议，并提供复印件。在销售过程中的每一步，描述各方应履行的职责或进行的活动。

B4. 指出在B3描述的产品移动的每一个阶段产品由谁所有。

B5. 详细解释贵公司出口产品到加拿大时的订单处理过程,从接到订单开始,直到交货及付款。描述贵公司在订单处理的每个阶段所使用的全部商业文件。说明销售条款和条件,包括付款条件和装运条件。

B6. 确认在调查期间(2007年7月1日到2008年6月30日)向加拿大进口商销售被调查产品时收取佣金的任何当事人。解释贵公司同佣金收取人之间的关系,描述:

(1) 需要支付佣金才进行的活动;

(2) 佣金的性质;

(3) 佣金的数量;

(4) 计算佣金的依据;

(5) 支付方式;

(6) 支付的货币种类;

(7) 支付时间安排;

(8) 其他相关细节。

B7. 加拿大边境服务署(CBSA)认为,销售日期是指双方当事人确定主要销售条件的日期。它通常是订单确认之日,但也可能是合同日期、采购订单日期、发票日期或其他实质性的销售条款确定的日期。如果你后来改变了任何销售条件,那么销售日期通常就是修改日期。

(1) 在贵公司向加拿大出口产品的过程中,在哪一阶段(例如:合同日期、采购订单日期)会确定主要的销售条件?换句话说,贵公司认为什么是"销售日期"?请具体说明;

(2) 如果贵公司在不同的交易中使用不同的方法来认定销售日期,(例如现场销售、短期合同和长期合同),那么对于每种类型的交易,贵公司认为哪个日期为出口到加拿大的销售日期,并解释为什么使用不同的认定方法;

(3) 对于到加拿大的出口销售,在什么情况下销售条件可以改变?

B8. 附件1规定了贵公司答复《信息采集问卷》时须使用的格式。这些信息还必须用电子版本提供。

参见《信息采集问卷》"指导"第5条关于使用电子版本形式提交信息的说明。

提供调查期间贵公司出口至加拿大的被调查产品的全部发货清单。对于每批发货，提供每个产品在发货时（以附件 1 所列的四个特征为基础）的电子程序独立路线。对于每个路线，提供附件 1 中每一栏所要求的信息。

**重要提示：**所有工作表中（附件 1 至附件 5）规定的产品描述（包括产品编号）在描述同一型号时必须一致，并必须包括生产月份，因为分析这些数据时将采用电子对比和操作。例如：如果国内销售的产品是在附件 2 中列明（选择相同的产品），那么该产品在附件 3（内销清单）、附件 4（产品总成本清单）、附件 5（收益分析）中也必须以完全相同的方式描述，并也应包括生产月份。该要求也适用于附件 1（出口至加拿大的产品）。请注意《信息采集问卷》的问题 C13 要求对所使用的产品/产品类型代码进行解释。

B9. 在附件 1 中有“其他折扣”一栏。对于贵公司提供的每种“其他折扣”类型，须在答复问题 B8 时附加一栏，并在附加栏名下指出折扣类型。逐一插入数行，记录每次发货到加拿大时对各个产品给予的折扣数量。

解释你提供的折扣类型，包括与折扣有关的术语及加拿大进口商为获得折扣而必须满足的交易条件。

B10. 在附件 1 中有“回扣和补贴”一栏。对于贵公司提供的每种回扣和/或补贴类型，须在答复问题 B8 时附加一栏，并在附加栏名下指出回扣或补贴的类型。逐一插入数行，记录每次发货到加拿大时对各个产品给予的回扣数量。

解释你提供的回扣或补贴类型，包括与回扣或补贴有关的术语及加拿大进口商为获得回扣或补贴而必须满足的交易条件。

如果贵公司与进口商在回扣和/或补贴的支付上达成了任何协议，提供该协议的复印件。如果回扣和/或补贴已有约定但尚未支付，提供贵公司给予回扣和/或补贴的总量，并解释贵公司是如何决定回答问题 B8 时所称的回扣和/或补贴数量的。

B11. 提供运往加拿大产品的目录书、宣传册、价目表、折扣表等的复印件。解释贵公司在上交至加拿大边境服务署的文件中使用的任何产品代码或其他代码，以便其能充分理解。

B12. 如果答复问题 B8 时所列的产品符合国家的、协会的、国际的或其他标准或规格，提供相关标准及规格的复印件。

B13. 对于回答问题 B8 时列出的每个线路，如果由贵公司或为了贵公司的利益而发生了任何关于产品的成本、收费或费用，但还没有在附件 1 中以独立的一栏加以确定，每确认一项则相应增加一个单独栏目，并指明各出口产品中上述该项的数量。增加栏的名称应清楚确定成本、收费或费用的性质。这些成本、收费或费用包括：

(1) 准备将货物运往加拿大与在国内市场销售相比所发生的额外成本、收费或费用，包括额外的出口包装成本；

(2) 为支付或将来支付加拿大特殊或常规税收而发生的费用；

(3) 为出口产品而产生的或在产品运送至加拿大的过程中产生的所有其他成本、收费或费用。

对贵公司在附件1中增加的每一栏成本、收费或费用，提供一个叙述性的描述。该描述应足够详细以使加拿大边境服务署能适当理解。

B14. 如果出口销售价格中包含了任何适用的国内商品税、增值税(VAT)或任何其他国内税收，且征税额完全不因出口而退税(详见问卷C19部分)，征税总量应在“税收”栏(见附件1)中列明。说明这些税项的支付方式和计算方法。

B15. 在回复问题B8时列明的每批发货中，编辑并提交下列一套文件的复印件：

(1) 进口商的订单，贵公司对订单的确认或接受文件，或销售合同；

(2) 销售商业发票及关于销售的借贷记录；

(3) 加拿大海关发票(如果适用的话)；

(4) 装船提单；

(5) 运费发票，运费包括贵公司承担或以贵公司名义承担的、产品从工厂到加拿大最后目的地之间货物移动所发生的所有费用；

(6) 信用证(如果适用的话)；

(7) 付款凭证(银行的书面告知)。

B16. 确认在调查期间(2007年7月1日到2008年6月30日)向加拿大进口商销售被调查产品时收取佣金的任何当事人。解释贵公司同佣金收取人之间的关系，描述：

(1) 需要支付佣金才进行的活动；

(2) 佣金的性质；

(3) 佣金的数量；

(4) 计算佣金的依据；

(5) 支付方式；

(6) 支付的货币种类；

(7) 支付时间安排；

(8) 其他相关细节。

B17. 根据贵公司答复问题B8时提供的出口货运清单，提供贵公司为降低汇率变动对加拿大出口销售收入的影响，而作出的买进或卖出外国货币（套期保值）决定的详细情况，例如：远期合同、期货合同或期权。

B18. 根据贵公司答复问题B8时提供的出口货运清单，说明贵公司是否曾因货币汇率波动或其他原因而对运往加拿大的产品销售价格进行调整？并请解释说明。

B19. 指出贵公司是否向从进口商购买产品的人或其后的转卖人直接或间接提供任何产品、服务、回扣、担保或保证？如果有，请详细说明关于这些利益的性质和价值额。

B20. 提供进口商出具的清单，列明在调查期内贵公司应收账款收回的平均天数。

B21. 如果贵公司不是运往加拿大产品的生产商：

(1) 提供生产商和或贵公司供货商的姓名、地址、电话号码、传真号码及联系人；

(2) 指明供货商是否知道或有理由相信贵公司购买的产品最终以加拿大市场为目的地；

(3) 指明是否有谅解性给予准许出口到加拿大或负责出口到加拿大；

(4) 指明是否在加拿大市场或其他出口市场存在谅解性限制，不鼓动或禁止销售；

(5) 指明供货商是否有权查阅贵公司的出口销售档案；

(6) 指明供货商是否在加拿大提供售后服务，参加在加拿大举行的销售造访或活动，或对贵公司出口客户提供销售激励。

B22. 提供一份你准备回答本部分问卷过程中所使用的原始文件的清单，并列出这些文件存放的营业地点。

**Part B 的提示：**

1. **贵公司提供的任何回复材料都必须是原语言版本，并须随附一份英文或法语译本。**
2. **如果贵公司不是被调查产品的生产商，那么保证生产商会向加拿大边境服务署(CBSA)提供必要的信息将是贵公司的责任，同时也是为了贵公司的利益，参见“指导”中的21条：“应诉人的类型”。**
3. **如果贵公司指定任何信息为保密信息，那么必须与《信息采集问卷》一起附上一份该信息的非保密版本。详情参见G部分。**

## Part C 国内销售信息

以下采集的信息用于决定被调查产品的正常价值。一般来说，如果同类产品在国内有足够数量的盈利销售，并销售给一个以上的非关联客户，正常价值将根据贵公司同类产品的国内销售价格来确定。可能会考虑某些因素并对其进行调整，包括加拿大进口商的贸易水平与贵国国内客户贸易水平的对比，销售给加拿大进口商的产品数量与销售给国内客户的同类产品数量的对比，产品性质差异，税收差异和其他在销售条款及条件上的差异。

但是，如果销售数量不足或同类产品没有在国内销售，或同类产品的国内销售只有一个客户，或同类产品的国内销售没有盈利，那么正常价值将基于贵公司的产品总成本加上利润数额来计算。对于成本的提问见问卷D部分。我们将审查的同类产品的国内销售是那些在2007年7月1日至2008年6月30日的盈利分析期(PAP)内进行的销售。

同类产品就是在各方面都与出口到加拿大产品完全相同的产品；在没有完全相同产品的情况下，同类产品就是同出口到加拿大产品最为相似的产品(类似产品)。以下问题需要区分相同产品或类似产品。具体而言，为实现调查的目的，必须审查每种类型的铝型材的特征，以确定国内销售的同类产品是否与出口至加拿大的被调查产品一致。此外，要被认定为同类产品，则产品的生产设施/生产工厂也必须与与出口至加拿大的被调查产品一致。对于铝型材来说，相同产品应完全具有"指导"所列的10个特征。而类似产品只需具有"指导"所列的某些特征。

C1. (1) 详细解释贵公司向国内客户销售产品的分配渠道。提供一份流程图，显示产品的实物移动过程。详细解释任何代理协议或分销协议，并提供复印件。在销售过程中的每一步，描述各方应履行的职责或进行的活动。

(2) 国内销售的同类产品的销售价格是否根据分配渠道的不同而变化？如果是，解释价格怎样变化？为什么变化？

C2. 详细解释贵公司接订单及完成订单过程中的每个步骤，以及贵公司为国内销售使用的商业文件，从接到订单开始直到交货及付款。提供样本文件(比如订单、商业发票、装运清单、借贷记录等)，并阐述完整的文件适用过程。如果你通过长期合同或短期合同销售，应包括样本文件的复印本。解释行业特有文件或具有技术特性文件中的条款。

C3. (1) 提供关于同类产品的产品目录和/或宣传册。

(2) 提供贵公司当前使用的价目表，以及同类产品的在2007年7月1日至2008年6月30日的盈利分析期(PAP)内有效的所有价目表。包括每一价目表中使用的任何折扣或回扣，还应提供上述相同期间内销售人员使用的任何内部价格指引。

(3) 如果贵公司不使用价目表，说明贵公司是如何决定销售价格的；提供列有在2007年7月1日至2008年6月30日的盈利分析期(PAP)各产品的每一次价格变化的详细一览表，说明价格变化的有效期限。

(4) 国内市场至2008年7月30日止是否发生过价格变化？如有，提供属于被调查产品范围内的每款产品线的价格变化幅度，并说明价格变化的原因。

(5) 在接下来的几个月，贵公司是否已计划要提高或降低价格？如有，提供属于被调查产品范围内的每款产品线的价格变化的预定幅度，并说明价格发生预定变化的原因。

C4. 加拿大边境服务署(CBSA)认为，销售日期是指双方当事人确定主要销售条件的日期。它通常是订单确认之日，但也可能是合同日期、采购订单日期、发票日期或其他实质性的销售条款确定的日期。如果你后来改变了任何销售条件，那么销售日期通常就是修改日期。

(1) 在贵公司国内销售产品的过程中，在哪一阶段(例如：合同日期、采购订单日期)会确定主要的销售条件？换句话说，贵公司认为什么是"销售日期"？请具体说明；

(2) 如果贵公司在不同的交易中使用不同的方法来认定销售日期，(例如现场销售、短期合同和长期合同)，那么对于每种类型的交易，贵公司认为哪个日期为销售日期，并解释为什么使用不同的认定方法；

(3) 对于国内销售，在什么情况下销售条件可以改变？

C5. 对在2007年7月1日至2008年6月30日的盈利分析期(PAP)内贵公司对其出售同类产品的每个国内客户，提供：

(1) 客户全称；

(2) 详细地址；

(3) 客户代码；

(4) 贵公司与该客户的关系(有无关联)；

(5) 如果知道的话，说明该客户是否与其他国内客户有关联？

(6) 贸易水平；

(7) 在上一财务年度及本财务年度(具体至年月日),购买的所有产品(包括被调查产品和非调查产品)的总数量和总金额;

(8) 说明贵公司国内客户是否被认为与加拿大客户处于同一贸易水平。

以下四个问题要求在答复的同时必须提交 Excel 电子表格。参见“指导”第5条。

C6. 以下提供的信息用于确认贵国国内市场销售的同类产品,并将之与出口至加拿大的产品进行对比。同类产品是指在贵国国内销售的、与出口至加拿大的产品相同或类似的产品。尽管同类产品一般是指与出口到加拿大产品完全相同的产品,在没有完全相同产品的情况下,同类产品就是同出口到加拿大的产品最为相似或近似的产品。如前所述,对于铝型材来说,相同产品应完全具有附件 2(同类产品的选取)列明的所有特征。而类似产品只需具有某些特征。

利用附件 1 中所列的数据,以附件 2 所列的类型为基础,列出出口至加拿大的产品清单。对每种产品类型,提供所要求的关于产品特征的信息,产品特征已在附件 2 中列明(从 2(a)栏至 2(j)栏),同时注明生产工厂(及生产设施)。

对于出口到加拿大的每种产品类型,插入国内销售的产品中最为相似的产品类型(列明名称和/或编号——如果有使用编号),并提供所要求的关于产品特征的信息,产品特征已在附件 2 中列明(从 2(a)栏至 2(j)栏),同时注明生产工厂(及生产设施)。同时还须注明产品是相同(I)还是相似(S)。

如果国内销售中没有与出口至加拿大的产品同类(相同或类似)的产品,那么在“同类国内产品栏”中填入“N/A”。

在出口类型中一一列明对应的国内产品类型后,列出所有铝型材的其他类型,称为“有相同描述的产品”,该其他类型产品仅在国内市场销售而未出口至加拿大。

重要提示:所有工作表中(附件 1 至附件 5)规定的产品描述(包括产品编号)在描述同一型号时必须一致,并必须包括生产月份,因为分析这些数据时将采用电子对比和操作。例如:如果国内销售的产品是在附件 2 中列明(选择相同的产品),那么该产品在附件 3(内销清单)、附件 4(产品总成本清单)、附件 5(收益分析)中也必须以完全相同的方式描述,并也应包括生产月份。该要求也适用于附件 1(出口至加拿大的产品)。请注意《信息采集问卷》的问题 C13 要求对所使用的产品/产品类型代码进行解释。

C7. 与被调查产品有相同描述的所有国内销售产品清单：

请以附件3的形式提供有相同描述的所有国内销售产品的清单。换句话说，提供于2007年7月1日至2008年6月30日期间在国内市场销售的所有铝型材产品的清单，不论该类型是否已在问题C6中作为同类产品的铝型材类型列明。参见《信息采集问卷》“指导”部分的“调查复审产品的定义”。清单中所包含的国内销售应为在贵公司国内市场的最终消耗。请以“附件3A—所有国内铝型材销售”命名该清单。

该数据库中的销售应根据信贷记录进行调整，即：销售价格应为净贷记录。所有剩余的信贷都应从该数据库中剔除。

按下列顺序将清单予以归类：

(1) 生产出产品的生产设施或工厂；

(2) 依据附件2所列的特点确定的产品类型；

(3) 销售日期。

C8. “同类产品”的国内销售清单：

在选取同类销售产品以确定正常价值时，加拿大反倾销法规中的某些特定立法要求必须予以考虑。根据这些立法要求，贵公司须提供另一个销售清单“剔除后的同类产品的国内销售”。该清单中所包含的国内销售应为在贵公司国内市场的最终消耗。另一个销售清单应以“附件3B——剔除后的同类产品的国内销售”命名。

具体来说，在着手准备问题C7中的有相同描述的所有国内销售产品数据库的同时，请确认并列出同类产品销售的如下清单：

(1) 销售给不止一家的非关联①国内客户；

(2) 与加拿大进口商有相同贸易水平②的国内客户销售；

(3) 与销售给加拿大进口商的数量相同或几近相同③的销售。

如果贵公司的同类产品销售都没有能满足上述三个条件的，那么贵公司应考虑提供这样的同类产品销售，该销售的国内客户与加拿大进口商的贸易

---

① 参见F部分(术语)对“关联个人”或“关联关系”的定义。注意：如果两个或以上的购买方相互有关联，他们应视为“一个购买方”。

② 参见F部分(术语)对“贸易水平”的定义。

③ 如果国内销售的数量与销售给加拿大进口商的数量并不“相同或几近相同”，则贵公司应使用最相近的销售数量。

水平最相近或紧随其后[①]。

只有当贵公司的同类产品销售不能满足上述三个条件时，才能提供在紧随其后的贸易水平下的同类产品销售清单。

但是，为了纳入考虑范围，在紧随其后的贸易水平下的同类产品销售，必须是销售给不止一个的国内非关联客户，在销售数量上也必须与销售给加拿大进口商的数量相同或几近相同。

在准备上述同类产品的国内销售清单时，请参见附件3，并按下列顺序将清单予以归类：

(1) 生产出产品的生产设施或工厂；

(2) 依据附件2所列的特点确定的产品类型；

(3) 销售日期。

C9. 提供一份工作表，将全部附加的销售价格(共21栏)(C7和C8均有提到的附件3国内销售清单)合并到贵公司的财务报表中。该合并应从C8清单开始，至C7清单，再至贵公司的财务核算系统(总分类账目或试算平衡表)，直至贵公司的财务报表。如果无法与经审计的财务报表合并，则与临时财务报表合并。对完成该会计报表合并所遵循的程序进行叙述性的解释。

C10. 解释贵公司对同类产品的国内销售所提供的折扣、回扣或补贴类型，包括所使用的术语及为获得这些折扣、回扣或补贴而必须满足的交易条件。对于贵公司提供的每种折扣、回扣和补贴类型，须在答复问题C7和C8时附加一栏(同时注明该栏适当的标题)，以记录对每次销售给予的折扣、回扣或补贴数量。此外，详细说明贵公司将各项折扣、回扣或补贴分配到同类产品之中时所使用的方法。

C11. 根据贵公司答复问题C7和C8时所列的同类产品国内销售清单，指出贵公司给予各国内客户的折扣、回扣或补贴是多少百分比例？比例的计算应以数量为依据，即：对同类产品给予的折扣数量。

C12. 关于回复问题B8时列明的销售，对每20个销售清单提交一个完整的文件包，最高以20个清单为限。文件包中应包括如下内容：销售合同；采购订单；装运提单；商业发票；借贷记录及付款凭证。

C13. 解释贵公司在使价目表、发票、宣传册等与国内销售清单相关的过程中使用的任何产品代码或其他代码。

---

① 参见F部分(术语)对“紧随其后的贸易水平”的定义。

C14. 关于附件3列明的同类产品国内销售总价格中所包括的每笔成本、费用和支出(例如:运费、仓储费用等等),详细说明贵公司将各项成本、费用和支出分配到同类产品之中时所使用的方法。

C15. 对于贵公司答复问题C7时列明的每一个客户,提供一份清单以说明在2007年7月1日至2008年6月30日的盈利分析期(PAP)内贵公司应收账款收回的平均天数。

C16. 对C7列出的每一个贸易水平,提供如下信息:

(1) 详细描述贵公司在国内销售方面所开展的各种直接销售活动(例如:销售代表、旅游、娱乐、广告);

(2) 对于(1)中提到的每项活动,说明举行此类活动所花的成本;

(3) 对于(1)中提到的每项活动,说明贵公司在对加拿大出口商的销售过程中,是否也举行同样的活动;

(4) 回复问题C8时列明的同类产品如果有销售给与加拿大进口商的贸易水平最相近或紧随其后的国内客户,将会允许调整贸易水平。如果贵公司认为自己应被允许,请解释原因(参见F部分——术语对"紧随其后的贸易水平"的定义)。

C17. 如果适用,说明针对C7所列的有相同描述的全部产品支付的或应付的销售或生产许可费用或专利费用的金额。细分说明应支付给每个企业的相关费用的金额。如适用,解释针对出口至加拿大的产品,为何无须支付该费用,或无须支付相同金额的费用。

C18. 如果国内销售价格中包含了任何适用的国内商品税、增值税(VAT)或任何其他国内税收,征税总量应在"税收"栏(见附件3)中列明。说明这些税项的支付方式和计算方法。

C19. 如果针对出口到加拿大的销售部分或全部免除国内税项的征收,这些国内税项适用于家庭消费品的销售,或适用于原材料及组成产品的物理部件,或以前征收的国内税在产品出口时予以退税,那么提供:

(1) 一份对允许免除或退税的法律规定的说明,以及一份相关法律的复印件,并附英文或法文译本(如果要求);

(2) 因产品出口而退回的税收金额,以及一份如何计算该金额或将该金额分配至出口产品中的说明;

(3) 一份对国内销售的产品,或对原材料、组成国内销售产品的物理部件征收税项并已付的记录,而这些税项并未对出口到加拿大或其他国家的产品征收；

(4) 以单位为基础计算这些税项的金额。每单位对税项的分摊应能反映出税项计算的依据。

C20. 指出贵公司是否有向购买国内同类产品的人或其后的转卖人直接或间接提供任何产品、服务、回扣、担保或保证？如果有，请详细说明关于这些利益的性质和价值额。解释说明相关的术语，以及采购方为获得产品、服务、回扣、担保或保证而必需满足的条款和条件。

C21. 对附件 C7 列出的国内销售，解释哪些销售价格不是根据供求关系来建立的。描述由政府或法规强加的、可能影响到你向国内客户要价的价格控制、工资控制或限制。

C22. 如果贵公司不是国内销售产品的生产商：

(1) 提供生产商和或贵公司供货商的姓名、地址、电话号码、传真号码及联系人；

(2) 指明是否在国内市场存在谅解性限制，不鼓动或禁止销售；

(3) 指明供货商是否有权查阅贵公司的国内销售档案；

(4) 指明供货商是否为贵公司的客户提供售后服务，是否参加销售造访或销售活动，或对贵公司的客户是否提供销售激励。

C23. 提供一份你准备回答本部分问卷过程中所使用的原始文件的清单，并列出这些文件存放的营业地点。

**Part C 的提示：**

**1. 贵公司提供的任何回复材料都必须是原语言版本，并须随附一份英文或法语译本。**

**2. 如果贵公司不是被调查产品的生产商，那么保证生产商会向加拿大边境服务署(CBSA)提供必要的信息将是贵公司的责任，同时也是为了贵公司的利益，参见“指导”中的 21 条：“应诉人的类型”。**

**3. 如果贵公司指定任何信息为保密信息，那么必须与《信息采集问卷》一起附上一份该信息的非保密版本。详情参见 G 部分。**

## D 部分 财务数据和成本信息

加拿大边境服务署将根据本问卷收集的信息判定你公司的国内销售是否可能赢利。对于正常价值不能基于国内销售价格确定的产品，这部分提供的信息将方便根据产品的总成本来确定正常价值。

对于这部分，应提供适当的脚注以解释：①任何不符合通用会计准则的计算方法；②有关公司资源分配的详细信息，以便我们进行从单一产品成本到公司的财务会计记录（如补充的和总分类会计账目），再到公司经过审计的财务报告层面的审核。

如果你公司不是产品生产商，则需要特别留意D20条款。你公司提供的相关信息将用来判定你公司的采购成本是否能够涵盖生产商投入到生产、销售、管理以及其他环节的所有成本。

**材料原件、会计记录和会计报告**

D1. 根据本部分所需文件，请提供所有材料原件的清单以及这些文件的存储地点。

D2. 提供贵公司基本会计科目图表的清单。如果该会计图表不是用英文或法文拟定，提供原始版本和一份英文或法文译本。会计图表必须随附解释性附注，以使阅读者能识别会计分类的一级科目和子科目，例如：一级科目是关于资产；子科目是关于流动资产。

D3. 提供一份贵公司完整的会计和财务科目清单（英文或法文译本），这些科目用于记录贵公司的会计、成本会计（若适用）和财务活动，而这些最终会用于准备贵公司的财务报表。清单中应包括以下内容：

* 会计科目名称；
* 对每类会计科目的简要说明；
* 如有电子报表，请提供查询号码；
* 提供该信息的部门名称。

D4. 提供一份定期提交给高层管理人员的全部报告的清单，如：坏账准备列表，财务差异分析报告，第四季度总结，五年运营计划等等。该清单应包括：

* 报告的标题和日期；
* 每一份报告内容的简介；
* 报告的原因；
* 如果有电子版本，请提供查询号码；
* 制作报告的部门名称；
* 报告提交对象的身份和职位。

**财务数据**

D5. 指出贵公司财务年度的起止日期。

D6. 提供公司上一个财务年度报告。如果公司不公布年度财务报告，则提供公司提交给高级管理人员、董事会或股东的年度营运成效报告的副本。

D7. 提供贵公司提交给贵国政府上市公司管理机构的上一年的年度报告,和所有的截止到现在的报告。例如:在美国,这些报告将提交给美国证券交易委员会。如果你公司不须提交这些报告,则需提供贵公司上一税务年度的所得税退税及调节报告的复印件。

D8. 提供以下信息:

| | |
|---|---|
| 1. 公司;和<br><br>2. 负责生产销往加拿大或者国内的产品的每个部门或子公司*。 | a)上一个财务年度的经审计的财务报告**;<br><br>b)上一个财务年度的月度财务报告;<br><br>c)本年度已发生业务的财务报告;<br><br>d)本年度已发生业务的月度财务报告。 |

* 如果公司没有分支机构的财务报告,则提供有关该分支机构的任何报告,如管理报告,业绩报告,生产成本报告,运营报告或中期报告。

* * 包括为财务年度终结时准备的所有财务报告、报告的附注、审计意见以及补充报告。

如果没有经审计的财务报告,则提供经高级管理人员认可的、未经审计的财务报告的复印件,包括所有最终报告以及附带说明。解释公司的财务报告未经审计的原因。

D9. 提供上一财务年度合并所有公司财务数据和年度报告的汇总财务报告。

D10. 提供上一财务年度合并所有的子公司、部门财务数据到公司财务报告的汇总报告。

D11. 提供生产出口加拿大及在国内销售的产品的子公司或部门的下列信息:

| | |
|---|---|
| 1. 所有工厂、车间,包括属于关联企业的工厂、车间;和<br><br>2. 所有生产线。 | a)上一财务年度的收入、利润和亏损报告;<br><br>b)上一财务年度的月度收入、利润和亏损报告;<br><br>c)本年度已发生业务的收入、利润和亏损报告;<br><br>d)本年度已发生业务的月度收入、利润和亏损报告。 |

## 会计操作

D12. 在准备D8所列明的财务报表时，贵公司遵循什么会计标准（比如贵国普遍接受的会计标准）来制作这些报表？这些会计标准是否与国际会计标准委员会（IASB）制定的标准如国际财务报告准则（IFRS）相符？如有任何不符，列明贵公司遵循的会计标准与国际财务报告准则（IFRS）的所有不同之处。

D13. 就下列(a)至(j)所提问题，解释你公司有关对出口加拿大和国内销售的产品的会计操作。

解释应包括所有的出于以下目的所致的会计操作的变化：①成本计算目的；②财务计算目的；和③所得税目的。

如果会计操作出现变化，解释其对销售产品的成本、资产负债表和其他总分类会计账目的影响。

(a) 原材料、在制品和成品的存货估价；

(b) 原材料、成品的销账、划减方法；

(c) 生产过程中产生的副产品和废料的和价值和处理；

(d) 固定资产评估（分类进行，如厂房、资产设备等等）、重估、折旧方法和闲置资产处理；

(e) 工厂试产、工厂关闭、停产或重建成本；

(f) 存货和固定资产价值评估产生的利息损失；

(g) 年终资产负债表的转换；

(h) 一般和管理费用的资本化；

(i) 需要年终增加和调整的收入和费用账目；

(j) 因外币交易而导致的汇兑损失的处理。

## 产品线信息

D14. 就每个生产工厂和车间，提供包括被调查产品在内的产品线的下列信息：

| 在此列出包括被调查产品在内的产品线 | | |
|---|---|---|
| 工厂（列明） | 上一财务年度 | 本财务年度 |
| 生产能力（公斤或吨） | | |
| (a)开始时的存货（公斤或吨） | | |
| (b)生产数量（公斤或吨） | | |
| (c)从其他生产商或供应商处的采购量（公斤或吨） | | |

（续表）

| 在此列出包括被调查产品在内的产品线 | | |
| --- | --- | --- |
| 工厂（列明） | 上一财务年度 | 本财务年度 |
| (d)销售数量（公斤或吨） | | |
| (e)供继续加工的内部转移的产品的数量和价值（公斤或吨） | | |
| | | |
| (f)向关联方或关联个人转让或销售的产品数量和价值 | | |
| | | |

## 生产信息

D15. 对于每一生产国内销售产品和/或出口加拿大产品的工厂、设施，就每一生产阶段提供：

(a) 生产流程图；

(b) 对每一生产过程进行的描述；

(c) 每一生产过程的生产设备类型，及其标准使用寿命；

(d) 每阶段的投入材料清单；

(e) 生产时间，以行业标准表达；

(f) 副产品清单；

(g) 废料和/或边角料具体情况；

(h) 管理费用分摊方法的解释。

D16. 详细解释你公司如何计算国内销售产品和出口加拿大产品的成本。就每一生产设施或工厂作出解释。举例描述贵公司的产品成本系统是如何计算出产品的所有生产成本的。

D17. 如果使用标准或预算成本，请确认：

(a) 差异类型；

(b) 它们在成本会计系统中如何记录；

(c) 它们如何被分摊给产品；

(d) 何时差异将被记录，比如按月、按季等等；

(e) 标准成本的修订频率；和

(f) 上一标准成本最后使用的日期。

D18. 列出并描述任何因成本核算目的而非财务核算目的而对于生产成本所作的不同估算，及对这些差异的调整。

D19. 产品的试产时间是指设立一个新的生产设施，或开始生产一种新的、或与此前产品有实质性区别并需要新的或不同的技术或设备的产品的时间。产品试产时间将影响产品的成本和档次。

(a) 如果国内销售的产品或出口加拿大的产品在2007年7月1日至2008年6月30日的盈利分析期(PAP)内有试产期间，请具体描述该期间的细节。注明该期间的起始日期。

(b) 解释产品试产对产品成本的影响。

D20. 说明在2007年7月1日至2008年6月30日期间(PAP)是否有生产设施停业、关闭或重新调整，以及贵公司在该期间内是否因此而支出任何费用。

**采购成本**

D21. 如果你公司并不是被调查产品的制造商，按照具体产品类型提供下述信息后，直接跃至“管理、销售及所有其他成本”一节：

(a) 为购买产品而支付给供应商的采购价格；

(b) 在贵公司与供应商之间发生的运输成本、费用或开支；

(c) 在贵公司与供应商之间的返利；

(d) 在贵公司与供应商之间的回扣；

(e) 采购过程中发生的任何其他成本、费用或开支；和

(f) 单位产品的全部加工费用，比如，裁切产品以符合特定的长度要求。

**生产成本**

对于D22所要求的成本信息，提供每一生产设施或工厂的成本数据，按照附件2列明的出口至加拿大的全部铝型材类型，及按照附件2列明的销售给国内客户的全部类型而不论该产品是否为“同类产品”(即有相同描述的产品)。如果出口加拿大的产品成本与国内同类产品的成本不同，针对同类产品和被调查产品提供各自的生产成本报表。

国内销售的同类产品的生产成本将成为利润分析的依据。如果有必要，出口至加拿大的被调查产品的生产成本将成为确定以成本为基础的正常价值的依据。

优先采用实际成本。这些成本应按月计算，或者也可以订单为依据。因为应根据每月或每份订单的各种类型产品的生产成本来认识浮动成本。如果采用标准成本或预算成本，提供已在D17提到的成本核算系统中记录的变化。例如，如果变化是按月记录的，则提供适当的每月的变化。说明标准成本修订的频率，及最近一次的修订日期。说明在每一个会计期间，如何将生产所造成的有利

变化或不利变化分配到产品中。

分摊成本、费用或开支时，解释它们是如何分摊到被调查产品中的，并在回复中提供相应的工作单据。如果这些费用还会分摊到除被调查产品的其他产品中，解释分摊方法以及为何采用该种分摊方法。

提供自2007年7月1日至2008年6月30日的利润分析期间内的成本。如果在此期内产品成本发生变化，请提供：所有这些不同的成本；每一成本的核算使用期间；并对变化作出解释。

在回答问题D22时，如果存在试产期间（参考D19），请勿提供试产期间的成本。提供试产期间结束后的成本数据。如果试产期间延伸至2008年6月30日以后，请提供2008年6月30日使用的成本数据。

在介绍贵公司的全部生产成本时，加拿大边境服务署了解个别公司可能不是以D22所列的成本构成方式来计算其成本。只要能够完整介绍和呈现出生产成本，贵公司可以根据自己的成本计算报告的做法来介绍成本。

D22. 以下成本构成的提供应以单位重量（如公斤或吨）为基础，按照调查期间出口至加拿大的每种类型，及按照2007年7月1日至2008年6月30日的利润分析期间销售给国内客户的每种类型。此外，注意只要能提供全部的生产成本，并且这种提供方式更能协调生产成本与会计报告，成本构成可以有所不同。

(a) 直接原材料

列出原材料或主要成分。列出生产每一类型产品所耗费的直接原材料的用量和全部成本。

注意：列出从其他部门、工厂或关联公司处取得的原材料和成分。这些原材料的价值应为部门、工厂或关联公司生产或采购时的实际成本，加上费用分摊、管理费用、财务费用的数量总和。此外，还应提供与生产原材料或成分相关的工程、设计费用，并应包含在成本之中。

(b) 副产品

如果适用，列出生产过程中产生的每种副产品。说明如何处理这些副产品，并基于每一完工的产品类型提供每一副产品的价值。

(c) 直接人工

说明每一产品类型的人工成本。人工成本包括加班工资，所有社会福利方面的收入或支出。解释你公司如何决定直接人工成本，提供单位产品人工成本的计算方式。

(d) 工厂管理成本

提供每一产品类型的工厂管理成本。工厂管理成本包括购买补给、工具、模具，间接人工投入，监督、维护、租金、折旧等。请解释你们是如何分摊这些费用并注明相关的总分类会计科目。

(e) 废料利用价值

如果适用，注明每单位总的废料利用价值。

(f) 其他生产成本

列出任何其他适用于产品生产的成本，比如：研发费用。请基于每一产品类型列出这些费用。请解释你们是如何分摊这些费用并注明相关的总分类会计科目。

**管理、销售及其他成本**

问题 D23 至 D28 是关于管理、销售费用、利息费用及所有其他的直接或间接地产生于你公司产品（包括国内销售的产品和出口至加拿大的产品）的生产、销售的成本。

正常情况下，对于出口加拿大的产品的上述费用分摊，你公司会或许会采用与国内销售产品分摊相同的方法。但是请注意，为实现调查目的，我们不接受按照销售价格的方法对上述费用进行分摊。基于年度数据所进行的分摊优于使用生产增长或下滑期间进行分摊，后者可能扭曲分摊的结果。

你公司必须详细解释将管理、销售及其所有它费用分摊至产品的每一个步骤，包括起始数量的分摊、分类会计科目、原始文件、分摊原理及分摊依据。

如果不存在同类产品在国内销售的情况，出口到加拿大的产品费用是指那些在生产或销售这些出口产品过程中直接或间接发生的费用之和。

D23. 请解释你公司正常的管理、销售及其他费用的会计核算和报告过程。

D24. 对于你公司的行政和销售成本，包括公司的管理费用：

(a) 列出每项行政、销售和管理费用并注明相关的总分类会计科目；

(b) 计算出这些费用总和；

(c) 确定应分摊到国内销售产品的行政、销售和管理费用的总和；并计算出单位重量（公斤或吨）的应摊数额，最好是以产品销售成本百分比的形式；

(d) 确定应分摊到加拿大销售产品的行政、销售和管理费用的总和，并计算出单位产品或每公斤产品应摊数额（最好是以产品销售成本百分比的形式）；并

(e) 解释你公司进行(c)、(d)项成本分摊时所采用的方法。

D25. 对于你公司的净利息成本：

(a) 列出从短期投资或银行存款所得的每项利息收入来源，并注明相关的总分类会计科目；

(b) 列出因各种负债所致的每项利息支出，并注明相关总分类会计科目；

(c) 用(b)项的利息成本减去(a)项的利息成本计算出净利息成本。利息收入可能不够冲抵利息支出而打破零平衡为负；

(d) 确定这些净利息成本应分摊至国内销售的产品的数额，并计算出单位重量(公斤或吨)的应摊利息成本，最好是以产品销售成本百分比的形式；

(e) 确定这些利息支出应分摊至出口加拿大的产品的数额，并计算出单位重量(公斤或吨)的应摊利息成本(最好是以产品销售成本百分比的形式)；并

(f) 解释你公司进行(d)、(e)项成本分摊时所采用的方法。

D26. 确定贵公司的其他直接或间接因公司产品的生产、销售所发生的公司层面的成本、支出和费用。那些成本包括汇兑损失之类。对于这些其他的成本、费用：

(a) 单独列明每一项目，并注明相关的总分类会计科目；

(b) 计算出总的净成本(净成本可能不能冲抵收入打破零平衡而为负)；

(c) 确定这些净成本中应分摊至国内销售的产品的数量，并计算出单位重量(公斤或吨)的应摊净成本，最好是以产品销售成本百分比的形式；

(d) 确定这些净产本应分摊至加拿大出口的产品的数量，并计算出单位产品或每公斤产品的应摊净成本(最好是以产品销售成本百分比的形式)；并

(e) 解释你公司进行(c)、(d)项成本分摊时所采用的方法。

D27. 确定公司产品成本中支付的或应付的销售或生产许可费用或专利费用。如果可能，解释对于出口加拿大的产品为什么这些费用不应支付，或不应支付同样金额。有关此项请：

(a) 单独列明每一项目，并注明相关的总分类会计科目；

(b) 计算每项的总额；

(c) 确定这些许可或专利费用中应分摊至国内销售的产品的数额，并计算出单位重量(公斤或吨)的应摊费用，最好是以产品销售成本百分比的

形式；

(d) 确定这些许可或专利费用中应分摊至出口加拿大的产品的数额，并计算出单位重量(公斤或吨)的应摊费用，最好是以产品销售成本百分比的形式；并

(e) 解释你公司进行(c)、(d)项费用分摊时所采用的方法。

D28. 提供所有有关预期的年终财务调整的、将对企业营运绩效产生实质性影响信息。这些调整可能基于下列原因所致：立法、其他政府行为、会计方法、标准或操作的变更、当前会计期间内确定的任何的意外事件、预期债务或额外非正常项目。就该年度调整：

(a) 单独列出每一项目，并标明与之相关的总分类会计科目；

(b) 计算出这些成本的总数；

(c) 决定这些金额中应该分摊至国内销售产品的份额，并计算出单位重量(公斤或吨)的应摊费用，最好是以产品销售成本百分比的形式；

(d) 决定这些金额中应该分摊出口至加拿大的产品的份额，并计算出单位产品或单位公斤的应摊费用(最好是以产品销售成本百分比的形式)；

(e) 解释你公司在如(c)(d)所作分摊中采用的方法。

D29. 提供没有分摊到国内销售产品或出口加拿大产品的费用信息(贵公司的最高未分摊费用)。注明这些费用的金额。解释这些费用的性质以及为何未予分摊。

**销售产品的总成本**

使用问题 D22 至 D29 答复中提交的信息编制总成本数据库。单位产品的总成本是“生产成本”部分的总成本和“管理、销售及其他成本”部分的总成本之和。

如果你公司采用标准成本来计算生产成本，请确保所有变化均已包含在生产总成本之中。

D30. 使用附件 4 的格式，计算出在调查期间内和在 2007 年 7 月 1 日至 2008 年 6 月 30 日的盈利分析期(PAP)内，基于产品类别的不同的单位产品总成本：

(a) 所有出口加拿大的调查产品，如附件 2 所列示。将附件标为“附件(4A)—总成本—出口加拿大”；和

(b) 盈利分析期(PAP)内所有国内销售的同类产品，如附件 2 所列示(“同类产品”)。将附件标为“附件(4B)—总成本—同类产品的国内销售”。

D31. 根据从附件 4A 中挑选的 10 类出口加拿大的产品及从附件 4B 中挑选的 10 类国内销售的产品，提供贵公司成本核算系统中的成本总表的复印件。并附对该成本总表及相关内容的详细解释，包括所使用的任何代码。由挑选的成本总表组成的生产成本数据库应与附件 4A 和 4B 相一致。

D32. 提供一份工作表，将从附件 4A 和 4B 中任意挑选的 2 个产品类型(每个附件中选 1 个)的单位生产总成本合并到贵公司的成本核算系统中(如果适用)，再至贵公司的财务核算系统(总分类账目)，直至贵公司的财务报表(经审计的报表或临时报表)。对完成该会计报表合并所遵循的程序进行叙述性的解释。

**重要提示：**

1. 回答问题时，凡要求以工作表形式提交数据库之处，同时也须提交电子版本。参见“指导”部分“关于电子形式数据库的提交”。
2. 基于年度数据所进行的分摊优于使用生产增长或下滑期间进行的分摊，后者可能扭曲分摊的结果。详细并充分具体地解释分摊的方法，以便加拿大边境服务署在分类账科目和原始文件中追溯和查证分摊金额。
3. 贵公司提供的任何回复材料都必须是原语言版本，并须随附一份英文或法语译本。
4. 如果贵公司不是被调查产品的生产商，那么保证生产商会向加拿大边境服务署(CBSA)提供必要的信息将是贵公司的责任，同时也是为了贵公司的利益，参见“指导”中的 21 条：“应诉人的类型”。
5. 如果贵公司指定任何信息为保密信息，那么必须与《信息采集问卷》一起附上一份该信息的非保密版本。详情参见 G 部分。

## E 部分　盈利分析

一般来说，正常价值是根据贵公司同类产品的销售价格确定的，该同类产品有足够数量销售给国内非关联客户，可与出口给加拿大进口商的货物销售进行适当比较。加拿大边境服务署不将没有利润的销售纳入考虑范围，该类销售亏损的持续时间较长，发生亏损的销售量巨大，并且亏本的销售是因为该段期间价格低于加权平均的单位成本价格而造成。因此，为了确定那些没有利润的国内销售已被排除在外，贵公司有必要准备并提交下列利润分析信息。

请注意，进行利润分析时应使用单位重量(即公斤或吨)，与本问卷附录 4B 计算单位总成本时所使用的单位一致。

E1. 根据本问卷问题 C8 所列的同类产品，对其国内销售进行“盈利能力分析”。

参阅附录 5 的“盈利能力分析”样式。本附录将成为数据库以供盈利能力分析使用，其数据来源是基于本问卷 C8（附录 3B）答复所提供的同类产品的国内销售数据，以及每项销售的总成本数据（附录 4B）。该数据库中的销售数据必须调整，以使这些销售的任何信贷记录即销售价格均为净价。所有剩余的信贷记录将从数据库中删除。数据库的排序方法应为：1、生产设备/车间；2、同类产品；及 3、销售日期。

以下三项测试必须是基于调整后的数据库进行：

销售是否存在亏损：

测试 A：确定每项销售的净销售价格是高于还是低于销售的实际总成本。亏本销售将通过测试 B（ⅰ）、B（ⅱ）和 C 进行进一步分析。

售亏损是否巨大：

测试 B（ⅰ）：根据特定同类产品的亏损总数量是否等于或大于同类产品销售总数量的 20%，来确定销售亏损是否巨大。

测试 B（ⅱ）：根据同类产品的加权平均净售价是否低于其加权平均单位成本，来确定销售亏损是否巨大。

亏损状态下的单位售价是否低于加权平均成本：

测试 C：针对所有亏损较大的销售，从而确定同类产品的单位销售净价是否小于或等于加权平均单位成本。

本部分结尾处所附的流程图对这些测试有具体阐述。

若同类产品的所有国内销售均未能通过如上所述的盈利分析测试，那么涉案产品的正常价值将根据《特别进口措施法》第 19 条（b）来确定，即生产成本加行政、销售及所有其他费用，再加利润数额。

要确定某项销售是否存在亏损，亏损数量是否巨大，以及销售价格是否低于加权平均成本，请参阅附录 5。进行盈利能力分析（附录 5）时所需要的某些信息，可以从贵公司对问题 C8 的答复（附录 3B 所列同类产品的国内销售）和对问题 D30 的答复（附录 4B 所列同类产品的总成本）中提取。

附录 5 中的“测试 A”（每一行的盈利能力分析）、“亏损数量”、“测试 B（ⅰ）”、“测试 B（ⅱ）”、“测试 B（ⅲ）”、“测试 C”栏和“产品/销售的状态”栏，按如下所述来进行盈利能力分析：

测试 A：单项销售是否存在亏损？

针对各同类产品的每一笔销售，从总的单位净售价（“单位净售价”栏）中减去总的单位成本（“产品的单位总成本”栏），即能得出销售是“利润”还是“亏损”

(“测试A:每一行的盈利能力”栏)。如果总的净售价大于或等于总成本,则该笔销售有利可图,可以用来确定正常价值。针对该笔销售没有必要进行进一步的测试。如果总的净售价低于总成本,则销售处于亏损状态,必须进一步测试,以确定该笔销售是否可以根据《特别进口措施法》第15条用于确定正常价值;下一步进行B(ⅰ)测试。

测试B(ⅰ):同类产品的亏损总数量是否大于或等于其销售总数量的20%?

针对每项同类产品,计算亏损的总数量(请在同类产品的“总计”行和“亏损数量总计”栏相交处输入结果)。将这个结果与销售总量比较(“总计”行所对应的“数量/重量”标题栏)。如果亏损数量不足销售数量的20%(则该笔销售的测试结果为“否”),该笔亏损销售必须进一步测试;进行B(ⅱ)测试。如果同类产品的亏损数量大于或等于其销售数量的20%,则认为销售的亏损额巨大(则该笔销售的测试结果为“是”);下一步进行C测试。

测试B(ⅱ):同类产品的加权平均单位净售价是否低于其加权平均单位成本?

针对每项同类产品,计算加权平均单位净售价(请在同类产品的“总计”行和“单位净售价”栏相交处输入结果),和加权平均单位成本(请在同类产品的“总计”行和“产品的单位总成本”栏相交处输入结果)。如果单位加权平均净售价低于加权平均单位成本(则测试结果为“否”),同类产品的销售亏损并非巨大,可以用来确定正常价值,不用进行C测试;如果每项同类产品的加权平均单位净售价低于加权平均单位成本,则销售亏损为巨大(测试结果为“是”);进入下一步C测试。

测试C:单位净售价是否小于或等于加权平均单位成本?

对于每项销售,比较单位净销售价格(“单位净售价”栏)和加权平均单位成本(请在同类产品的“总计”行,列标题为“产品的单位总成本”)。如果单位净售价格高于加权平均单位成本(该笔销售的测试结果将为“否”),即使是亏损的销售也可以用来确定正常价值。但如果单位净售价小于或等于加权平均单位成本(该笔销售的测试结果将为“是”),则该笔销售不能用来确定正常价值。

对于同类产品的每笔国内销售,确定销售是否可以根据《特别进口措施法》第15条的规定用来确定正常价值。每项销售的状态取决于测试A、B(ⅰ)、B(ⅱ)和测试C的结果。如果对测试A的结果是“盈利”(“测试A:每行的盈利情况”栏),即可进入状态栏“包括”的行列(“产品/销售的状态”栏)。如果测试A的结果是“亏损”,则根据下表来确定销售的状态(即在用于确定正常价值的销售中“包括”或“排除”该笔销售):

| 假定 1 | 假定 2 | 假定 3 | 假定 4 | 假定 5 | |
|---|---|---|---|---|---|
| 测试 A | 亏损 | 亏损 | 亏损 | 亏损 | 亏损 |
| 测试 B(ⅰ) | 否 | 否 | 否 | 是 | 是 |
| 测试 B(ⅱ) | 否 | 是 | 是 | 不进行该测试 | 不进行该测试 |
| 测试 C | 不进行该测试 | 否 | 是 | 否 | 是 |
| 状态 | 包括 | 包括 | 排除 | 包括 | 排除 |

E2. 提供一个清单，列明所有同类产品的国内销售中，通过应用上述测试已被排除在用于确定正常价值考虑之外的每项同类产品。

E3. 提供一个单独的清单（电子表格），列出在问题 E1 的答复中测试结果（“产品/销售的状态”栏）为“包括”的所有销售。请注意，该清单中不应包含测试 A、B(ⅰ)或 B(ⅱ)、C 中测试结果为“是”的任何销售。该清单所列栏目应与贵公司在回答问题 E1 时的栏目相同。该数据库必须采用一级分类为生产设备/车间，二级分类为同类产品，三级分类为销售日期的方式进行排序。对该电子表格以“附录 5(a)”命名。

提供一个同类产品的清单，其销售的测试结果为“包括”，并且在调查期间只销售给了一个客户。

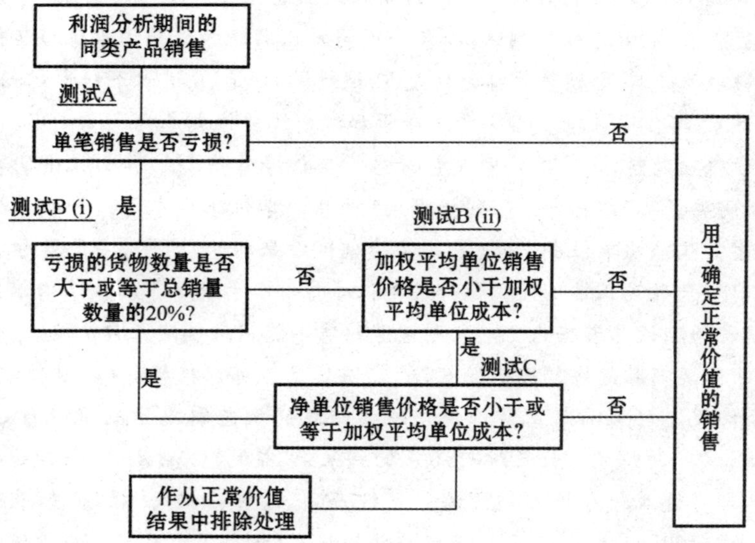

# 第五章　印度反倾销的应对

## 第一节　印度反倾销法律制度简介

### 一、印度对华反倾销调查案件的一般情况

自1992年印度对三种进口产品进行反倾销调查以来，印度现已成为使用反倾销措施最多的国家。据统计，1995年WTO成立后至2008年6月底，印度共对进口产品反倾销立案650起。早在2002年印度就取代美国，成为全球反倾销立案最多的国家，达81起之多[①]。印度反倾销涉及数十个国家和地区，主要为中国、欧盟、中国台湾、韩国、日本、美国和新加坡，涉及的产品主要包括化工产品、医药品、塑料和橡胶制品、金属等。其中化工产品占很大的比重，接着为塑胶和橡胶织品。

在印度反倾销调查中，中国已经成为最主要的调查对象。自1994年印度对中国出口产品进行反倾销立案调查开始，至2008年6月底，印度共对中国提起反倾销立案144起，占其国内反倾销案件立案总数的22.15%。印度已经成为对华反倾销立案数量最多的国家之一。印度对华反倾销涉及的产品主要包括化工产品、焦炭、医药品、生丝、塑胶制品、玩具、鞋、硅铁等，其中化工产品约占全部案件的一半。虽然大多数涉案产品金额比较小，但也不乏超过100万美元的案件，如焦炭1.3亿美元、生丝2317万美元、硼酸盐1843万美元、铅酸电池1612万美元、纯碱1000万美元，等等。即使那些涉案金额比较小的产品，也可能是中国今后有市场出口潜力的产品[②]。

过去10年来，中国出口企业对印度反倾销案的应诉率非常低，即使应诉，胜

---

① 参见http://www.wto.org网站有关反倾销部分信息。

② 尚明:《反倾销:WTO规则及中外法律与实践》，法律出版社2003年版，第358页。

诉率也不高。在2002年前印度对华70余起反倾销调查中，除了3起起诉方撤回申请，1起印方裁定要求起诉方撤诉，以及1起因中国进口份额较低而结案，其余所有调查都被裁以倾销或损害，最终以征收反倾销税结案，反倾销税率最高达1 069%①。

## 二、印度反倾销法律制度简介

### （一）法律渊源

印度反倾销法主要体现：一是1975年《海关关税法》的相关章节，以及1995年对该法的修订；二是1995年的《海关关税税则》，以及分别于1999年、2001年、2002年和2003年对该税则的修改和补充。

1．1975年《海关关税法》

印度目前并不存在一部单独的反倾销法典，其反倾销法往往是现行印度海关法律体系中很重要的一个组成部分。换言之，印度反倾销法与海关法有着很深的渊源。印度在1962年曾颁布《海关关税法》，其后又颁布了1975年《海关关税法》，而印度反倾销法也是随着印度1975年《海关关税法》的颁布而逐渐发展起来了。1975年《海关关税法》是征收各种进口税的最基本的法律，这其中也包括对于反倾销、反补贴税的征收。该法第9A、9B和9C节是关于反倾销的规定。第9A节是对倾销产品征收反倾销税的有关规定，包括正常价值、出口价格和倾销幅度的确定，临时反倾销税和最终反倾销税的征收，征税期限以及反倾销税的退还等；第9B节是关于不应征税的情况，包括反倾销税和反补贴税不同时征收以及价格承诺的规定；第9C是关于不服反倾销和反补贴调查中调查机关所做出的裁定而提起司法上诉的规定。

加入WTO后，为了与WTO相关的规定相符，印度于1995年对1975年的《海关关税法》进行了修订，现行的为1995年修订后的《海关关税法》。

2．1995年《海关关税（对倾销产品倾销的认定、反倾销税的计算和征收既损害的确定）规则》

根据1975年《海关关税法》的授权，印度中央政府制定了该法的实施细则，刊于海关第2/95-NT号的通知，被称为1995年《海关关税（对倾销产品倾销的认定、反倾销税的计算和征收既损害的确定）规则》（以下简称《反倾销规则》），于1995年1月1日生效，1985年海关关税税则同时废止。该《反倾销规则》是印度

---

① 资料来源：http://www.gjmy.com/Item/8439.aspx。

现行反倾销法的主干,包括正文24条和两个附件,其中正文主要为程序规则,涉及反倾销的调查机关、调查原则、立案、初裁、终裁、临时反倾销税的征收、最终反倾销税的征收、价格承诺等问题;附件一是关于确定正常价值、出口价格和倾销幅度的主要原则;附件二是关于损害的确定原则。

为了适应经济发展的需要及解决反倾销新问题的出现,印度分别于1999年、2001年、2002年和2003年对《反倾销规则》进行了修改,对于非市场经济问题作了相关的规定。

**(二) 调查机构**

印度的反倾销调查机构,由印度商工部反倾销总局、财政部和法院等构成。

1. 印度商工部反倾销总局

根据修改过的《反倾销规则》的规定,印度反倾销、反补贴和保障措施的具体事务是由印度商工部下设的反倾销事务总局负责。该局成立于1998年4月13日,隶属于商工部的商业司,由一名政府秘书长兼任反倾销总局的局长,负责全面的领导工作。反倾销总局的职责包括:决定是否发起反倾销调查;确定被调查产品的正常价值、出口价格、倾销幅度和是否对于国内产业造成损害,并向中央政府递交详细的调查报告;根据调查结果做出初步裁定、接受和拒绝价格承诺;做出最终裁定并向中央政府财政部提出征收反倾销税的建议以及发起复审等。另外,印度反倾销总局还聘请了若干处理反倾销调查事务的专业顾问和律师。

2. 财政部

反倾销总局的职责主要是对于倾销案件的调查,而不涉及对反倾销税的征收,其仅有权建议征收反倾销税,而后由中央政府财政部最终决定是否征收该税。财政部根据反倾销总局的初步裁定,有权对低于正常价值的进口产品征收反倾销税或临时反倾销税。如果临时反倾销税高于最终征收的反倾销税,则由中央政府财政部负责向进口商退回多征的差额价款。财政部须在反倾销总局向其提交终裁决定后的三个月内,做出征收或不征收反倾销税的决定。如果中央政府认为反倾销税效力的终止很可能会再次导致倾销和损害,则它有权延长反倾销税征收的期限。

3. 法院

在印度,对于反倾销行政行为享有监督权的司法机关包括一个专设的上诉法院和高等法院、最高法院。如果不服倾销存在的认定和倾销幅度的最终裁决,当事方可以上诉至印度海关、税收和黄金(管制)上诉法院(以下简称"上诉法院")。上诉法院是根据印度1962年《海关关税法》第129条成立的,配备有必要的法官和专业技术人员。上诉法院设立专门法庭负责反倾销案件的审理。专门法庭由中央政府指定上诉法院中一人为上诉庭主席，成员不少于两人，包括一名法官和一名专业技术人员。上诉法院负责的是对于行政机关的实体性裁决不服的申诉，并且上诉法院可以做出它认为合适的决定，来维持、修改或撤销上诉的决定；不服上诉法院裁决的案件，由最高法院负责审理。涉及反倾销程序方面的问题，有关申诉可以随时向高等法院提出，对于高等法院裁决不服的，可以上诉至最高法院。

**(三) 实体规定**

在反倾销案件调查中，倾销的确定、损害的存在以及倾销和损害之间存在因果关系，是要解决的三个核心的问题。印度反倾销法的实体法律规则也主要包括这三方面的基本内容，主要体现在 1975 年《海关关税法》中有关反倾销的第 9A 节和 1995 年《反倾销规则》的两个附件当中。

1. 倾销的确定

印度 1995 年《海关关税法》规定，一项产品如果以低于正常价值的价格从一国(地区)出口到印度将被认为是倾销。同时，在 1995 年《反倾销规则》第 11 条规定，给于来自 WTO 成员国或与印度签订有最惠国协议的国家(即“特定国家”)的产品特殊待遇，如果是从特定国家进口的产品，还应符合下列条件之一才可认定倾销的成立：对于印度已经建立的国内产业造成了实质性损害；或对于印度国内产业造成了实质性损害威胁；或对于印度国内某一产业的建立产生实质性的障碍。中国在 2001 年 11 月之前虽然不是 WTO 的成员方，但是由于中印两国曾签订有最惠国协议，因此中国仍属于特定国家的范畴，可以享受特殊的待遇。印度反倾销法中关于“特定国家”的规定，使印度不但扩大了对于非 WTO 成员国使用反倾销措施的范围，而且大大降低了针对这些国家征收反倾销税的法律门槛，在保护其国内产业的同时，客观上也导致反倾销措施的滥用。

印度反倾销法关于正常价值的确定，也采取三种方法，即出口国国内市场价格和第三国出口价格，当前两种方法不能适用时，采用结构价格(即生产成本加合理销售费用、一般管理费用和合理利润)。结构价格的计算既可以原产地国为基础，也可以使用合适第三方国家的数据。出口价格则是指产品自出口国或出口地区出口时的价格，即出口商卖给进口商的价格。一般是以产品出口到印度的 CIF 价格(即到岸价格)扣除海运费、保险和合理管理费后来确定的出口价格，以便与出厂价格(Ex-factory)相一致。反倾销调查机构在认定推定出口价格时，还会充分考虑到对商品进口、销售利润征税增加的成本，并对在进口和转售之间发生的包括关税在内的成本和发生的利润给予适当的减免。

倾销幅度是指同类产品的正常价值与被控倾销产品的出口价格之间的差额,一般采用加权平均数计算的方法比较多,即正常价值的加权平均与出口价格的加权平均的比较。调查机关应当对于出口价格和正常价值进行公平的比较。如果出口价格是根据推定价格确定的,要考虑同等贸易水平下,才可以进行比较。另外,涉案产品如果包括很多的型号,应计算出每个涉案产品型号的倾销幅度,然后再将各类产品型号的倾销幅度进行总的加权平均,从而得出最终的倾销幅度。如果倾销幅度按照出口价格的百分比计算小于2%,则可以忽略不计,不征收反倾销税。

2. 损害的确定

印度反倾销法规定,国内产业必须能够证明进口产品的倾销造成了对国内产业的实质性损害或实质性损害威胁,或者对于印度国内产业的建立产生了实质性障碍。国内产业是指作为从事同类产品生产或与此有关的其他活动的国内生产商集体,或者生产该产品的总体产量占国内生产总量的主要比例的国内生产商。不同于美国和欧盟等国家,印度反倾销法对于"主要比例"并没有明确的规定,而是授权调查机关在实践中根据案件的具体情况自由裁决,这就为保护其国内产业的发展提供了法律上的基础。如果生产商与出口商或进口商存在关联关系,或它们本身就是进口商,则该生产商可以被排除在国内产业的范围之外。

在国内产业的界定方面,印度反倾销法总体上是遵循了WTO的精神的。但是,印度反倾销法关于国内产业定义中"或与此相关的其他活动"是WTO规则中所没有提到的,这就为不直接生产同类产品的生产商介入案件的调查,从而扩大国内产业的保护范围,打开了方便之门。此外,修订后的《反倾销规则》赋予了反倾销调查机构以自由裁量权,规定与出口商有关联或本身就为进口商的生产商是否可以被排除在国内产业的范围之外,由调查机关来决定是否予以排除。

3. 倾销和损害的因果关系的确定

通常进口产品的倾销行为本身并不必然导致对进口国国内产业的损害,因而各国反倾销法一般都要求倾销和损害之间存在因果关系才能对倾销产品采取反倾销措施。如前所述,印度反倾销法对于采取反倾销措施规定了两种不同的情况:一是对于来自特定国家(即WTO成员方或与印度签订有最惠国协议的国家的产品),不仅要证明倾销和损害的存在,还要证明倾销和损害之间的因果关系；二是对于特定国家以外的国家的产品，仅要求倾销行为存在就可以采取反倾销措施，不要求证明损害的存在，更无须要求倾销和损害之间的因果关系的证明。

**（四）程序规定**

根据印度反倾销法的规定，一般反倾销案件要经过以下几个程序：

1. 申请

在印度，一个有效的反倾销案件的申请必须满足代表国内产业提出案件申请的条件①。所谓“国内产业”是指从事同类产品生产的印度国内的生产商的整体，或者生产该产品的集合产量占国内生产总量的主要比例的国内生产者。与出口商或是被控倾销产品的进口商有关联关系或者本身就是进口商的国内生产商，不管是自己提出申诉或者表示支持申诉，都不享有申请人的资格。国内产业或者代表国内产业的申请人可以按照规定的格式向印度反倾销总局提出对于进口倾销产品发起反倾销调查的书面申请。

2. 立案

调查机关收到反倾销案件的指控申请后，根据规定会进行审查。反倾销调查机构首先要审查的是申请人的主体资格问题，即生产同类产品的国内生产商对于申诉的支持和反对的程度，以确定该申诉是否由国内产业或其代表提出的；其次，调查机关会审查申请书中所提出有关倾销、损害及其因果关系方面的证据的准确性和充分性。调查机关在审查完申请书中的内容后，如果认为申请书中提供了准确和充分的材料，证明存在倾销、实质损害和二者之间的因果关系的，则予以立案并予以公告。立案公告通常应在调查机关收到合格的申请书后45天内做出。此外，调查机关应该在开始调查前通知涉案出口国政府，立案后将立案公告和申请书副本提供给已知的出口商和出口国政府。

3. 填写调查问卷

反倾销案件立案后，调查机关一般会向本国进口商、生产商、外国出口商、生产商和其他利害关系方发出调查问卷，要求各方提供信息。调查问卷是反倾销案件进行调查的主要方式之一。根据印度《反倾销规则》第6条第4款的规定，问卷及其他文件在当局发出之日起1周内视为送达，或在发给出口国适当的外交代表之日起1周内视为送达。各方应于收到问卷之日起30日之内提交答卷和抗辩意见。经过申请，调查机关认为理由充分可以延长时限。利害关系方所

① 《反倾销规则》第2条(b)款的规定。

提交的问卷中，每页顶端均要标出公司名称。如果案件中需要确定市场经济国家的“替代国”（即市场经济第三国）的，调查机关必须及时将所选替代国国家通知各方，并规定合理的期限以保证各方充分发表意见的权利。

4. 初裁

初裁的目的在于在完成调查之前，或做出终裁之前，及时向国内产业提供救济措施。根据印度《反倾销规则》第 12 条的规定，调查机关应迅速进行调查，通常在调查开始后 150 天内，得出对出口价格、正常价值和倾销幅度的初步结论。如果产品出口自特定的国家，还应提出对国内产业造成损害的进一步调查结果，该调查结果应包括初步裁定和损害的充分详细的信息，并应提出拒绝或者接受救济要求的事实依据和法律依据。此外，初裁还应该包括的内容有：出口商的名单；被调查产品的详细描述；确定的倾销幅度，以及如何确定、比较出口价格和正常价值所采用方法的全面解释；与损害裁定有关的考虑事项；做出初裁的主要理由。调查机关应将初裁结论在官方公报上予以公布，并向所有提交证据的利害关系方各提供一份。

5. 实地核查

实地核查是任何一起反倾销案件调查中的重要一环，通常是由调查机关的调查官员到应诉方办公所在地现场，对于应诉方此前通过问卷所提供的案件信息、证据进行现场核实，以保证其真实性和可靠性。实地核查通常会被安排在初裁做出前后这段期间。在实地核查中，需要调查核实的资料都是相关各方通过调查问卷提交的第一手资料，往往那些各方提出相反意见、存在较大争议的证据资料会成为实地核查工作的重点。

实地调查既可以在印度国内进行，也可以在出口国进行。调查机关对于国内产业的调查核实通常是在发布初裁确定非损害性价格之前进行。对国内产业进行的实地核查，主要集中在涉案产品、其同类产品的界定，以及产品的生产成本、公司的盈亏账目和多类产品公司对企业经常开支的分摊方式方法等方面及其目的在于确定国内产业在使用企业的机器设备、生产能力利用率和效率方面的情况，以证实国内产业是受害者。对于出口商或生产商的实地核查，调查机关必须事先通知相关国家的政府，得到相关国家政府的同意，并获得相关出口商或生产商的配合承诺后，才可以在出口国进行实地核查。对于出口商和生产商的核查内容，在于出口商的出口价格以及在本国的销售价格以确定倾销是否存在，以及生产商生产的涉案产品的生产成本构成、原材料消耗，及被调查对象整个会计制度的合法性和可靠性等。如果出口商或者生产商拒绝接受来自于印度反倾销调查机构的实地核查要求，调查当局可依据可获得的最佳事实得出调查结论，而这些最佳事实通常是申请方提起反倾销申请时所依据的事实证据，其最终结果往往是对于出口商和生产商不利的。

6. 终裁

利害关系各方对反倾销总局公布的证据资料和初裁做出答复之后，反倾销总局将据此审查各方的最终答案，并做出终裁。印度《反倾销规则》第 17 条规定，调查机关应当在发起调查之后的 1 年之内结束调查做出终裁，经中央政府同意，可以对上述期限延长 6 个月。终裁一般在初裁后的 150 天之内做出，并且调查机关应当在做出最终裁决前通知各利害关系方裁决所依据的主要事实。此外，终裁还应该包括的内容有：供货商的名称或者涉案出口国家名称、涉案产品的具体描述以利于海关征税识别、倾销幅度的确定以及其详细的推导过程和方法、对于损害决定的考虑、裁决做出的主要理由等。如果裁决是肯定性的，印度反倾销总局则会据此建议财政部征收反倾销税。

7. 反倾销措施

1）临时反倾销措施

财政部在反倾销调查机构做出的初裁的基础上，会征收不超过倾销幅度的临时反倾销税。如果基于终裁基础上的反倾销税高于已经征收的临时反倾销税，差额部分予以征收；如果基于终裁基础的反倾销税低于已经征收的临时反倾销税，差额部分予以返还。临时反倾销税只能在立案 60 日后征收，而且征收的期限不得超过 6 个月，但在占该行业贸易额中比例大的出口商的要求下，并经中央政府的同意，财政部可以延长至 9 个月，应在公布否定性终裁的 45 天内撤销征收的临时税。

2）最终反倾销措施

财政部在反倾销调查机构最初最终裁决后的 3 个月内，可以在政府公告上发布通知，对终裁中涉及的进口产品征收不超过倾销幅度的反倾销税。反倾销税自政府公告公布之日起征收，但如果已经征收了临时反倾销税，调查机关做出了损害或损害性威胁的终裁，并且如果不对进口产品征收临时反倾销税就会导致损害，则反倾销税可以自征收临时税之日起征收。最终的反倾销税有效期一般为 5 年，但如果中央政府财政部经过审议认为停止征收反倾销税可能导致倾销和损害的继续或重现，则可以延长 5 年。

8. 行政复审

行政复审是行政机关对于自己做出的有关反倾销措施决定进行再次审查的

一种行为，目的在于通过行政系统内的纠错机制，来确保行政行为的合法和合理性。根据印度反倾销法的规定，行政复审主要包括以下几种：

1）新发货商复审

新发货商复审要同时满足两个条件：一是出口商或者生产商在原审案件调查期间没有向印度出口发被调查产品；二是出口商或生产商能够证明他们与已经被征收反倾销税的出口商或生产商没有任何联系。在复审期间，不得向上述出口商或生产商征收反倾销税。但是，财政部可以进行暂时评估，如果当局建议，也可以要求进口商提供担保。如果复审结果确认该产品或该出口商存在倾销，则为他们确定单独的倾销幅度，并且自复审开始之日起追溯征收反倾销税。复审调查不得超过 12 个月。印度这一新出口商复审的规定，基本上与美国反倾销的有关规定如出一辙。

2）期中复审

期中复审是指反倾销措施实施一段时间后，调查机关对于是否应继续实施反倾销税措施进行的复审。印度《反倾销规则》规定，反倾销调查机构应该定期复审有无必要继续征税。当局既可以自行提出复审，也可以根据利害关系方的申请提出复审。反倾销税开始征收 1 年后，利害关系方可以根据“环境的重大变化”提出复审的要求。调查机关也可以在征税的 2～3 年后自动提起期中复审，审查继续征税的必要性。如果调查机关认为没有必要继续征收反倾销税，则可以建议财政部撤销反倾销税。复审应该在开始后 12 个月内完成。

3）期终复审

期终复审又称日落复审，即反倾销措施实行 5 年届满时，调查机关对反倾销措施是否应如期终止进行的审查行为。印度《反倾销规则》规定，在反倾销税征收期限届满前，并在反倾销税开征 4 年之后，调查机关可以进行“日落复审”，以评估 5 年后撤销反倾销税是否会导致倾销和损害的再次发生。如果财政部认为征税很可能会导致倾销和损害的继续或再次发生，可以将反倾销税延长 5 年，自延长命令下达之日起算。如果在 5 年时间届满之前就发起了复审，但在 5 年到期之日仍未结束调查的，则反倾销税在此复审结果做出之前继续有效。但不能因复审而无限期拖延下去，最多可以在期满后延长 1 年[①]。

有关印度反倾销案件的一般时间进程，详见表 5-1：

---

① 肖伟主编：《国际反倾销法律与实务：其他国家卷》，知识产权出版社 2006 年 3 月版，第 398-401 页。

表 5-1 印度反倾销总局在反倾销调查的主要阶段所花费时间

| 序号 | 调查阶段 | 通常花费时间 |
| --- | --- | --- |
| 1 | 对申请材料的初步审查 | 在收到申请材料后的 2～4 天 |
| 2 | 正式立案公告 | 在收到符合要求的申请材料后 7 天 |
| 3 | 初步裁决 | 在正式公告立案后 60～70 天 |
| 4 | 征收临时反倾销税 | 在初步裁决做出后的 4～6 个星期 |
| 5 | 最终裁决 | 在正式立案公告后 261 天① |

## 第二节 应对印度反倾销律师实务

印度反倾销案件的调查问卷从其接收的对象来看，可以简单分为进口商问卷和出口商/或生产商问卷两类：进口商问卷主要针对的是在印度进口涉案产品的国内公司发放的问卷；而出口商/或生产商问卷则直接针对的是涉案产品原产国的出口商或生产商发放的调查问卷。在应诉印度反倾销案件中，由于中国目前仍被划为非市场经济国家，所以中国的国内企业要应诉印度的反倾销案件，除需提交出口商/生产商问卷外，还要提交“申请市场经济地位待遇”问卷。

### 一、非市场经济国家和市场经济地位待遇问题

印度最初在 1975 年的《海关关税法》中并没有专门规定非市场经济问题，仅有关于特殊情况市场正常价值如何确定的原则性的规定。为了应付变化了的国际贸易环境，加强反倾销这一贸易救济措施的实用性，印度首先于 2001 年根据第 28 号海关通知修改了 1995 年《反倾销规则》，借鉴欧盟的经验，采用列举法明确规定了如何认定非市场经济国家，并将中国、俄罗斯、朝鲜、乌克兰等国家定性为“非市场经济国家”。其次，为了避免简单列举法带来的武断、不透明的缺点，印度政府又于 2002 年 1 月 4 日再次修订了《反倾销规则》，借鉴美国的做法，重新界定非市场经济国家的概念，并将其规定在附件一的第 8 节中。需要注意的是，印度在其《反倾销规则》中特别提到，由于中国和俄罗斯处于经济转型时期，只要提供了充分的书面证据，可以给予其市场经济待遇。可见，印度对于中国的

① 资料来源：The Directorate General of Anti-Dumping & Allied Duties，Anti-Dumping Annual Report 2002-2003. http://www.commerce.nic.in，2004-12-10。

市场经济地位待遇问题，总体上还是处于一种关注和变化的状态之中。

在印度反倾销案件应诉中，对于中国的出口商/生产商而言，市场经济地位待遇问卷解决的是企业的“市场经济身份”问题。如果通过了这一问卷的测试，应诉企业取得了市场经济地位，则调查机关会采用企业的国内生产成本作为计算正常价值的依据，来和出口销售价格比较计算倾销幅度。这样做的结果，通常都很难使应诉企业有很高的倾销幅度，往往会导致倾销幅度很低或者根本没有倾销的结果。反之，如果应诉企业没有通过市场经济地位这一问卷的测试，那么企业的国内生产要素成本是根本不予考虑的，因为经过调查它们都是不可信的。相应地，调查机关会采用一个“替代国”，用“替代国”的生产要素价格来计算企业的生产成本，确定企业的正常价值，并和企业的出口销售价格比较。由于替代国以及替代国价格参数的选取具有很大的人为性和倾向性，这样做的结果往往会导致比较高的倾销幅度。

在衡量市场经济待遇方面，印度反倾销法规定，着重会考虑以下几个标准：第一，该国有关企业在商品的价格、成本和投入（包括原材料、技术和劳工的成本、产出、销售和投资等）是否按照市场价格制定的，是否反映了供求关系，是否排除了政府实质性的干预，主要的投入成本是否基本反映了市场价值；第二，该国的有关企业的生产成本和财务状况是否延续了前非市场经济国家制度，仍然存在重大扭曲，特别是在资产的折旧、冲销、易货贸易和抵债支付等各方面；第三，该国有关企业是否按照破产法和财产法来确保企业经营的确定性和稳定性；第四，不同货币的兑换是否按照市场汇率机制来执行等。

因此，在应对印度反倾销案件过程中，关注印度反倾销调查当局下发的《市场经济地位待遇》问卷还是十分重要的。如果应诉企业提供的书面证据充分证明该企业是按照市场经济标准运作的，则反倾销总局局长就应认定该国一个或多个企业使用市场经济标准。而一旦获得市场经济地位待遇，应诉企业则可以根据市场经济条件下的规定来确定出口商的正常价值，从而可以获得较低的反倾销税率，保住对于印度的出口市场。例如，在 2002 年 11 月 25 日印度政府对从中国进口的硼酸盐提起的反倾销调查，涉及中国国内的上百家企业，大多数都因出口的份额少、怕麻烦、应诉费用高等原因放弃应诉，而大连凯美进出口集团有限公司却积极应诉，在初裁获得 96.5%的倾销幅度的情况下毫不放弃，不懈努力，仍然继续据理抗辩，最终获得印度反倾销调查机构的认可，作为中国出口商第一次获得了市场经济地位的待遇，相应的反倾销税率也从初裁的96.5%降到了 26.58%，保住了印度的市场。而其他没有获得市场经济地位的应诉的企业，则获得了高达132.83%的反倾销税。

市场经济地位待遇问卷的目的是从涉案产品的出口商/生产商处获得信息，借以判断他们在反倾销程序中可否获得市场经济待遇。这些信息一般涉及调查期间和调查期前三年。在提供有关问卷答案的同时，参与的公司应提交相关的支持文件，并且提交的所有文件须有英文译本。市场经济待遇只授予那些及时提交完整申请并能证明他们符合《反倾销规则》附件一第8节规定的出口商/生产商。对那些予以合作的公司，印度调查机关将依据其可信的数据和信息，给予获得单独的倾销幅度；如果涉案公司不合作，将被适用被调查国家的全国统一税率。此外，除非另外指明，所有的销售额、单价和总价都须用计账时所用的货币表示。

在所涉案国家中，如果应诉的出口商/或生产商有附属公司，或其他关联公司是涉案产品的制造商和/或出口商，市场经济待遇调查问卷须由所涉公司分别完成。一般自然人或者法人(指公司)之间如果符合以下情形，他们将被视为相互关联的关系：①他们是彼此公司的经理人员或者董事；②他们在法律上被认为是生意上的合伙人；③他们是雇主和雇员；④任何直接或者间接拥有、控制或者持有5%或以上股份的人；⑤他们中的一个直接或者间接控制另一个；⑥他们两个都直接或者间接被第三人控制；⑦他们一同直接或者间接控制第三人；⑧他们是同一家庭的成员。

市场经济待遇的申请须经核实，因此为回复做准备的所有支持性文件和工作文件须准备好，以供检查。此外，从保护公司商业秘密的角度，填写问卷的公司可以按照1995年修改的《反倾销规则》的第7条提交保密版本和公开版本。但对需要保密的信息，须提出实施保密处理的申请，同时提供一份非保密概要，简述需要保密的理由。如果任何利益相关方在限期内拒绝合作或者不提供必要信息，或者实质性地妨碍调查进程或提供错误或具有误导性的信息，市场经济待遇的申请将被拒绝。

在填写市场经济问卷时，具体应注意以下几个方面：

(1) 关于公司的一般信息。如果从事被调查产品生产销售的公司是一个独立的会计主体，一般财务账册是集中统一保存在公司的。但对于关联公司较多，彼此又独立核算的不同的会计主体，应该列明不同会计主体的账册存放地，以及合并会计报表及相关财务资料的存放地，以方便调查机关对于财务主体的识别。对于问卷中要求的案件代理人，一般只列明在印度本国所委托的律师事务所的名称、承办律师、联系方法即可。涉案产品的定义和范围，在反倾销问卷的说明中会详细列明。公司应该对照该说明内容准确地界定本公司所生产的涉案产品是否存在，哪些是属于涉案产品，哪些不是。如果对此存在疑问，可以直接向调查机关咨询。

(2) 关于公司的组织机构结构、关联公司以及主要的生产要素供应商的情况调查。这部分调查表的目的，一方面是详尽地了解被调查企业的自身情况，包括：内部股东情况、公司的性质、关联公司情况、以及关联公司之间的相互关系、企业内部运作等，另一方面还在于考察企业的外部情况，包括：在设立过程中所履行的有关政府的审批程序、证照管理、主要的供应商及其他生产要素的提供者与企业之间的关系、企业所处的劳动、财务、法律的环境。在此部分的填写中，表明企业的股权结构及关联关系的外部法律结构图和内部的组织架构图是两个关键性的文件，必须予以重视，在此基础上才涉及证明各个法律主体的营业执照、批准证书、合同章程等一系列的支持文件的准备。这里需要注意的是，如果在企业法律结构中涉及到与被调查产品的生产和销售不相关的法律主体，一般可以省略不报，因为这样做既可以节省没有必要的工作量，又可以避免引起许多不必要的麻烦。在向印度调查机关提供有关中国法律及其英文翻译版本的同时，企业最好能够结合有关法律规定，对于所提供的相关支持文件先进行一下审查。如果存在与法律规定不完全符合的情况，可以事先进行资料完善后在提供，至少在调查机关提出疑问时，也能够有合理的解释。

(3) 关于成本。这部分主要是从构成企业生产成本的原材料、能源电力等生产要素的供应角度，考察相关供应商的构成、性质以及供应价格的可靠性等方面的情况。一般来讲，如果供应商多为私营公司、外资公司，供应的价格多为市场价格，没有直接或间接受到来自政府的干预或控制，应诉企业会处于相对有利的地位。否则，应诉企业会引起调查机关的格外的关注，关注的价格仍然是定价的自主性和价格的可靠性。

(4) 关于销售。这一部分主要涉及企业销售定价过程以及企业对于销售价格制定是否自主的调查。销售及其定价，是一个企业生产经营的重要自主权之一，如果企业在销售及定价方面都受到来自外界的干预，很难会被认定为一个健全的市场竞争主体。一般而言，根据我国目前的价格体制，除国家对于极个别的产品实行指导价、限定价格(比如农产品)外，绝大多数的产品都是由企业根据市场来自主决定销售价格的，所以我国企业对于这部分的内容的测试通过的可能性比较大。这里需要注意的是，由于行业的特点，国内有关的行业协会或类似组织、或者若干大企业形成的联合体或论坛、会议等，直接或间接地对企业的销售行为或价格的制定施加影响,都会引起调查机关的特别关注。

(5) 关于劳动用工。劳动用工制度是企业的基本制度,也是企业进行生产经营的保障。这一部分问题的目的在于调查应诉企业的劳动用工状况,具体包括工人的雇用程序、薪金水平、酬金构成、社会福利构成等。这里需要注意的是,如果在本部分申报了熟练工人、非熟练工人等人员的具体数量,以及薪金的构成要素等,企业相应地在财务上必须有所反映,查有实据。另外,为说明情况,最好附上一份样本的劳动用工合同作为附件。

(6) 关于财务制度。本部分的目的在于调查企业的财务运行操作的一般情况,着重了解哪些财务报表是必须向国家定期申报的,是否需要经过法定的审计程序。根据我国目前的情况,外商投资企业每年年审的时候必须要提供经过会计师事务所审计的企业年度财务报表,其他企业有的也有相应的要求。这里需要注意,如果企业的年度财务报表未经过独立的会计师事务所的审计并出具报告,应该有合理的解释。另外,关于增值税的退税也是一个突出的问题,企业应对此提供详细的说明,如果可能,还应提供相应的证据。

下面所附,是印度反倾销市场经济地位待遇调查问卷的中文译本。

**商工部**

**商业局**

**(反倾销和关税联盟总司)**

**新德里**

* * * *

1. 本调查表的目的是从涉案产品的出口商和生产者处获得信息,他们希望在本次反倾销程序中申请获得市场经济待遇。信息须与调查期间和前三年有关,除了在特定案件中信息须与更早的时期有关。而参与公司可提交所有的补充性的支持本公司的证据,这些证据对于市场经济待遇的决定很有用。提交的所有文件须有英文译本。
2. 市场经济待遇只授予那些及时提交完整申请并能证明他们符合反倾销规则附件Ⅰ第8节规定的出口商/生产者的标准。合作的公司依据其可信的数据/信息将获得单独的倾销幅度,如果公司不合作,将被适用全国统一税率。
3. 除非另外指明,所有的销售额,单价和总价都须用计账时所用货币表示。如果贵公司对调查表形式或此程序总体上有任何须澄清或者困难之处,可以与负责调查的官员联系。

4. 如果在所涉国家中有附属公司或其他关联公司是涉案产品的制造商和/或出口商，市场经济待遇调查表须由所涉公司分别完成。为了完成市场经济待遇的申请，自然人或者法人(指公司)之间如果符合以下情形，他们将被视为相关联：

   (a) 他们是彼此公司的经理人员或者董事；

   (b) 他们在法律上被认为是生意上的合伙人；

   (c) 他们是雇主和雇员；

   (d) 任何直接或者间接拥有，控制或者持有5%或以上股份的人；

   (e) 他们中的一个直接或者间接控制另一个；

   (f) 他们两个都直接或者间接被第三人控制；

   (g) 他们一同直接或者间接控制第三人；

   (h) 他们是同一家庭的成员。

5. 市场经济待遇的申请须经核实；因此为回复做准备的所有支持性文件和工作文件须备好以供检查。

6. 贵公司可以按照1995年修改的反倾销法的第7规则提交保密版本和公开版本。贵公司可以按照反倾销法的第7条规则，对需要保密的信息，提出实施保密处理的申请，同时提供一份非保密概要，简述需要保密的理由。如果不能提供非保密概要，请说明理由。

7. 请注意如果任何利益相关方在限期内拒绝合作或者不提供必要信息，或者实质性地妨碍调查进程或提供错误或具有误导性的信息，市场经济待遇的申请将被拒绝。

* * * *

## 市场经济调查表
## (为申请市场经济待遇)

1. 一般信息

A. 公司细节

请提供有关贵公司的以下细节；

名称：

地址：

电话：

传真：

电传：

电子邮件：

网站：

并且指明联系人的名字和他们在公司内的职位。

指明公司会计记录的存放地址。如果它们放在不同的地方，请分别指明。

B. 法律代理人

如果贵公司已指定法律代理人、会计师事务所或者其他任何顾问在此程序中协助贵公司，请提供他们各自的细节：

法律代理人的名字：

地址：

电话：

传真：

电传：

电子邮件：

C. 调查范围

请指明出口国涉案产品及其与被调查的产品的任何不同之处(如果有的话)：

2. 公司机构和附属情况

A. 提供公司的组织结构图和公司运行结构的描述。

B. 提供公司的组织结构图并对公司的法律结构进行描述，包括任何母公司、子公司和其他跟公司有关联的任何人，并提供所有这些人的职位和在公司中的地位的描述。提供公司的法律形式并且指明公司是否是一家：

[　　] 外商(合作或股权)合资企业；

[　　] 外商独资企业；

[　　] 外国公司在国外的分公司；

[　　] 有限责任公司；

[　　] 国有企业(全民所有)；

[　　] 股份有限公司；

[　　] 集体所有企业；

[　　] 国有转化成私有的企业；

[　　] 其他法律形式。

C. 提供公司营业执照的复印件。并且提供公司营业前从各种政府机关获得的所有批准书的复印件。

D. 列出至少持有5%公司股份的所有股东或所有者的名单。此外指出这些股东或所有者是私人、公司或者是中央还是地方机关。

Ⅰ. 如果它是私人，指出这个人是拥有本国国籍还是其他国家的国籍；

Ⅱ. 如果它是公司，请确认它的法律地位并指出它是本国公司、外国公司或者合资企业。

Ⅲ. 如果它是本国公司，指出它是私人公司、国有公司还是地方政府所有的公司。

Ⅳ. 如果它是中央或地方政府部分所有的公司，指出中央或地方参与的程度。

Ⅴ. 如果它是地方政府所有的公司，请提供其细节；

Ⅵ. 如果它是一家从国有或地方企业转化成私有的公司，请提供与以下情况有关的所有相关细节(a)原始状况；(b)直到调查期间(POI)每个转化阶段的变化。

请提供公司营业执照的复印件(附加英文译本)。

E. 请描述并解释：

(ⅰ) 谁拥有贵公司？

(ⅱ) 谁控制贵公司？

(ⅲ) 贵公司与国家，省和当地政府包括跟政府相应部、委的关系；

(ⅳ) 贵公司与涉案商品的其他制造商或出口商的关系。贵公司与它们是否分享任何所有者或经理？

F. 拥有或控制贵公司的实体是否也拥有或控制其他生产涉案商品的制造商或出口商？如果是那样，提供所有的细节。

G. 提供公司章程的复印件(附加一份英文译本)。

H. 列出董事会和股东会的所有成员名单。对于每一名成员，指出他们代表谁、他们的职位是什么、他们的投票权利有多大。

I. 如果任何一位公司股东或董事是本国国籍，指明在股东会和董事会表决时所需的法定人数和多数票各是多少。这些规则是在公司章程或其他文件中设定的吗？如果是，请提供这些文件的复印件(附加一份英文译本)。

J. 如果贵公司是另一家公司的子公司或母公司本身又是另一家公司的子公司，请提供后一母公司的十个最大股东的名单。

K. 指出公司是否是一个集团的一部分。如果是，请解释影响商品的发展、生产、销售或者分配的所有生意或经营关系。

L. 指出公司是否与另一个人处于第三人(如家族或投资集团)的“共同控制之下”。和/或公司和另一个人是否共同控制第三人(如合资企业)。控制指一个人是否在法律上或运作上可以限制或指导另一个人。单独或共同起作用的一些因素会对控制是否存在产生影响，如公司的拥有表决权股票的所有权（拥有投票的权利）、重大借款、生意运作和共同的经理人员、董事或经理等。如果有任何这种关系，请描述关系的性质（如所有权比例、共同的经理人员或者董事）。

M. 请提供政府对于出口活动进行集中或分散管理的任何立法层次的文件或其他正式措施。（提供英文译本）。

N. 请提供公司营业执照和公司为做生意所取得的所有政府批准文书的复印件，并表明：

（ⅰ）哪个政府机构或办公室负责发放执照？

（ⅱ）描述执照的用途。

（ⅲ）执照是否对公司的运作做任何限制？执照是否授予了公司任何权利？描述并且解释这些限制和权利。

（ⅳ）在什么情况之下执照可能被吊销，并且由谁吊销？

（ⅴ）这些执照在以后是否需要年审更新？公司为年审更新必须采取什么行动？

O. 请描述并指明对印度和其他国家出口涉案商品的任何控制。

（ⅰ）涉案商品是否出现在政府关于出口供应或出口许可的任何名单上？如果是，请提供细节。

（ⅱ）涉案商品是否需出口配额？如果是，描述公司接受配额的过程。配额分配流程中在出口量和价格设置上是否有政府的任何介入？解释配额分配流程。

P. 请确认与涉案商品的发展、生产、销售或者分配有关的供应商，（次级）承包商、贷款人、出口商、经销商、转售者和其他人的名单。公司是否从唯一供应商处获得了主要生产要素投入的绝大多数，公司与供应商，（次级）承包商，经销商，出口商或转售者之间建立关系的时间长短，所建立的关系是否具有排他性，公司跟上述人员的所有商业关系，及以公司与其他人之间的其他关系（如董事或经理关系）。

Q. 请提供主要原材料的大多数供应商的名单，如果供应商跟公司有关联关系，请提供细节。

R. 列出公司生产能源的主要供应商的名单，如果供应商跟公司有关联关系，请提供细节。

S. 请确认直接地或间接地影响商品的发展、生产、销售或者分配的所有交易情况。

T. 请指出以下法律对公司在多大程度上适用并提供相关证明：

- 公司法
- 劳动法
- 合资企业法
- 会计法

请提供相关法律的复印件。

3. 商业决策和成本

(a) 制造涉案产品的原材料和其他相关投入是如何获得的(短期或长期合同，现货市场，各种各样的原材料的供应商的数量，当地还是海外购买等)。

(b) 提供每种原材料的供应商的姓名和地址。供应商是私人、公司、国家或国有企业/地方当局。

Ⅰ. 如果它是私人，此人是否具有本国国籍或其他国家国籍。

Ⅱ. 如果它是公司，它是本国公司、外国公司或者合资企业。

Ⅲ. 如果它是本国公司，它是私人公司，国有公司或地方公司。如果它是国家或地方部分所有的公司，指出国家或地方参与的程度。

Ⅳ. 如果它是地方公司，请提供细节。

(c) 对于每种能源产品如煤、电、水、油，请提供供应商的姓名和地址。这些能源产品是以正常费率还是以任何特殊的或补贴的费率收费。请提供支持贵公司的申请的证据。每种能源产品的费率是多少？

(d) 对生产商使用的原材料的进口是否有任何直接或间接的限制或条件。如果有，请描述这些限制或条件。提供规定这些限制或条件的文件的复印件并描述和指出相应的条款。

4. 销售

(a) 解释任何地方当局或国家在价格/数量的设置上的介入。提供包含这些介入的文本的复印件(附加一份英文本)并指出相应的条款。

(b) 描述公司对出口到印度和其他国家的商品是如何定价的。贵公司是否直接与顾客商谈价格？这些价格是否受任何政府机构/团体的审查或指导？提供价格谈判的证据。

(c) 公司是否与其他出口商在设定价格或在确定产品所投向的市场时相协调？商会在协调公司的出口活动时扮演什么角色？

(d) 描述公司怎么同印度和其他国家的销售进行谈判。公司里的什么人有权利为公司签订销售商品的合同？公司外的任何组织要对销售交易的任何部分

(如价格、将售的产品,顾客)进行审查或批准吗?如果是,请确认该组织并解释该组织的角色。

解释任何地方或地区当局或国家在设定价格/数量上的介入。请提供(附加英文译文)设置那些介入的文件的复印件并指出相应的条款。

5. 工业产权和法律规定

(a) 指出贵公司与合资企业,其他公司、权力机构或政府(国家、地区或当地)之间与涉案产品的研发、制造、销售、许可、技术或专利协议有关的合同联系。请与协议的复印件一起提供英文本。

(b) 逐一说明公司就以上合同,所须支付的特许权使用费或其他付款方式的金额。

(c) 列出并解释公司为了生产,销售或者出口涉案产品所需获得的批准。公司是否直接或间接地在从事这些活动时受到数量限制或其他的限制。提供营业执照、注册和相关的许可证的复印件。请描述在什么情况下,这些执照和/或注册证书会被撤销。

(d) 描述公司的管理层如何选任。如果公司有关董事或经理的任命须通知任何政府机关,提供有关通知的细节,包括为何要通知。

(e) 指出目前管理公司的人并说明他们是如何被选任的。同时指出他们在担任目前职务前在公司所担任的职务。

(f) 是否对公司出口收入的使用存在任何限制?如果有,解释何时出口收入须存入银行账户:

(ⅰ) 银行账户的户主是谁?

(ⅱ) 谁控制此账户?

(ⅲ) 谁能够使用此账户?

(g) 解释公司怎么计算出口利润。这些利润怎么分配,由谁来决定怎样使用这些利润?

(h) 公司过去五年在外销中是否有亏损?如果有,亏损在财务报表上是如何处理的?如果公司从银行获得了贷款或者试图从银行获得贷款,描述贷款申请过程。

6. 破产法和物权法

(a) 描述对公司适用的破产法和物权法。描述公司或企业部门根据这些法律所享有的特别的减除或免除权利。

(b) 指出公司在利润的分配/返还和投资资本的返还方面是否受到限制。如果有，请提供有关这些限制的文件的复印件(附加英译本)并指出相应的条款。

7. 劳动力

(a) 描述公司在生产时是怎么组织劳力的。雇用了多少个熟练工人、非熟练工人、管理人员等？在调查期间支付给每个类别员工的平均薪水是多少？

(b) 请说明公司雇员薪酬制度(如详细指明薪酬具体组成部分，包括薪金、加班费、公交车费，假日津贴等)。

(c) 薪酬的发放周期是多少？哪个法律实体是最终付款人？公司雇员或他们的家庭可否享受其他福利例如住房、医疗，退休金，教育等？请指明谁为这些福利买单。

(d) 如果公司雇用外国职员，最后的付款人是谁。

(e) 请详细描述雇用或解雇员工的程序。指出由谁负责作最后决定。

8. 会计

财务报表：

Ⅰ. 指出公司的财务年度。

Ⅱ. 公司每年应向登记机关提交哪些会计文件？哪些机构在公司年审时会看到这些文件？

Ⅲ. 请提供全部财务报表(资产负债表、损益表、记账凭证、会计分类账和审计报告)包括原始记账文本和英文本。提供审计师的姓名和地址(若有)。

Ⅳ. 如果公司的财务报表未经审计，请解释原因。是否存在全部或部分账目应当进行审计的法律规定？

Ⅴ. 列出由审计师所作出的所有意见保留并解释为什么这些不是实质性的保留。

Ⅵ. 如果公司正申请关于增值税的退税，请提供细节。

9. 会计原理和实践

法律要求和基本会计原则：

Ⅰ. 账本和记录

请简要地描述，指出具体的、基本的法律要求如做会计时所使用的记账语言和本位货币，会计记录的期间和其他必须保存的文件(如重要的合同、协议、章程、董事会会议记录、财务报表和审计报告)。

Ⅱ. 会计方法和总原则

请简要地描述公司的会计总原则和方法，如果在财务报告中没有反映的话。请就以下项目进行说明：如估价方法的一贯性，资产及责任的区分，审慎评估，目前受关注的原则等。

(a) 会计原则的来源

请指出公司必须遵守的会计规则由谁制定，如会计规则和管理机关的标准（如财政部、税务局，证券部门等）。请列出这些规则。

(b) 具体的会计原则和实践

请简要地描述与以下所列的项目有关的会计原则和实践，如果财务报表未有反映的话。

Ⅲ. 资产估价

解释对主要固定资产和无形资产所使用的折旧及摊销的方法，并指明购置价值和当前账面价值。解释在每种情况下怎么获得财产（如在公开市场上购买，由股东处受让，从国家或第三方公司处无偿取得或折让取得）。如果上述资产的评估方法发生了变化，请解释该改变的基础及原因。也请给出其对当前账面价值的量化影响。

列出所有不属于公司所有但用于生产/商业目的设施（土地、建筑物和机器）。提供出租或租赁合同的复印件。

Ⅳ. 贷款和补贴

提供直到调查期结束期间公司持有的现有贷款的清单。给出具体的数额、分期偿还额和利率。解释公司是否从特别贷款或补贴计划中受益（如优惠利率和延长的还贷期、能源供给补贴等等）。

Ⅴ. 外汇交易

(a) 用于原料购进、外销和汇回利润的外汇交易汇率由谁确定？是否只存在唯一可以使用的汇率？如果不是如此，汇率会怎么随不同情形而变化。

(b) 解释公司对外汇的使用或换汇是否有任何限制。如果贵公司有一个外汇兑换账户，提供有关当局对您的申请的批准书复印件。（附加英文本）。

(c) 公司如何处置它从出口印度和其他国家的涉案商品销售中所得的外汇？

(ⅰ) 如果所赚的外汇（或一部分）必须卖给政府，适用的兑换率是多少？

(ⅱ) 如果所赚的外汇（或一部分）由公司保留，描述对外汇用途的任何限制。

Ⅵ. 易货贸易/对销贸易

公司在任何时候是否从事过易货贸易或对销贸易，用货物或商品交换（外国）设备、服务或者商品。请提供细节并解释所使用的会计方法。

Ⅶ. 补偿贸易/产品回购

解释公司在任何时候是否从事过补偿贸易（亦称产品回购），即一个（外国）

公司提供机器和设备并因此收取特定的回报，通常是以制成品的方式来偿还机器和设备的贷款。解释这些回报是否以贷款或分期销售构成。解释所使用的会计方法。

* * * * * * *

## 二、出口商调查问卷的填写

印度反倾销出口商调查问卷内容比较多，主要包括以下几个方面：

(1) 应诉企业总体情况介绍；

(2) 国内和对印度销售被调查产品的概况和二者之间的差异；

(3) 国内和对印度销售的价格及差异；

(4) 生产过程的原材料投入统计；

(5) 应诉企业的会计系统和会计制度；

(6) 生产过程、原材料投入以及生产成本的核算；

(7) 利润的确定方式和利润统计；

(8) 生产能力和潜力的信息收集，等等。

与每一部分的问卷内容相对应，几乎每一部分都要求应诉企业提供相应的电子表格。因此，在具体填写问卷时，应该结合相关部分的电子表格来填写，做到表格和所问卷所叙述的内容统一。同时，还要关注到各个部分之间的问卷答案之间，以及各个部分的各种数据之间的关联关系和内在的一致。

以下所附，是印度反倾销出口商调查问卷的中文译本。由于篇幅限制，未附问卷所列相关表格。

**印度政府**

**商工部**

**商业局**

**新德里**

**出口商调查问卷**

**反倾销和关税联盟总署**

**Email：moc antidump@ub. nic. in**

**介绍**

本署认为需要使出口商问卷简明扼要以便收集在反倾销调查中需要的信息。此出版物包含从被调查产品的出口商那里寻找信息的形式和指导方针经过修改的调查表。

出口商应在规定的时限内按照修改后的格式要求向指定管理机构提交完全正确的信息。

在商工部的官方网站上也可以下载出口商问卷：http://commerce.nic.in/antidump.htm

本署官员将会提供任何完成问卷所要求的说明。

* * *

**总则**

1. 根据1995年对1975年《海关法》第9A、9B、9C条的修改和《关税法》有关对倾销货物征收反倾销税和损害数额确定的确认、评估、和收集的规则，1995年修改后的《关税法》因此成为反倾销调查和征收反倾销税的法律基础。这些法律以根据1994年GATT第六款所达成的反倾销协议为基础。

   倾销、损害和两者之间的因果关系一旦成立，指定管理机关就会启动调查。在记录最初和/或最终发现之前就开始对案件进行调查。调查过程包括通过问卷形式从已知的相关利益方、著名的出口商/制造商、进口商和申请人那里收集关于各种参数的信息，如有必要的话对信息进行核实；
2. 指定的管理部门根据1995年《关税法》和有关条例使用如下设计的问卷可以获取对目前调查所必要的信息。出口商对此利益攸关，应尽可能准确、完整地对问卷做出回应，如果可行的话附上证件；
3. 问卷不是“填入类型”的，并且为提交问题的答案作了准备。提供的信息必须严格符合问卷，与问卷保持同一顺序并附在提供的声明上。需要统计或会计数据时，附录已提供提交数据的格式；
4. 如果你不是本调查所涉产品的制造商，你可以提供信息以回应此问卷与你有关联的部分，并且可以提供真正制造商的名称和地址。你同时应告知调查所涉及的制造商在规定的时限内提供指定的管理部门所要求的信息。你也应提供为了取得向印度、第三国家出口或者国内销售而与真正的制造商之间的所达成的条件、和有关的交流信件。你更应指明总量、价值、从每家制造商处获得的单价以及你在获得产品后和在不同市场运输所产生的费用。你获得产品后至将产品运往任何市场前所发生的费用的明细也需要提供；
5. 如果在你所属国原材料、人力成本(工资)、公用设施等的价格不是由市场来决定，那么确定价格、费用体系和直接和间接补贴的机制所适用的方法可以被解释；

6. 请附上关于任何索赔的证据,特别是关于在正常价值和出口价格方面声称的调价;
7. 提供信息的一方必须保证在每页纸的上方必须清楚地标明所有信息是“保密”还是“公开”的。未标任何记号的信息将被视为“公开”,指定的管理机关将会自由允许其他利益相关方查询此种公开信息。保密信息必须伴有概括的公开摘要。然而,如果指定的管理机关认为保密的请求不被许可是可行的,那么信息将不会被保密;
8. 所有公开提交的信息的复印件将被放在一个公共文件里,以备任何请求参加调查的利益相关方公开检查;
9. 提供信息的利益相关方必须保证在每页顶上清楚地标明/盖上公司的名字;
10. 提供的保密和公开版本应一律用文件说明/加以索引;
11. 请填写附录“A”中的证书。你可能使用附录“B",如果你授权某人/商号/公司在提交对问卷的回应所进行的咨询中代表你方利益;
12. 确保在指定的时限内提交指定的管理机关要求的信息。如果所填信息不完整或者不符合所要求的格式也会被指定的管理部门拒绝。如果指定的管理部门决定忽视一个问卷的回应,它将会在可以获得的最好信息包括由申请者提供的信息的基础上确定初步/最终结论;
13. 请提供在反倾销调查的过程中做的反应/提交的保密和公开版本的两个复印件。并用两张无病毒软盘或者硬盘拷贝最好以 MS 文档格式和全部格式和附录在 MS EXCEL 格式提供所有的 WRITE-UPS/解释等,(在首次回应期间或者在接下来的回应/听证会/答辩之后提交的书面回应)。

### 附录 A 保证书

我已做过适当的咨询,因此保证提交的资料所包含的信息是我的知识和信念的最真实,全面和正确的反映,是以可以获得的和公司保存的记录为基础,没有隐瞒和错误阐述任何材料。我完全明白如果一旦被发现任何数据/信息/声称与公司所保存的记录相反,那么指定管理部门将会谨慎地拒绝所有信息并做适当的评价。

日期:____________________ (签名)____________________

____________________(名字/标题)

注意:

(1) 必须完成此页并附在你提交的文件的开头;

(2) 证书应该由公司首席执行官/董事长/合伙人或者商号的业主或者公司/商

号授权处理此问卷的代表签署。

## 附录B 授权书

我们特此授权以下印度的某人/商号/公司在指定管理部门提起的反倾销调查中代表我们：

(代表你方的个人/公司的名字，地址，电话，传真和电子邮箱)

M/s ________________(名字)被特别授权代理以下事务：

1. 从指定管理机关接收传达；
2. 代表我们提交文件；
3. 代表我们出庭辩护。

(请删除不授权的事项)

日期____________________ (签名)____________________

____________________(名字/标题)

注意：

(1) 必须完成此页并附在你提交的文件的开头；

(2) 证书应该由公司首席执行官/董事长/合伙人或者商号的业主或者公司/商号授权处理此问卷的代表签署。

## 问卷

### A. 总述

请将以下一般信息作为附件。附上下列一般信息作为Annexure。描述你公司的法律形式并且说明它成立/登记/合并时所遵循的你们国家的法律。如果你的公司在结构方面有任何变化，请详细说明过去3年包括调查时期的每种变化。

(1) 列出你公司的拥有人/主要股东。说明他们中任何人是否与从事目标商品的生产和销售的任何其他公司有关，不论在你们国家还是在包括印度在内的其他任何国家；

(2) 列出你公司主要办公地点的地址和在印度的办公地点(如果有的话)。提供他们的电话、传真、和电子邮箱。说明主要联系人的名字、地址、电话、传真和电子邮箱(或者在印度或者在别处的应对反倾销过程的代表/法定代表人)；

(3) 列出涉及生产目标产品和其他产品的公司的完整地址、电话、传真和电子邮箱；

(4) 列出你方政府以任何形式给予的鼓励措施，如所得税减免、生产投入上的补偿/免税、原材料，电力、水力等公用设施的资助供应、为了限制进口而对目标产品实行进口许可；

(5) 提供包括印度在内的所有国家中与所调查产品有关的全部子公司和其他相关公司的名称、地址、电话、传真和电子邮箱。明确每家相关公司的活动。此外，请确认所有在你生产被调查产品过程中为你提供投入或者代表你销售易引起调查的产品的相关公司；

在所有这些情况里，请描述你们的关系的性质。说明你是否与这些实体中的任何一家分享任何董事会成员或者高级主管。如果有的话，请确认这些人和他们之间相互关系的性质。附上各方之间的任何安排的复印件；

(6) 请详细明确你方与其他任何公司之间在被调查产品的研发、生产、销售、批准、技术和专利协议方面的任何财务或者合同联系。

**B. 销售**

(1) 请完整描述出口到印度和在国内市场销售的被调查产品的说明。如果有的话，请提供公司使用的和对本问卷的回应中所使用的产品编码系统；

提供一份你公司制作的关于在国内和出口市场出售的被调查产品的成套目录和小册子(英文本或附有英文解释)；

(2) 请提供在国内市场和对印度的出口出售方面的分销渠道(批发商，经销人，零售商，最终用户，等等)。提供一张线形流程图或者流程表格；

(3) 请提供销售洽谈过程和你怎样在国内市场出售货物和出口到印度的情况；

(4) 请提供在国内市场销售和对印度的出口中发出/收到的全套单据；

(5) 请提供在国内市场销售和对印度的出口中的全部价目表的副本；

(6) 请根据附录 1 和 2 所提供的格式提供你公司与国内市场销售和对印度的出口方面的有关的所有信息；

(7) 请根据附录 2A 和 2B 所提供的格式提供针对印度客户需求的商品销售中的详细信息；

(8) 如果你认为国内市场和出口到印度的产品不同，请解释比较两者。解释两种产品的全部差别；

(9) 请根据在附录 3 所提供的格式提供在上年度和相关的时期(“BB”)来自这种相关产品(“AA”)销售的总数量和净销售利润。请提供调查时期每月的信息；

(10) 如果在国内市场生产销售的或者销往除印度之外的其他国家的商品与出口到印度的商品在物理/技术/化学特性上存在差别，请给出有关任何差别的本质的细节和证据和他们对产品成本的影响。

C. **价格结构和销售安排**

(1) 请提供同样商品在国内和出口市场上的单价,明示在出厂价之上收取的每种单价的本质和数量的细节。必须严格根据附录3A,3B和3C提供的格式填写信息。

(2) 问题C1,收取的价格:

- 是否包括除了价格以外的其他任何考虑;
- 是否受商业或者其他关系的影响;
- 是否受到直接或间接返款支付(例如,竞销、广告、保证、等等),补贴或其他好处?

"AA""相关产品"与正在调查中的货物有关联,是指与正在调查中的货物在各方面相同,或者尽管不是与正在调查中的货物各方面相同,但是与正在调查中的货物有非常相似的特征。

"BB"-"相应的期间"或者"调查时期"的含义在附信里确定。

(3) 请提供你与买主之间的影响购买单价的贸易安排的细节和证据,应该包括:

- 合意/合同/价格清单;
- 预订和开发票;
- 现在或以后给付的折扣、佣金、回扣;
- 付款条件;
- 其他任何参数,明确其细节。

D. **投资**

请按照下述表格提供生产被调查产品的投入。

E. **会计系统和会计政策**

(1) 你们公司正常的财务会计年度是什么;

(2) 请附上你公司已过去的最近三个财务年度的包括资产负债表、损益表、全部报告、记录、附注和审计员的意见的审计报告的英文版,也附上在被调查产品的营销和销售中与你公司有关联的公司的上述报表;

(3) 如果准备并保留有与被调查产品和包括被调查产品的产品目录有关的内部财务报表,管理报告,标准成本评论等文件。请提供最近财务年度的文件的副本;

(4) 请指明保管你们公司的会计报告的员工的完全的地址、电话、传真、电子邮箱、名字 & 职位;

(5) 请详细描述你的财会系统；

(6) 说明你公司的会计实务是否符合根据你们国家的公认会计准则(“GAAP”)，如果不一样，请列举与你们国家的GAAP有差别的地方；

(7) 请提供关于以下信息：

(a) 每种生产设备的平均使用年限、折旧方法和折旧率；

(b) 原料的估价基准，在制品和制成品的存货估价方法(例如，“先进先出”，“后进先出”，加权平均数)，等等；

(c) 交易和年终财务报表的交换收益和损失。解释你的本国货币与外币进行购买和销售时所使用的汇率。指明你使用汇率日期，发票日期，装船日期等等，以及其来源，例如官方汇率或者其他汇率；

(d) 费用和利息的资本化；

(e) 冲抵坏账。

(8) 如果你公司使用的任何会计方法已经在过去的3个财务年度里改变，请详细解释；

(9) 以叙事形式描述你公司使用的成本核算系统，必须包括以下信息：

(a) 大体描述与被调查产品有关的成本核算方法；

(b) 你是否有一种标准/预算成本的系统。如果有，请在调查期间提供标准成本系统的复印件；

(c) 列出你的成本核算系统中确认的所有直接和间接的成本中心。描述成本中心进行的活动；

(d) 描述在不同的成本中心分配成本的方法；

(e) 你怎样核算在生产过程的每个阶段产生的副产品/浪费，废料，损坏或者次品。

**F. 生产过程信息**

请提供如下内容：

(a) 描述被调查产品的生产过程；

(b) 提供生产流程图和每阶段的生产流通时间；

(c) 请确认在每阶段生产/消耗的物品。

**G. 生产成本信息**

(1) 请提供以下内容：

(a) 在被调查的产品的制造过程中使用的全部原料的目录；

(b) 确认生产消耗的投入是购买的还是公司生产的；

(c) 如果投入是进口的，请确认是否有任何进口税和其他税，这些税是否已包含在这些投入的价值中；

(d) 按照附录 5-a 提供的格式填写所使用的原料和投入的购买和消耗的明细表；

(e) 按照附录 5-a 提供的格式填写全部原料在被调查产品中的单位消耗量，根据在附录-6 陈列的形式提供他们的这种有关的产品的消耗每单位。对于购买的材料，解释与供应商的安排的性质和是否与你相同；

(f) 说明原料成本是否包括在获得生产过程中所使用的材料相关的运输费，税费和其他通常花费；

(g) 如果任何材料是从相关的供应商处购买或者公司自己生产，请说明材料的定价基础。说明你如何认为定价是公平市场价格的反映和代表。请提供非相关方在生产上投入相同或可比的原料的购买价。此外请提供自产的或者从相关联的供应商处购买的原料的成本；

(h) 解释一下怎样在被调查产品中分配利益成本。如果公司属于一个大集团，请提供收取利息的基准；

(i) 按照附录 8,8A,8B,8C 的格式填写制造和销售成本，在国内市场和出口市场的利润；

(j) 解释销售、日常和管理成本如何分别在被调查产品中，按照附录 9 的格式提供信息；

(k) 按照附录 7 的格式提供被调查产品和其他产品的费用分配。有关公司整体的信息应该与你公司财会报告相符合；

(l) 按照附录 4 的格式提供有关设计生产能力、计划生产能力、产量、库存和销售额的信息。某年的销售总值应该与公司的年度会计报告相符合。如果不符，请解释不同之处；

(m) 如果对印度的出口产品与国内市场或与其他国家的制造成本有差别，请解释之。

(2) 你公司在生产，货物的出口或者运输中是否直接或者间接地收到津贴，补贴或者其他鼓励措施？如有，请按照附录 8,8A,8B,8C 的格式提供细节并且表明任何成本是否包括这些补贴；

(3) 请提供回应此问卷时所提供的生产成本数据与你公司在会计系统里通常确定的成本之间的差别的实质细节。在本文中，原材料的成本和资本的成本(如资金成本，折旧等)须明确说明。

**H. 利润确定**

如果有其他任何差别(例如在数量、销售条件、销售状况、贸易的水平等等,请给出这些区别的实质细节和证明以及它们对利润的影响。

**I. 财务信息**

请提供你公司调查期间的、当年的和前两个财务年度的贸易表、损益表、资产负债表、年度报告、董事会报告的副本(英文版)。这些表应表明总利润的确定,销售细节、管理、其他成本、净利润,请一并提供包括计划表、董事会报告、审计报告等的完整的年度报告;

**J. 第3国家信息**

请提供除了印度(每个国家的信息是分开的)以外出口到其他国家的相关信息。如果正常价值是以国内市场为基础,那么本问卷中有关出口到第三国家的表格可以不填。

**K. 信息计划/潜在的生产,能力增加等信息**

请提供计划/潜在的生产能力增加、出口能力增加等方面的信息,请提供与被调查的存货有关的细节。

**附录1 与内销有关的信息**

请提供在调查期间被调查产品在国内市场的销售情况,表格如下:

(1) 系列号
(2) 产品代码
(3) 发票号
(4) 生产日期
(5) 客户名
(6) 是否附属于其他组织
(7) 附属的详细情况
(8) 数量
(9) 总发票金额
(10) 折扣
(11) 净发票金额
(12) 付款条件
(13) 佣金、折扣、货物、运输、信用等的调整(分别指出这些项下的金额)

注释:如果公司在国内市场不出售这种产品,请提供向印度之外的其他3个国家的出口细节。

## 附录2 与对印度出口相关的信息

请提供在调查期间被调查产品出口到印度市场的交易情况，表格如下：

(1) 系列号

(2) 产品代码

(3) 发票号

(4) 生产日期

(5) 客户名

(6) 是否附属于其他组织

(7) 附属的详细情况

(8) 数量

(9) 总发票金额

(10) 折扣

(11) 净发票金额

(12) 付款条件

(13) 佣金、折扣、货物、运输、信用等的调整(分别指出这些项下的金额)

* * 指明是FOB,C&F,CIF或者其他贸易术语。

## 附录2A 公司货物的销售

请提供在调查期间被调查产品出口到印度市场的交易情况，表格如下。请准备好调查期间和过去两年的明细表。调查期间的信息应该按月来提供

1. 等级：________。(不同的等级须提供不同的明细)
2. 相关时期从________________到________________。
3. 公司的总销售额：
   - 对印度出口的数量，价值和比率(请明确单位)；
   - 在国内市场销售的数量，价值和比率(请明确单位)；
   - 出口到印度之外的第3国家(数量，(请明确单位)的价值和比率)。
4. 出口国总销售额：
   - 对印度出口的数量，价值和比率(请明确单位)；
   - 在国内市场销售的数量，价值和比率(请明确单位)；
   - 出口到印度之外的第3国家(数量，(请明确单位)的价值和比率)；

注释：(1) 注明净销售收入并且确定相同。所用货币及其与用美元之间适用的汇率。请提供使用汇率时的适当证据；

(2) 可基于出口国的任何政府或者私营机构出版的信息提供与出口国的

总销售额有关的信息；

(3) 不同级别的产品有不同的时间表；

(4) 公司的总销售额的总计应该符合附录中所给的总销售额。

**附录 2B 对印度客户的出口额**

以下须提供的是关于向印度客户销售产品的细节：

1. 列举你的印度客户的姓名及地址清单，清单中还包括每个客户在交易中处的层次（例如：经销商、批发商、终端用户）；
2. 对每个用户来说，请提供下列细节：
   - 除了卖方和买方的关系之外，你公司与你的客户之间的任何金融或其他方面的关系；
   - 任何由你公司提供给你的客户的金融协助，比如贷款；
   - 折扣、回扣、佣金、版税、赔偿或者其他任何与售价有关的细节；
   - 关于交易的其他任何协议或者合同（提供副本）（例如：信用证条款、广告，担保等等），现时购买和预定购买的货物也在考虑之中（包括数量，价值和运输日程表）。
3. 阐述你向每个用户确定价格的方式。如果是根据价目表销售，那么要提供相关时期和当今价目表的全部副本；
4. 请详细说明其他任何可能出现在你和你的印度客户之间的影响准备交易的货物实际出口价格的情况；
5. 对于被调查的货物来说，请提供货物在出厂后至出口国港口（FOB）对每单位产品所增加的费用的细节情况。这些费用包括：
   - 出口包装费
   - 存储费
   - 从工厂到港口/边境内陆运输费
   - 保险费
   - 处理费用（handling）
   - 出口关税
   - 出口检验费
   - 出口经纪人的费用
   - 佣金
   - 其他税费
6. 如果不采用出口国离岸价形式，请提供除上面第 5 条列举的费用之外的其他费用。这些费用包括：

- 从边境到港口的运输费用
- 海外运输费用
- 海外保险费用
- 印度关税
- 在印度的海关代理费
- 在印度的港口使用费和运输费

7. 你的外销是否以现金付款的方式？如果这些销售不是现金交易，你怎样针对不同的信用证条款改变价格？如果这个变化带来的花费从你的信用证支出，做这笔信贷花费你公司多少钱，即你的付款条件是什么，收取的利率是多少？请解释你如何计算这个数据；
8. 请提供被调查货物的出口退税的情况。在附录 2 的表格中填写被调查货物在相应期间对每个客户的销售时间表。

## 附录 3　经营统计

### 附录 3A　对印度出口产品的售价结构

提供相应期间内所有价格和收费的细节。

等级：____________________

期间：从________________到________________

A 销售价格(每单位)

B 折扣/佣金

C 出厂后费用

Ⅰ. FOB 装运前

(1) 包装费用

(2) 陆地运输费用

(3) 保险费

(4) 储存费

(5) 处理费

(6) 税费

(7) 其他(详细说明)

Ⅱ. FOB 装运后

(1) 海运费用

(2) 海运保险

(3) 海运费用

(4) 关税

(5) 销售税

(6) 清关和港杂费

(7) 其他(详细说明)

(Ⅰ&Ⅱ)总成本:

---

出厂价:

---

(1) 请解释每个标题;

(2) 每个级别有单独的时间表;

(3) 所用货币及其与美元的汇率;

(4) 如果国内销售可征收的任何税款在出口时未征收或在出口时有资金返还或鼓励措施,请指明其性质和比率以及其对出口单价的影响并分别附上定单的副本。

**附录 3B 内销的售价结构**

提供相应期间内所有价格和收费的细节。

级别:____________________

期间:从________________到________________

1. 销售价格(每单位)

2. 折扣

3. 出厂后费用

(1) 包装费用

(2) 陆地运输费用

(3) 保险费

(4) 储存费

(5) 处理费

(6) 税费

(7) 其他费用

(1) to (7)总计:

---

出厂价：

---

注释：

(1) 请解释每个标题；

(2) 每个级别有单独的时间表；

(3) 所用货币及其与美元的汇率。

## 附录 3C　对印度之外其他国家出口的售价结构

提供相应期间内所有价格和收费的细节。

等级：____________________

期间：从________________到________________

A 销售价格(每单位)

B 折扣/佣金

C 出厂后费用

Ⅰ. FOB 装运前

(1) 包装费用

(2) 陆地运输费用

(3) 保险费

(4) 储存费

(5) 处理费

(6) 税费

(7) 其他(详细说明)

Ⅱ. FOB 装运后

(1) 海运费用

(2) 海运保险

(3) 海运费用

(4) 关税

(5) 销售税

(6) 清关费用

(7) 其他(详细说明)

(Ⅰ & Ⅱ) 总成本：

---

出厂价：

---

(1) 请解释每个标题；
(2) 每个级别有单独的时间表；
(3) 所用货币及其与美元的汇率；
(4) 如果国内销售可征收的任何税款在出口时未征收或在出口时有资金返还或鼓励措施，请指明其性质和比率以及其对出口单价的影响并分别附上定单的副本；
(5) 请分别提供每个国家的信息。

**附录 4 生产、销售、设计能力明细表**

请提供被调查产品、为生产被调查产品所制造和使用的投入和其他产品的明细表，须分别准备调查期间和过去两个财务年度的明细表。

1. 产品名
2. 单位
3. 生产能力
   - 额定的/设计的生产能力
4. 期初股票
5. 生产能力
6. 产值
7. 销售量
   - 国内市场
   - 出口到印度
   - 出口到其他国家
   - 能力转移
8. 销售价值
   - 国内市场
   - 对印度出口
   - 对其他国家出口
   - 价格折让
9. 期末股票

注：以上计算所使用的货币及其对美元的汇率。

## 附录5 原料和包装材料消耗明细表

注释:此明细表须在调查时期提交。

## 附录6 原料消耗明细表

* 消耗标准的来源。

* * 如果消耗的原料能够自产,分别提供生产成本的细节和那些原料的平均销售价格。

## 附录7 支出的分配

在以下表格中请提供公司总费用中分配给目标产品和其他产品的数额及其分配基础。

公司名称

注释:

(1) 此表中的信息须经执业会计师认定;

(2) 的收入与支出须与年度会计报告相符。

## 附录8 生产成本表

注释:请明确单位。

此表信息须经执业会计师核准。

## 附录8A 出口到印度的工厂成本和利润

级别:____________________

期间:从________________到________________

---

单位产品价值:

---

材料:

(在成品中每种原材料及其使用率)

1.

2.

3.

4.

5.

消耗的库存:

直接人力成本:

公用设施(如电力、水、气、油等):

间接成本：

- 生产性间接成本
- 降价损失
- 财务成本
- 利息
- 包装费用
- 其他间接成本(如有的话)
- 销售和经营成本

出厂后费用：

如果它包括税费，请指明相同和不同之处。

税前净利润/税前净损失

单价(出厂后)：

(1) 每钟级别有单独的时间表；

(2) 所使用的货币及其与美元的汇率；

(3) 排除在成本之外的税款(如消费税，营业税或者生产税等可能在比率和价值里反映；

(4) 在生产，取得，销售和原料运输，公用设施，资金等方面果有政府给予的直接或者间接的补贴，如果被排除在成本之外，可能在进口的每单位生产成本上显示；

(5) 描述所使用的成本核算系统。

## 附录 8B 国内销售的制造成本和利润

级别：____________________

期间：从________________到________________

---

单位产品价值：

---

材料：

(在成品中每种原材料及其使用率)

1.

2.

3.

4.

5.

消耗的库存：

直接人力成本：

公用设施(如电力、水、气、油等)：

间接成本：

- 生产性间接成本
- 降价损失
- 财务成本
- 利息
- 包装费用
- 其他间接成本(如有的话)
- 销售和经营成本

出厂后费用：

(如果它包括税费，请指明相同和不同之处)

税前净利润/税前净损失

单价(出厂后)：

---

(1) 每钟级别有单独的时间表；

(2) 所使用的货币及其与美元的汇率；

(3) 排除在成本之外的税款(如消费税，营业税或者生产税等可能在比率和价值里反映；

(4) 在生产，取得，销售和原料运输，公用设施，资金等方面果有政府给予的直接或者间接的补贴，如果被排除在成本之外，可能在进口的每单位生产成本上显示；

(5) 描述所使用的成本核算系统。

### 附录 8C 出口到印度之外的其他国家的制造成本和利润

级别：____________________

期间：从________________到________________

---

单位产品价值：

---

材料：

(在成品中每种原材料及其使用率)

1.

2.

3.

4.

5.

消耗的库存:

直接人力成本:

公用设施(如电力、水、气、油等):

间接成本:

- 生产性间接成本
- 降价损失
- 财务成本
- 利息
- 包装费用
- 其他间接成本(如有的话)
- 销售和经营成本

出厂后费用:

(如果它包括税费,请指明相同和不同之处)

税前净利润/税前净损失

单价(出厂后):

---

(1) 每钟级别有单独的时间表;

(2) 所使用的货币及其与美元的汇率;

(3) 排除在成本之外的税款(如消费税,营业税或者生产税等可能在比率和价值里反映;

(4) 在生产,取得,销售和原料运输,公用设施,资金等方面果有政府给予的直接或者间接的补贴,如果被排除在成本之外,可能在进口的每单位生产成本上显示;

(5) 描述所使用的成本核算系统。

## 附录 9　销售、管理间接费用分配的明细表

相关的营业额数字应该是净营业额(在全部折扣完以后,交完全部税款之

后)并且应分别在每栏里填写。“%”栏指净营业额的百分比;每项的数额应以净营业额的百分比来表示。

想了解有关详细情形,请联系:
反倾销和关税联盟总署
商工部
商业局
新德里-1100011
电话:23010362　　传真:23014418

# 第六章　土耳其反倾销的应对

## 第一节　土耳其反倾销法律制度简介

从1999年12月的欧盟理事会赫尔辛基会议起，土耳其即成为欧盟的候选成员国。而从2005年10月进入欧盟成员国筛选程序起，土耳其已按欧盟的加入流程进行了多轮(项)的谈判。2008年2月18日，对土耳其的入盟日程来说是一个重大的日子，这一天，欧盟理事会批准了经修订的与土耳其的入盟伙伴协议。到目前为止，欧盟与土耳其已进行了12项的谈判。2010年9月13日，土耳其已对加入欧盟进行了全民公决，这就意味着离其正式入盟的日子已越来越近了。

尽管如此，毕竟土耳其尚未正式成为欧盟成员国，虽然他们为入盟付出了艰辛的努力，包括按欧盟现行法律法规的要求来修改其本国法律以符合入盟要求，但毕竟入盟存在诸多变数，否则欧盟理事会对其的考察、筛选及谈判期就不会这么旷日持久。只要土耳其一日未入盟，其原有法律法规就将继续发挥效力，与其发生贸易关系的中国企业就仍然需要了解其本国反倾销法律，以做到知己知彼，以不变应万变。

### 一、土耳其对中国反倾销案件调查的一般情况

近些年来，随着中土两国的贸易总额的逐年增长，土耳其对中国产品使用反倾销措施的频率也不断升级。综合中国商务部网站和土耳其对外贸易署官方网站信息，据不完全统计，自1997年截至2009年8月底，土耳其在12年间对华发起反倾销立案调查共计67起(其中包括19起期终复审立案调查)，从2002年开始立案数量明显增加，尤其在2003年(共8起立案，其中1起为复审立案)、2004年(9起立案，且均为新案)、2006年(9起立案，其中2起为复审立案)。2007年虽也有7起立案，但其中5起均为期终复审立案，2009年1～8月(共16起，其中6起新立案，10起复审)。土耳其对华反倾销立案所涉及的产

品主要包括：打火机、管接头、人造及合成纤维织物、电子钟、铅笔、轮胎、门锁、彩电、空调、木地板、电线电缆等产品，涵盖机电、纺织、化工、轻工等多个行业的产品类别。在土耳其对华的反倾销案件中，绝大多数案件的终裁结果都是征收一定数额的反倾销税。

土耳其的对外贸易中相当一部分集中在纺织品、地毯、皮革等轻工产品上，主要出口对象是欧洲，而来自中国的物美价廉的商品或多或少对其形成了竞争。土耳其将反倾销的目标对准中国产品，原因在于其从欧美国家进口的产品多为高科技产品，本土多无法生产；而与中国贸易的产品则多为初级产品或来料加工型产品，土耳其本土也有生产，且大多为垄断或寡头生产企业，由于生产成本、样式等无法与中国产品竞争，导致中国产品占去其大部分市场份额。这些垄断或寡头生产企业由此频频提起反倾销，意图加大中国产品的销售成本来挽救其本国产品市场份额。今后较长的一段时间内，中国的制造优势还会继续保持，所以遭受土耳其反倾销的次数仍会呈增长趋势。

## 二、土耳其反倾销法律制度简介

### (一) 法律渊源

1989年土耳其颁布并实施了其第一部包含有反倾销法内容的法律——《防止不正当竞争进口法》(法律号3577)。这一法规包括了防止倾销性进口的条款，且是以GATT东京回合谈判修订后的《反倾销协定》中规定的技术和正式程序为基础的，但总体上还是属于国内法的范畴。其后，土耳其签署了乌拉圭回合谈判最后文本，并在1995年1月26日经过土耳其大国民议会讨论，修订了宪法(法律号4067)。借助土耳其宪法的规定，WTO《反倾销协议》这一国际法在土耳其境内具有了法律效力，成为土耳其反倾销主管机构进行反倾销案件调查的主要参考。

具体到土耳其国内，其反倾销法主要由以下法律规范组成①：

(1)《防止不正当竞争进口法》(修订号4412，以下称《法律》)。1999年7月25日土耳其对其反倾销法作了修订，形成了1999年10月25日生效的修订后的即目前土耳其进行反倾销调查所主要援用的法律。该《法律》为使国内产业免受由外国产品倾销或补贴等不公平竞争进口导致的损害，针对可能采取的措施和

---

① 资料来源于 http://www.wto.org/english/thewto_e/countries_e/turkey_e.htm。

适用的程序，规定了基本规则和原则；并授权由不正当竞争进口评估委员会制定上述基本规则和原则及行使最终裁判权，还规范了委员会的组成和职责。

(2)《防止不正当竞争进口法令》(以下称《法令》)，于1999年10月30日由土耳其对外贸易署颁布。该《法令》为使国内产业免受由外国产品倾销或补贴等不公平竞争进口导致的损害，规定了应采取的措施和适用的程序。

(3)《防止不正当竞争进口条例》(以下称《条例》)，于1999年10月30日由土耳其对外贸易署颁布。该《条例》用以规范《法律》和《法令》中规定的措施和适用的程序的具体实施。

(4)《防止不正当竞争进口补充条例》(以下称《补充条例》)，于2002年5月2日发布。《补充条例》规定了接受调查的来自非市场经济国家的企业满足市场经济待遇的五个条件。

(5) 对《条例》部分条款的修订，于2005年6月8日发布。

(6) 对《法令》和《条例》部分条款的修订，分别于2005年12月31日和2006年1月26日发布。

**(二) 土耳其反倾销调查机构**

根据《法律》第六条之规定，土耳其反倾销体系包括两个独立的主体：一为"不正当竞争进口评估委员会"，另一个是"倾销和补贴调查部"。

1. 不正当竞争进口评估委员会

由代表7个不同公共机构和非营利性组织各一名授权代表组成，这些代表分别来自农业和农村事务部、工业和商业部、国家计划署、海关署、工商业商会联盟、农业协会联盟，以及进口总局相关部门。委员会主席由进口总局正职或副职担任。委员会的职责为：有权决定是否开始、中止一项调查；如果证据充分，有权决定是否采取初裁措施报总理批准；有权评估调查结果，采取必要措施并可决定是否采取终裁措施报总理批准；决定是否接受价格承诺，在价格承诺被违反的情况下决定是否征收反倾销税。

2. 倾销和补贴调查部

隶属于土耳其对外贸易署进口总局。进口总局被授权进行申诉的初步审核，就是否开始调查、如何调查和应否采取措施向"不正当竞争进口评估委员会"提出建议。履行委员会秘书处的职能，完成委员会交办的其他事务。

### (三) 土耳其反倾销法律制度的实体规定[①]

1. 倾销的确定

1) 正常价值的确定

土耳其《防止不正当竞争进口法》根据被调查产品来自不同的国家，将确定正常价值的方法区分为市场经济国家、非市场经济国家以及转口贸易三个情况，这里仅就非市场经济国家的正常价值确定作简要说明。

2002 年 5 月 2 日，土耳其发布的《防止不正当竞争进口补充条例》中规定，接受调查的来自非市场经济国家的企业如能同时证明其满足以下 5 个条件，则可以视为市场经济条件下的企业，按照市场经济确定其产品的正常价值。具体而言，这五个条件是：第一，企业根据反映供需的市场信号在价格、成本、投入（包括原材料、技术与劳动力成本在内）、产出、销售和投资方面自主决策，这些过程中没有显著的政府干涉，主要投入本质上反映市场价值；第二，企业具有会计制度，财务报表和基本会计记录以此为基础，而且有与国际会计标准一致的独立审计；第三，企业生产成本和财务状况不受到明显的来自非市场经济体系的资源配置影响，特别是在固定资产折旧、其他冲销、易货贸易和债务抵偿支付方面；第四，企业受破产法和财产法约束，从而保证其运营的法律稳定性和确定性；第五，汇率变动以市场利率为基础。

对于来自非市场经济国家的进口，《条例》第 7 条规定采取以下方法之一确定其正常价值：①同类产品被用于属于市场经济的第三国国内市场消费时的实际支付或应付价格；②属于市场经济的第三国向其他国家（包括土耳其在内）的出口价格；③同类产品在属于市场经济的第三国的结构价格，即单位生产成本加上销售、一般费用和管理费用以及合理利润；④当上述方法不可行时，采用其他合理计算基础，包括同类产品在土耳其的实际支付或应付价格，土耳其生产同类产品的结构价格。

2) 出口价格的确定

出口价格是产品出口时的实际支付或应付价格。当由于出口商和进口商或第三方之间存在关联关系或存在补偿性安排而使出口价格不可靠时，采用以下方法确定出口价格：一是进口产品第一次转售给独立购买方时的价格；二是当产品没有转售给独立购买方或没有按照进口条件转售时，出口价格可以在合理的

① 本节参考了如下资料中的部分内容 http://gpj.mofcom.gov.cn/aarticle/bi/bm/bp/200601/20060101293280.html。

基础上计算出来。在第二种情形下，要考虑到进口和转售过程发生和应计的一切费用和利润，特别是运输、保险、装卸、关税、其他税收和因进口等原因产生的额外会计支出、一般管理费用以及合理利润等。

3）倾销幅度的确定

《条例》第10条规定，出口价格和正常价值应当以同一贸易水平、最好是以出厂价，并以尽可能相同的销售时间进行比较，比较时还应对销售条件、税收、贸易水平、数量、物理特征的差异和其他可能影响价格可比性的差异予以考虑。利害关系方应对差异的出现提供相应的支持文件。

《条例》第11条规定，倾销幅度的计算应以正常价值与每一单交易出口价或加权平均出口价进行比较。然而，当由于买家、地区和阶段的不同而导致出口价格明显不同，并且使用前述方法无法反映倾销的程度时，也可以以加权平均算出的正常价值与单一出口交易价进行比较。

2. 损害的确定

《条例》第16条指出，损害包括对国内产业的实质性损害和实质性损害威胁、对国内产业建立的实质性阻碍。

《条例》第17条规定，实质性损害的确定必须建立在确凿的证据上，要考虑：①倾销性进口的数量绝对额有否显著上升，占国内消费比例有否显著上升；②倾销性进口使得土耳其国内同类产品的价格明显削价，压制了后者的价格上升空间；③国内产业相关经济因素和指标，包括销售的实际和预期减少，利润、产出、市场份额、产能、投资回报和设备利用率的下降，影响国内价格的因素，倾销幅度，对现金流、存货、雇佣率、工资、增长和融资能力的消极影响等。在决定倾销是否对国内产业产生损害威胁时，应考虑如下因素：①倾销进口显著的增长率表明了进口实质性增长的可能性；②出口商有足够闲置商品及实质性增长的产能表明了对土耳其出口实质性增长的可能性；③进口价格显著低于或明显产生压制国内市场价格的结果，或进口可能会增加对更多进口的需求；④受调查产品的存货清单；⑤至于补贴调查，则需考虑该补贴的性质及其可能的贸易影响。上述任何单一因素都不具有决定性，必须对所有因素进行全面和综合的考量，除非不采取保护措施，实质性损害就会产生。《条例》没有对如何确定倾销是否对国内产业建立产生实质性阻碍进行规范。

3. 损害与倾销因果关系的确定

在确定是否征收反倾销税方面，相关证据必须显示倾销性进口和国内产业损害之间的因果关系存在，并且对所有相关因素都应考虑，才能判断是否存在因果关系。

### (四) 土耳其反倾销调查案件的一般程序[①]

1. 案件一般流程

见图 6-1。

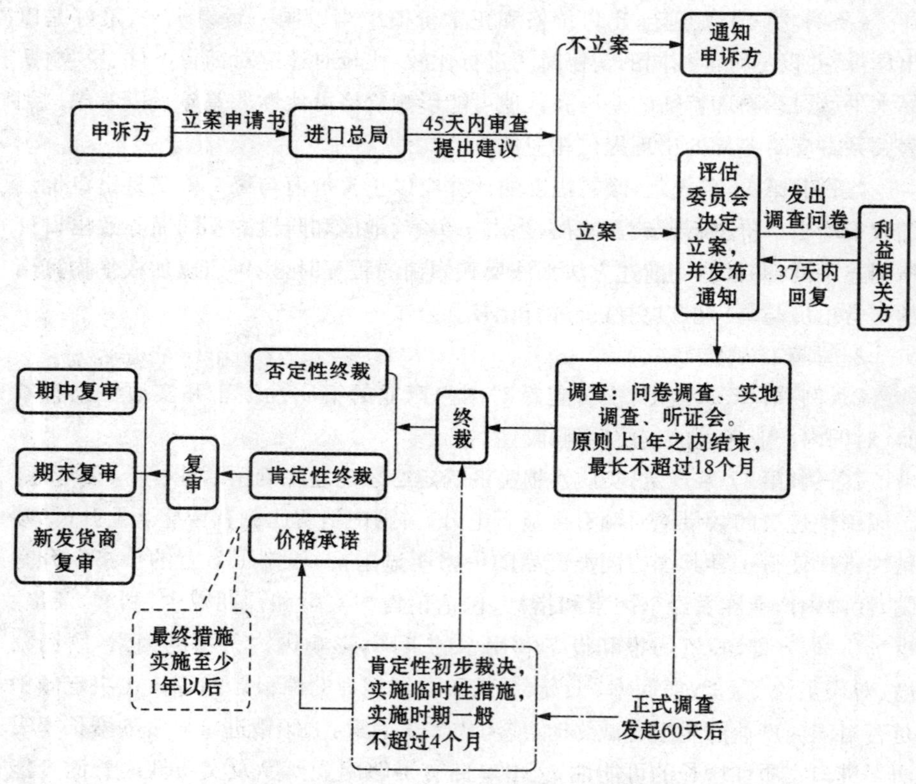


图 6-1 土耳其反倾销调查程序流程

2. 申诉和立案

《条例》第 20 条规定,土耳其国内生产商作为申诉方向进口总局提交申请书,申请书中应当包括的信息有:申诉企业信息和其产量规模与价值,被调查产品详细描述,已知出口商和外国制造商名单以及涉案的进口商名单,被调查产品价格信息和国内消费情况,国内产业受到损害或损害威胁的证据。进口总局有

① 本节参考了如下资料中的部分内容 http://gpj.mofcom.gov.cn/aarticle/bi/bm/bp/200601/20060101293280.html。

申请书的范例供申诉方参考。

进口总局对申诉方的资格（即支持或反对其申诉的国内生产商的产品产量达到土耳其同类产品国内总产量的50%以上，且申诉方产量达到土耳其同类产品国内产量的25%以上）以及其提供证据的准确性与充分性（包括倾销幅度并非“可忽略不计”等）进行审查之后，应当在收到申请书之日起45天内向评估委员会建议是否发起正式反倾销调查。审查期间内申诉方可以撤诉。评估委员会决定正式立案后，应向各利害关系方履行告知义务，在此之前任何有关申诉方的信息不得披露。

3. 调查和证据收集

《条例》第21条规定，调查问卷寄送给已知的进口商和出口商后，并被认为寄送后7日内收到，利益相关方应当在收到问卷后的30天内答复，即调查问卷应在37日内回复。如果有正当理由，调查时限可申请顺延，但《条例》没有表明上述期限最多可延长多少天。此外，进口总局在调查的任何阶段可以要求利益相关方提供额外信息。为了核实信息，调查机关在得到被调查企业和国家同意后可以进行实地核查。在案件调查中，进口总局要给利益相关方足够的机会提供信息，利益相关方书面提出申请或由进口总局发起，举办听证会。

《条例》第26条规定，对于在调查中不合作的利害当事人，对其的初裁或终裁决定将使用“现有资料”。所谓不合作的利害当事人，指的是在规定期限内不提供资料的、或拒绝合作的、或实质性地阻碍调查进程的或提供虚假或误导信息的利害当事人。

4. 抽样调查

《条例》第27条规定，如果申诉方、出口商或进口商数量较多，或产品种类繁多，或交易量庞大，调查机关可以按当时有效的统计数据对当事人、产品或交易数量采取合理的抽样调查，或对在合适时间内能被合理调查的最具代表性的产品生产、销售或出口量进行抽样。在进行抽样调查时，调查机关应取得相关生产商、出口商或进口商的同意。

5. 调查结束或停止

《条例》第29条规定，评估委员会在下述条件下结束调查。①倾销或损害不存在，或倾销幅度“可忽略不计”；②申诉企业撤诉，或申诉原因不再存在，或申诉企业不予以调查合作。此外，评估委员会在出口商接受价格承诺时也可以停止反倾销调查。《条例》第30条规定，除非有特殊情况，反倾销调查原则上不应超过一年，评估委员会可应要求延长6个月。

6. 临时性措施和最终措施

肯定性的初步裁决后，评估委员会可以采取反倾销的临时性措施，但采取该临时性措施要在正式调查发起60天后，且实施时期不超过4个月。评估委员会通过决定，并有部长批准的情况下，这一实施时期可以应相关利益方的要求延长至6个月。以检验低于倾销幅度的税收是否足够消除损害为目的的临时性措施可以实施6至9个月。

肯定性终裁的最终措施——决定征收反倾销税，由评估委员会提出，并须经土耳其贸易部批准。调查期间征收的保证金实行“多退少不补”的原则。

7. 价格承诺

以肯定性的初步裁决为前提，原产国、出口国或出口商可以在调查期间自发或听取评估委员会建议提出价格承诺。价格承诺实施后，调查停止。一旦出现违反价格承诺的情况，评估委员会可以根据“现有资料”实施临时性措施或最终措施。

8. 复审

土耳其反倾销法中有期中复审、期终复审和新出口商复审三种复审形式，分别在《条例》第7部分第34至36条中作了详细规定：

(1) 期中复审可以在最终措施实施至少1年后经由相关利益方提请发起；

(2) 最终措施实施期限从最近的一次审议算起原则上为5年，期末复审可以在最终措施结束前3个月之前由国内生产商或政府书面提出申请，申请通过则开始新一轮审议，正在执行的措施在复审期间内继续实施；

(3) 审议调查期间新的出口商要向进口总局提交书面申请，以得到关于其倾销幅度的裁定，原则上新出口商复审应当加速进行，但不能影响国内生产商表达意见。

## 第二节　应对土耳其反倾销律师实务

### 一、应诉土耳其反倾销案件中应注意的问题

中国企业在应对土耳其反倾销案件中，存在一些跟应诉其他国家反倾销案件共同的问题，也存在一些差异，下面就结合我们所了解的情况作如下具体的分析。

#### (一) 土耳其调查机关对调查程序的把握具有很大的随意性

在我们代理案件的过程中，我们发现土耳其调查机关对调查程序的把握具

有很大的随意性，给中国应诉企业增加了不少负担。比如，他们要求应诉企业提供经公证过的企业负责人签字的所有应诉文件的纸质材料，还要一式若干份，而在其调查程序规定中并无相应的要求，这无形中给中国应诉企业增加了不少负担。此外，在土耳其调查机关调查机关的网页上，有关其法规和程序等的英文文本缺乏，给中国应诉企业增添了不少麻烦。

**（二）中国企业对土反倾销案件应诉率低**

有关统计资料表明，由于种种原因，中国企业对土耳其反倾销案件的应诉率极低。这些国内涉案企业或不应诉、或不交问卷、或交问卷不及时、或答卷不符合要求，等等，还有的在土方立案后毫无准备，或根本不抵抗、不回应，最终导致大部分案件都以征收高额反倾销税结案。比如：1998 年聚乙烯醇案，土耳其反倾销调查机构并没有向中国两家涉案企业发出调查问卷；1998 年塑料体可充气袖珍气体打火机案，中方涉案企业称曾向土方索要调查问卷，但土方没有答复；2002 年尼龙搭扣案，涉案的中国大陆和中国台湾企业没有交回问卷；2002 年自行车内外胎案和 2003 年塑料自动铅笔和塑料圆珠笔案，中国国内涉案企业对调查问卷的答复不符合要求；2003 年“家居合页和支脚”以及“抽屉滑轨”案，中国国内被诉企业没有任何一家应诉。

上述情形的形成有诸多原因。其一，这与涉案产品多属于标的比较小的轻工产品有关，如 2003 年中国向土耳其出口童车的出口额仅为 366.4 万美元，不到中国童车总出口额的 1%，故童车案发生后中国涉案企业因应诉成本高出口量少而放弃应诉，这是可以理解的，这也不失为企业追求利益最大化的一种选择。其二，我们对土耳其反倾销法的了解不多，不够重视，加之土耳其的官方语言是土耳其语，迄今为止在土耳其外贸署的官方网站上都没有跟案件有关的任何英文信息，通过其他渠道也难以查询到相关的资料。其三，土耳其调查机关的自由裁量权较大，随意性很强，这些也是造成企业胜诉的几率较小、企业不愿应诉的主要原因。

针对我国对土耳其反倾销案件国内企业应诉率比较低的现实，我国对外经贸主管部门以及相关的行业协会应该积极开展对外磋商谈判，为国内企业应诉土耳其反倾销案件创造一个良好的应诉法律环境，当土方调查机关的做法不符合 WTO 规则要求时，应该据理力争，将争议提交 WTO 争端解决机构，对其国内反倾销调查的规范性、透明性施加必要压力，以维护正常、公平的贸易秩序。此外，还应该加强对于土耳其反倾销法律方面的研究和介绍，以及相应的人才培养，加强对于涉案企业的专业指导。

### (三) 冲破适用“现有资料”原则的方法在于主动应诉

中国企业应诉率低导致的直接后果,就是土耳其调查机关使用“现有资料”作为裁判的依据。此外,提供资料不及时或提供资料不准确也都会导致这种结果。“现有资料”(Facts Available,土耳其措辞),或称“现有最佳信息”(Best Information Available,WTO措辞),是在反倾销调查程序中利害关系方最不愿意获得的裁决结果之一。《条例》第26条规定,对于在调查中不合作的利害当事人,对其的初裁或终裁决定将使用“现有资料”。所谓不合作的利害当事人,指的是在规定期限内不提供资料的、或拒绝合作的、或实质性地阻碍调查进程的或提供虚假或误导信息的利害当事人。也就是说,如果土耳其调查机关认为应诉企业不合作或者提供的资料不可信,将有权依据其现有的其他资料做出裁决,此时应诉企业在实质上等同于丧失了辩护的权利。

在世界各国和地区的反倾销调查实践中,“现有资料”或“现有最佳信息”几乎等同于最坏的裁决结果,WTO《反倾销协议》甚至坦率地承认“这种情况下可能导致对当事方比较不利的结果,这一点是很清楚的”。一般来说,“现有资料”或“现有最佳信息”就是由申诉方所提供的资料,它必然是不利于反倾销调查程序中的被申请人的,它既是利益相关系方不合作的后果,也是利益相关系方不提供信息或严重阻碍调查的后果。当贵公司看到土耳其调查机关的裁决适用“F/A”时,就意味着贵公司不幸获得了最坏的裁决。

遗憾的是,在中国企业应对土耳其反倾销调查的成绩单中,我们看到了为数不少的“F/A”。比如:2003年的圆珠笔和(塑料)自动铅笔案;2004年的金属纱线案、彩电显像管案、新橡胶充气轮胎案、钢或铁的防滑链或发动机案;2005年的交直流两用发电机案以及复合木地板案;2006年的传送带案、耐火砖案以及聚酯合成的短纤维案;等等。在已征收反倾销税的36个案例中,11个案的裁决依据为“F/A”,约占总数的三分之一。

要突破土耳其调查机构采用“现有资料”的原则,要防止土耳其的国内产业不战而胜就将中国的产品赶出土耳其市场,唯一的方法就是积极主动应诉。因为只有应诉,才能将中国涉案企业的完整、准确的信息提交给土耳其的反倾销调查机构,只有应诉,也才能有机会使土耳其的调查机构按照我们国内企业所提供的相关信息,进行相对合理的裁决,从而保障我国企业产品在土耳其国内的市场的存在。

### (四) 关注“同类产品”在反倾销应诉中的作用

反倾销法的实质,在于补偿同类产品因与倾销性进口产品之间竞争而导致国内产业的损害。因此“同类产品”是反倾销法中一个重要法律概念。它贯穿于反倾销调查过程的始终，是确定被调查进口产品范围和国内产业范围，进而进行损害评估的起点和标准。

由于实践中同进口产品完全一致的国内产品很少，缺乏可比性，因此在反倾销案件调查中，一般采用国内销售的“类似产品”与进口的国外产品相比较。至于“同类产品”和“类似产品”如何确定，依据哪些程序、哪些标准、哪些特征进行认定，无论 WTO《反倾销协议》还是印、土的反倾销法律都没有作出明确规定。这就为其反倾销调查机构对同类产品的定义和范围确定留下了很大的人为意定的空间，在很大程度上不利于我国国内企业的应诉。例如，在 2003 年土耳其反倾销中的“家具合页和支脚”和“抽屉滑轨”案中，涉案两种产品规格型号很多，样式也多，其下游产业会根据市场需求等多种因素对产品作出选择和淘汰。就连土耳其部分进口企业都在问卷回复中称，伸缩式走珠抽屉滑轨在土耳其国内并没有生产。但是，土耳其反倾销调查机构却武断地以二者在技术特点、品种、经销渠道、用途、功能和用户认知等方面具有可比性，执意确定“同类产品”关系的存在，从而做出了不利于中国企业的裁决。

因此，中国企业在海外开拓土国内市场的过程中，在首先了解清楚自身生产和出口的产品各方面特点的同时，还应了解清楚其国内同类产品的相关状况，分析两种产品之间的可替代性和市场需求状况，尤其是下游产业的产品选择性。只有这样，在遇到相关产品反倾销案件指控时，才可以防止土耳其方面借同类产品和类似产品的界定这一问题，作出不利于我国企业的裁决。

## 二、土耳其反倾销调查问卷介绍

调查问卷是土耳其调查机关对倾销和损害进行调查的主要方式，也是调查机关做出最终裁决所依据的主要组成部分。在反倾销应诉工作中，正确、及时地填写调查问卷是最重要的工作，也是决定应诉工作最终成败的关键步骤。

不像欧盟的分阶段需填写不同的问卷，土耳其调查机关将所有的问题都融合在同一份问卷中，包括市场经济和/或个别待遇（单独税率）申请。

针对每一宗案件，土耳其调查机关通常会发放对申诉方的问卷、对进口商的问卷以及对生产商/出口商的问卷。由于中国涉案企业一般都作为出口商或生产商的身份参加应诉，故需要填写生产商/出口商问卷，本文也将结合出口商/生产商问卷的内容，对于该问卷的填写作一简要讲解。

一般而言，土耳其反倾销案件中的生产商、出口商的问卷由以下几部分组成：

A部分:(基本信息)要求填写贵公司的一些基本信息;

B部分:(产品描述)请详细描述该调查程序所涉及的产品;

C部分:(经营统计资料)要求提供统计资料;

D部分:(产品外销至土耳其)要求填写涉案产品外销至土耳其的信息;

E部分:(产品内销)要求提供涉案产品的国内销售信息;

F部分:(产品外销至第三国家)要求提供涉案产品外销至第三国家的具体信息;

G部分:(产品成本)要求提供涉案产品的产品成本信息;

H部分:(为公平对比而进行的调整)要求答卷方陈述所有的调整,以用于对正常价值和出口价格进行公平对比;

I部分:(证明)要求提交在问卷答复中所提供的信息的证明;

J部分:(必需的计算机化信息)提供关于具体的计算机文档文件的一些具体信息;

K部分:市场经济和/或个别待遇(单独税率)申请。

下面为土耳其反倾销对生产商、出口商的问卷的中文译本。

## A部分　基本信息

A-1　身份和信息

请提供贵公司的如下详细信息:

公司名称:

公司地址:

联系人:

电话:

传真:

邮箱:

公司网址:

A-2　在土耳其的法定代理人

如果贵公司在此调查过程中任命了法定代理人协助你,那么请提供以下详细信息:(请注意,贵公司在土耳其的法定代理人只能由总部设在土耳其的法定代理人担任。在这种情况下,律师的有法律效力的证明文件也是必须的。)

法定代理人姓名:

地址:

电话：
传真：
邮箱：
A-3 公司信息
1. 贵公司的法律形式：
2. 请列明贵公司的主要股东(在调查期间持股比例超过1%的股东)，并说明他们的变更情况。

| 股东姓名 | 持股比例 | 股东的变更情况 |
|---|---|---|
| | | |
| | | |

3. 请提供一个图表以概述贵公司的内部层次和组织结构。这个图表应显示销往国内国外市场的涉案产品在生产、销售、市场推广和分配方面涉及的所有部门。
4. 请提供贵公司生产和/或销售的所有产品的清单。如果产品分为不同的产品群，请说明这些产品群。
5. 请说明贵公司在世界范围内的企业结构和附属机构，包括母公司、分公司或者其他相关公司。可做图示说明。
6. 请提供与贵公司产品在土耳其的销售和售后服务相关的个人、代理机构、批发商、贸易公司的名字、联系地址。
7. 提供贵公司在所有国家的、与涉案产品的生产相关的、全部子公司和其他关联公司的名称、地址、电话、传真。请具体描述每个相关公司的业务活动。此外，请确认在所有相关公司中，哪些公司为涉案产品的生产提供投入，或者在此过程中你销售产品是代表哪方利益。请具体描述贵公司在这些实体中占有的股份比例，以及这些实体在贵公司占有的股份比例。据此，请使用下表：

| 相关公司的名称、地址、电话、传真 | 请对与涉案产品的生产相关的公司划"√" | 活动明细 | 请以划"√"形式标注是否为涉案产品的生产商 | 请以划"√"形式标注是否为制造涉案产品的供应商 | 贵公司在相关公司中的持股比例 | 相关公司在贵公司的持股比例 |
|---|---|---|---|---|---|---|
| | | | | | | |
| | | | | | | |
| | | | | | | |

8. 在所有这些情况下，请描述这些关系的性质。请说明在这些实体中是否有贵公司人员担任董事成员或者高级管理人员之职。若有，请确认这些人员并说明其相互关系的性质。请附上这些成员的任命副本文件。
9. 请具体描述贵公司与任何其他公司在研发、生产、销售、许可、技术和专利方面的任何财务或合同关系，以及合资信息，或其他关于涉案产品的协议。

A-4　贵公司管理信息系统(MIS)的基本信息

1. 请提供贵公司管理信息系统(MIS)的基本信息及其组织架构图表，比如不同的地点/部门/活动之间的联系，例如像总部和工厂之间的联系。如果那样，请解释这些不同的部门之间是如何成为一个整体的。
2. 哪些活动是可以通过总部控制的(包括库存控制，产品计划，生产秩序，产品生产线，销售订单，装卸等等)?
3. 请简要说明你方用于管理信息系统(MIS)的电脑系统(硬件和软件，例如SAP或者公司开发的软件)。
4. 请列出管理信息系统所管理的数据库信息，并简单提供这些信息的内容。

## B部分　产品描述

B-1　调查范围

请阅读问卷第一页关于本次调查所涉产品的描述和产品CN代码。产品CN代码只用于提供信息，对产品的分类没有约束力。

本问卷对涉案产品的任何提及均是指上面提到的产品描述。

B-2　产品描述

以下信息是用来届定和区别贵公司及相关公司所销售的涉案产品的不同类型。请尽可能详细地描述贵公司和相关公司在国内市场、土耳其和第三方国家所销售的产品的不同类型。

请注意：在这部分中给出的产品代码必须和之后部分所提供的产品代码完全一致。在本节第1、2、3部分中所要求的清单请均用以下表格填写("SPECTUR","SPECDOM")。

请提供涉案产品的详细产品描述，例如无纺布合成长丝纱线，产品描述应包括具体成份及其所占百分比，如66%聚酯，30%棉，4%莱卡，每厘米有多少经纱和纬纱，每平方米占多少克重量，色织/非色织，等级以及任何你认为重要的信息。

表格：

| 国内产品代码 | 产品名称 | 产品的技术定义 | 产品的应用领域(在何处使用) |
|---|---|---|---|
| | | | |
| | | | |
| | | | |

1. 请详细描述贵公司的产品编码系统。请提供一个你方产品代码的关键词,包括前缀、后缀和其他符号,以区别不同的产品规格。请说明同一类型的产品在国内外市场是否使用不同的产品代码。如果是,则必须提供一份名为“编码对应表”(CODEMATCH)的清单,以显示各个类型的产品在各自的市场上是如何鉴别的,以及用于出口的产品编码与用于国内销售的产品编码是如何相对应的。请以MS路径的形式提交“编码对应表”(CODEMATCH)。(详见J部分)
2. 请准备一份名为“土耳其产品规格”(SPECTUR)的清单,以显示出口至土耳其的产品的技术定义,提供涉案产品所有类型的信息。请同时以MS电子表格(MS EXCEL)的形式提交SPECTUR表格。(详见J部分)
3. 请准备一份名为“内销产品规格”(SPECDOM)的清单,以显示内销产品的技术定义,提供涉案产品所有类型的信息。请同时以MS电子表格(MS EXCEL)的形式提交SPECDOM表格。(详见J部分)

B-3 国内外销售产品的对比

1. 请以下列表格的形式,列明贵公司及其相关公司在调查期间在国内和向土耳其销售产品的所有类型。(请不要忘注明计量单位和货币种类)

| 国内产品代码 | 产品名称 | 内销产品数量 | 内销产品价值 | 出口至土耳其的产品数量 | 出口至土耳其的产品价值 | 内销产品数量与出口至土耳其产品数量的比例(%) |
|---|---|---|---|---|---|---|
| | | | | | | |
| | | | | | | |
| | | | | | | |

请详细描述上述表格中所列的、由贵公司及其相关公司在国内和向土耳其销售的所有类型的涉案产品之间的不同。涵盖的不同点应包括材质、设计、规格及产品生产过程。请说明任何其他导致这些产品类型定价不同的因素。

## C部分　经营统计资料

在这一部分所有的价值都必须以贵公司账目文件中所采用的货币单位提供,此处的每份表格都应显示货币单位。

请描述外国货币转化成你本国货币的方法,例如每天、每月、每年、每年加权等等。

C-1　营业额

1. 请以如下表格的形式,陈述贵公司的净营业额(除去所有折扣之后)、免税额。

| | 调查期前两年 | | 调查期前一年 | | 调查期间 | |
|---|---|---|---|---|---|---|
| | 独立客户 | 关联客户 | 独立客户 | 关联客户 | 独立客户 | 关联客户 |
| 公司总营业额(所有产品) | | | | | | |
| 国内市场 | | | | | | |
| 土耳其 | | | | | | |
| 其他国家 | | | | | | |
| 涵盖涉案产品的产品群营业额 | | | | | | |
| 国内市场 | | | | | | |
| 土耳其 | | | | | | |
| 其他国家 | | | | | | |
| 涉案产品营业额 | | | | | | |
| 国内市场 | | | | | | |
| 土耳其 | | | | | | |
| 其他国家 | | | | | | |

2. 如果贵公司与相关公司的账目是合并的,那么请以如下表格的形式,陈述合并后的营业额(除去所有折扣之后)、免税额:

| | 调查期前两年 | 调查期前一年 | 调查期间 |
|---|---|---|---|
| 集团公司总营业额 | | | |
| 国内市场 | | | |
| 土耳其 | | | |
| 其他国家 | | | |
| 涵盖涉案产品的产品群营业额 | | | |

（续表）

| | 调查期前两年 | 调查期前一年 | 调查期间 |
|---|---|---|---|
| 国内市场 | | | |
| 土耳其 | | | |
| 其他国家 | | | |
| 涉案产品营业额 | | | |
| 国内市场 | | | |
| 土耳其 | | | |
| 其他国家 | | | |

3. 请详细解释合并账目是如何制作的。

C-2 销售总量和销售总额

1. 请以下表格的形式，陈述贵公司向非关联客户所销售的涉案产品总量，并采用本国货币形式注明计量单位和价值：

| 销售量 | 调查期前三年 | 调查期前两年 | 调查期前一年 | 调查期间 |
|---|---|---|---|---|
| 国内市场 | | | | |
| 出口至土耳其 | | | | |
| 出口至其他国家 | | | | |
| 销售总量 | | | | |

| 销售额 | 调查期前三年 | 调查期前两年 | 调查期前一年 | 调查期间 |
|---|---|---|---|---|
| 国内市场 | | | | |
| 出口至土耳其 | | | | |
| 出口至其他国家 | | | | |
| 销售总额 | | | | |

| 单价 | 调查期前三年 | 调查期前两年 | 调查期前一年 | 调查期间 |
|---|---|---|---|---|
| 国内市场 | | | | |
| 出口至土耳其 | | | | |
| 出口至其他国家 | | | | |
| 合计 | | | | |

2. 销售涉案产品的每个附属公司及其他相关公司也需提供一份相同的表格。
3. 贵公司、所有附属公司及其他相关公司均需提供一份相同的表格，以显示涉案产品的总销量。

C-3　生产量和生产能力统计数据

1. 请以如下表格的形式提供贵公司的生产总量信息，如果可能的话，还需包括所有附属公司及其他相关公司对于涉案产品的采购[①]：

| | 调查期前两年 | 调查期前一年 | 调查期间 |
|---|---|---|---|
| 生产能力 | | | |
| 实际生产量 | | | |
| 产能利用率(%) | | | |
| 涉案产品的采购<br>-数量<br>-价值 | | | |

2. 请解释贵公司生产能力和产能利用率的计算方法。
3. 如果贵公司生产的涉案产品是在出口国(包括土耳其)以外的地方生产的，请以表格形式分别提供每个相关生产车间的信息。
4. 请提供贵公司在国内、在土耳其和其他国家着手生产或提高产能的未来计划的详细信息。

C-4　库存

请以如下表格的形式分别提供贵公司及各相关生产公司的库存量和库存价值：

| | 所有产品(价值) | 涉案产品(价值) | 涉案产品(数量) |
|---|---|---|---|
| 调查期前两年的期初存货 | | | |
| 调查期前两年的期末存货 | | | |
| 调查期前一年的期初存货 | | | |
| 调查期前一年的期末存货 | | | |
| 调查期间的期初存货 | | | |
| 调查期间的期末存货 | | | |

① “采购”是指完成的状态下对涉案产品的所有购买。在转售前对已购买的产品进行轻微改动(如重新包装)，通常并不影响如对成品购买的认定。

C-5 雇员情况

请完成下表，以显示贵公司的雇员数量：

| | 调查期前两年 | 调查期前一年 | 调查期间 |
|---|---|---|---|
| 雇员总数(合同工除外) | | | |
| 生产涉案产品的雇员人数(合同工除外) | | | |
| 销售及一般行政管理雇员人数(合同工除外) | | | |
| 与涉案产品有关的销售及一般行政管理雇佣人数(合同工除外) | | | |
| 合同工总数 | | | |
| 与涉案产品有关的合同工人数 | | | |
| 请注意：与涉案产品的生产有关的各关联公司也需分别提供此份表格。 | | | |

C-6 投资

请完成下表，以提供贵公司生产涉案产品时的投入总量：

| | 调查期前两年 | 调查期前一年 | 调查期间 | 调查期后一年预测 |
|---|---|---|---|---|
| 建筑物 | | | | |
| 机器设备 | | | | |
| 其他(请具体指明) | | | | |

请注意：与涉案产品的生产有关的各关联公司也需分别提供此份表格。

## D部分 出口到土耳其的产品销售

这部分是调查涉案产品出口销售到土耳其的详细信息。尤其贵公司需提供这些出口的销售价格及定价方法。

这部分所有的价格都必须以贵公司记账用的货币形式提供，并且每个表格都须注明该货币形式。

为了确定某项销售是否归属于调查期间，发票时间通常被认为是销售时间。

1. 请解释贵公司出口到土耳其的销售渠道(从出厂开始到第一次转售给独立客户)。请以详细的流程图说明销售的条件，和对每个层级客户(比如批发商、零售商等)包括关联公司的定价。
2. 请以图表形式描述贵公司销售谈判过程的每个步骤，包括从与买方第一次联系开始到任何的售后价格调整。如果销售过程因客户等级不同而有所变化，请分别描述每个市场的每次变化。

3. 如果贵公司的销售是根据合同进行的(不论是长期还是短期)，请详细描述这些合同，包括此处的价格、数量，达成一致的过程。请描述与涉案产品相关的每种合同类型，包括合同期限、任何一方提出的变更产品价格或者重新协商的要求等。请解释是否有任何一方认为合同应提前终止。
4. 请解释说明贵公司在土耳其市场的售后服务情况。
5. 请完成下表，以提供贵公司在调查期间向土耳其出口涉案产品的总销售量，及相应的平均出口价格：

| 产品编码 | 出口到土耳其的产品总量 | 发票总净价 | | 每单位的发票净价 | |
|---|---|---|---|---|---|
| | | 美元 | 记账货币 | 美元 | 记账货币 |
| | | | | | |
| | | | | | |
| | | | | | |
| | | | | | |

6. 对于通过关联公司进行的销售，请详细说明销售是如何进行的，以说明包括下单时间、交货到第一独立客户的时间的详细销售过程。请充分解释开发票和付款的过程。
7. 关于调查期间贵公司向土耳其出口涉案产品的所有销售：

(a) 请提供以下所有资料的清晰复印件：Ⅰ、出口发票；Ⅱ、用于进口商报关的出口发票，以及；Ⅲ、按照贵国税法要求开具的出口销售发票，并附有土耳其语或者英语的翻译译本；

(b) 请以MS路径数据库表格的形式，提交一份贵公司出口到土耳其的销售清单，该表格须作为附件(详见J部分)递交软盘。表格以“土耳其销售表”(SALESTUR)命名。同时须提交表格的打印件。

8. 请提供调查期间贵公司向土耳其出口时贵国中央银行发布的每日官方外币兑换汇率。并请注明交易当日所使用的货币兑换率。
9. 关于“土耳其销售表”(SALESTUR)中提到的运输条款，请说明贵公司与客户各自应履行的义务。
10. 请提供调查期间贵公司(包括关联公司)针对土耳其市场所有类型的客户而

制定或使用的报价清单的复印件(用土耳其语或英语)。

11. 请说明涉案产品出口至土耳其提供的所有价格,并提交所有必要的证明文件。

12. 请完成以下表格,以提供土耳其的关联公司的名称、涉案产品销售给这些关联公司的总出口量,及相应的平均价格。请阐述关联客户与非关联客户之间关于开票和付款过程的不同之处(如果有的话)。

| 产品编码 | 关联公司名称 | 出口到土耳其的产品总量 | 发票总净价 | | 平均净销售额① | |
|---|---|---|---|---|---|---|
| | | | 美元 | 记账货币 | 美元 | 记账货币 |
| | | | | | | |
| | | | | | | |
| | | | | | | |
| | | | | | | |

## E部分 产品的国内销售

这部分是调查贵公司涉案产品国内市场销售的详细信息。尤其贵公司须提供内销的价格和定价方法。

为了确定某项销售是否归属于调查期间,发票时间通常被认为是销售时间。

1. 请解释贵公司国内市场的销售渠道(从出厂开始到第一次转售给独立客户)。请以详细的流程图说明销售的条件,和对每一个层次的客户(比如批发商、零售商等)包括关联公司的定价。
2. 请以图表形式描述贵公司销售谈判过程的每个步骤,包括从与买方第一次联系开始到任何的售后价格调整。如果销售过程因客户等级不同而有所变化,请分别描述每个市场的每次变化。
3. 如果贵公司的销售是根据合同进行的(不论是长期还是短期),请详细描述这些合同,包括此处的价格、数量,达成一致的过程。请描述与涉案产品相关的每种合同类型,包括合同期限、任何一方提出的变更产品价格或者重新协商的要求等。请解释是否有任何一方认为合同应提前终止。
4. 请完成下表,以提供贵公司于调查期间在国内销售涉案产品的总销售量,及

① "平均净销售额"指在除去所有折扣、回扣等之后,涉案产品的单位平均净营业额。

相应的平均销售价格：

| 产品编码 | 产品的内销总量 | 发票总净价(记账货币) | 每单位的发票净价 |
|---|---|---|---|
| | | | |
| | | | |
| | | | |
| | | | |

5. 关于调查期间贵公司对涉案产品的国内销售：

(a) 请提供所有发票的清晰复印件，并附有土耳其语或者英语的翻译译本(如果发票数量太多，则只需要提供在每月的前三个工作日中达成交易的发票复印件)；

(b) 请以MS路径数据库表格的形式，提交一份贵公司国内市场的销售清单，该表格须作为附件(详见J部分)递交软盘。表格以“国内市场销售表”(SALESDOM)命名。同时须提交表格的打印件。

6. 关于“国内市场销售表”(SALESDOM)中提到的运输条款，请说明贵公司与客户各自应履行的义务。

7. 请提供调查期间贵公司(包括关联公司)针对国内市场所有类型的客户而制定或使用的所有价格清单的复印件(用土耳其语或英语)。

8. 请完成以下表格，以提供内销的关联公司的名称。请阐述关联客户与非关联客户之间关于开票和付款过程的不同之处(如果有的话)。

| 产品编码 | 关联公司名称 | 产品的内销总量 | 发票总净价(记账货币) | 每单位的发票净价 |
|---|---|---|---|---|
| | | | | |
| | | | | |
| | | | | |
| | | | | |

9. 所有通过关联公司而进行的销售，请详细描述销售是如何进行的，包括第一个独立客户的下单时间及向其交货的时间的总过程。贵公司还需详细说明其开票和付款过程。

## F部分 产品出口至第三国家的销售情况

这部分是调查贵公司涉案产品出口到第三国家的详细销售信息。尤其贵公司须提供出口销售的价格和定价方法。

为了确定某项销售是否归属于调查期间，发票时间通常被认为是销售时间。

1. 请完成以下表格，以提供贵公司于调查期间向第三国家出口涉案产品的总销售量，及相应的平均销售价格。

| 产品编码 | 产品出口至第三国家的销售总量 | 发票总净价（记账货币） | 每单位的发票净价 |
| --- | --- | --- | --- |
| | | | |
| | | | |
| | | | |
| | | | |

2. 请提供贵公司在调查期间以及最近两年涉案产品的外贸统计数据（包括出口和进口）。

## G部分 生产成本

在这部分贵公司需要提供有关涉案产品的生产成本（COP）的详细信息。生产成本（COP）包括：1）制造成本（COM）；2）销售费用、一般和管理费用，包括总的利息费用（SG&A），即全部费用。

贵公司应尽可能全面地回答下面的每个问题。若有要求解释的地方，贵公司应尽可能充分地进行解释。

G1-会计制度和政策

该部分要求提供的文件都必须采用土耳其语或者英语。

1. 请说明贵公司通常的会计期间。
2. 请提交上一财务年度的年度报告和/或工作报告。
3. 请提供贵公司（及与涉案产品的生产、市场、销售有关的企业）的最近三年的、经审计的年度财务报告的土耳其文或英文译本。这些财务报告必须包括：资产负债表、损益表，以及审计师意见、与这些文件相关的报告、注释、附注。如果适用的话，你还需要提供相应期间内集团或者控股方作出的统一财务声明。如果贵公司的财务账目未经审计，请提供贵国商业法所要求的财务报表和其他财务报告。请提供最近三个财务年度贵公司以及关联公司所在地国家或者地方政府存档的所有财务报表或者其他财务报告的复印件。

4. 如果贵公司各部门/各区域分别记账，请分别提供报表合并之前他们最近三年的资产负债表、损益表。
5. 请提供去年以及调查期间贵公司的财务预算表（包括账簿编码、名目和内容）的复印件。
6. 请说明与公司活动相关的会计报告记录地的具体地址。如果地点不同，请逐一分别说明每个会计报告的记录地。
7. 贵公司必须详细描述答卷方的财务会计制度。并说明贵公司的会计实践是否与制造地所在国（地区）的公认会计准则（GAAP）相一致。你的描述必须包括对涉案产品的成本有着重要影响的所有方面。具体阐述须包括如下方面：

(a) 各种生产设备的平均使用年限、折旧方法以及利用率；

(b) 原料、半成品和成品库存量的价值估算方法，例如"先进先出"（FIFO），"后进先出"（LIFO），加权平均数等；

(c) 原料和成品库存的出库、入库登记方法；

(d) 在生产的各个阶段产生的残次品的价值；

(e) 加速折旧；

(f) 一般费用和/或计划内或计划外的停工、歇业的资本化；

(g) 坏账的处理；

(h) 闲置机器和/或计划内或计划外的停工、歇业而产生的费用；

(i) 倒闭费用；

(j) 重建费用；

(k) 因贸易和年终财务报表而产生的汇兑得失。请解释说明买卖和销售过程中外国货币转换成本国货币时的兑换比率。并注明你使用兑换比率（例如官方汇兑比率或者其他比率）时的具体日期。

8. 在过去三个财务年度中，如果公司所采用的会计方法有任何改变，请详细说明改变的原因和时间。
9. 请描述贵公司在记录涉案产品的生产成本时所使用的成本会计制度。描述必须以叙述的形式，并且包括但不限于以下方面：

(a) 请大致描述贵公司对于每单位涉案产品的生产成本所采用的成本计算方法（比如劳动力成本、生产过程成本）。请说明成本会计制度是否构成贵公司财务报表中所使用的财务会计制度的不可缺少的组成部分。

(b) 请描述贵公司所使用的标准成本或预算成本，如果适用的话，包括：

Ⅰ. 贵公司成本会计制度所记录的变化的类型，以及他们是如何被运用在各自的管理报告制度中的；

Ⅱ. 这些变化计算和记录的时期；

Ⅲ. 用于完善贵公司标准成本的方法；

Ⅳ. 标准成本被修订的频率，包括最近一次修订的具体时间。

(c) 如果贵公司采用标准成本制度，请说明在你对问卷的回答中是否用到了标准成本，是否标准成本和实际成本的所有变化都已被分配。请详细说明分配方法，以及在调查期间所发生的任何显著的或者不同寻常的成本变化。

(d) 请列明作为贵公司成本会计制度组成部分的直接成本中心的清单。并简单说明与所列明的成本中心相关的生产活动的片断。

(e) 请列明作为贵公司成本会计制度组成部分的间接成本中心的清单。并简单说明每个成本中心所堆积的间接成本，以及通常用来将这些堆积的成本分配到直接成本中心和分配到涉案产品中的方法。

(f) 请说明在公司的各组织结构之间分配成本的方法和依据(比如：母公司负责子公司，公司负责具体的车间，车间之间的分配)。

(g) 请说明生产过程中用来计算每个生产阶段所产生的损耗、废料、残次品价值的方法。同时需要说明重新加工的计算方法。

(h) 请描述在经审计的财务报表中，贵公司是如何使用成本会计制度来估算销售和原料成本价值，半成品和成品库存量价值的。

(i) 请列出因成本和财务记账目的的不同而被不同估价或处理的所有成本清单。确认这些不同之处并解释其产生原因。

G2-涉案产品的生产过程和生产成本

1. 请描述涉案产品的制造过程。描述应包括但不限于以下方面：

(a) 请说明贵公司的生产设施。如果生产过程或者任何某一过程需要不止一种设施，请列出所有设施清单，并对主要设施所进行的生产活动予以简单描述。

(b) 请解释说明由贵公司生产和销售的涉案产品的生产过程，并就整个生产循环过程提供一份完整的流程图，在流程图中还需描述每个生产阶段。

2. 请提供上一个会计年度以及调查时期内销所有类型的涉案产品的平均生产成本数据。这些数据需按如下表格的形式提供。如果此表与贵公司内部采用的表格明显不同，不能适当地显示涉案产品的成本结构，那么请采用贵公司的内部常用表格来提供生产成本数据。

| 产品编码/类型: | 内销生产成本(COP) | | 出口土耳其的生产成本(COP) | |
| --- | --- | --- | --- | --- |
| 单位成本(记账货币/单位) | 上一财务年度 | 调查期间 | 上一财务年度 | 调查期间 |
| 1. 直接成本中心:请确认(可用分步计算成本法) | | | | |
| 1.1 直接原料 | | | | |
| a) | | | | |
| b) | | | | |
| c) | | | | |
| 1.2 直接劳动力 | | | | |
| 1.3 生产管理费用 | | | | |
| a)间接原料 | | | | |
| b)间接劳动力 | | | | |
| c)能源 | | | | |
| d)折旧 | | | | |
| e)保养和修理费用 | | | | |
| f)质量控制 | | | | |
| g)包装费用 | | | | |
| h)其他 | | | | |
| 1.4 变化(如果采用标准成本) | | | | |
| 1.5 制造成本(COM1) | | | | |
| 2. 直接成本中心:请确认 | | | | |
| 2.1 直接原料 | | | | |
| a)原料运输(从之前的过程加上运输成本) | | | | |
| b) | | | | |
| c) | | | | |
| 2.2 直接劳动力 | | | | |
| 2.3 生产管理费用 | | | | |

（续表）

| 产品编码/类型： | 内销生产成本(COP) | | 出口土耳其的生产成本(COP) | |
|---|---|---|---|---|
| a)间接原料 | | | | |
| b)间接劳动力 | | | | |
| c)能源 | | | | |
| d)折旧 | | | | |
| e)保养和修理费用 | | | | |
| f)质量控制 | | | | |
| g)包装费用 | | | | |
| h)其他 | | | | |
| 2.4 变化(如果采用标准成本) | | | | |
| 2.5 制造成本(COM2) | | | | |
| …/… 直接成本中心：请确认…/… | | | | |
| 4. 总成本 | | | | |
| (＝COM1＋COM2＋COM…/…) | | | | |
| 5. 销售费用、一般和管理费用 | | | | |
| 5.1 销售、日常和管理费用(除去财务费用)(SG&A) | | | | |
| 5.2 财务费用 | | | | |
| 6. 其他成本/费用 | | | | |
| 生产/销售总成本 | | | | |
| (＝4＋5＋6) | | | | |

3. 请提供一份贵公司购买的、用于涉案产品(CO)生产的、完整的“原材料”清单，包括在相关调查期内和在调查期间的购买清单*。这个清单应至少包括原产地国、采购时间、重量、价格、交货期限、进口关税的支付，而且这些都要与原采购文件有直接关联。在这个清单的基础上，请填写下表以概括贵公司的采购。

| | 本地免税采购 | | 本地缴纳关税采购** | | | | 无关税进口 | | 缴纳关税进口 | | | |
|---|---|---|---|---|---|---|---|---|---|---|---|---|
| 原材料 | 价值 | 数量 | 价值 | 数量 | 交税(+) | 退税(-) | 价值(CIF到岸价) | 数量 | 价值(CIF到岸价) | 数量 | 交税(+) | 退税(-) |
| | | | | | | | | | | | | |
| | | | | | | | | | | | | |
| | | | | | | | | | | | | |
| 总计 | | | | | | | | | | | | |

备注：

* 如果原料价格在调查期间发生明显的涨价/降价，贵公司应按月提供表格以显示出这些价格变化。

** 指虽然贵公司是从本地采购，但供应商在进口该原料时需缴纳关税的情形。

4. 请详细解释贵公司一般生产管理费用的分配方法。
5. 请完成附件(详见J部分)软盘所提供的、MS电子表格形式的损益报表("P&L STATEMENTS")之"PART-1"表格，及"PART-2"、"PART-3"、"PART-4"表格(若适用的话)，以提供贵公司的详细损益报表信息，涉案产品在国内市场和出口到土耳其的销售信息，若适用的话，控股方/集团公司以及贵公司各部门也需按照上述表格提供相关信息。同时请提供上述表格的打印件。请注意：由控股方/集团和集团的贸易公司所支出的销售、一般行政管理费用和财务费用，也必须以销售额为基础分配到贵公司及涉案产品中。如果你认为分配应有其他基础而不是以销售额为基础，请解释原因。
6. 用图来表示产品有关的SG&A和财务开支的分配。
7. 请以附件(详见J部分)软盘所提供的、MS路径数据库表格的形式，提交一份贵公司在国内市场销售和出口到土耳其的涉案产品全部类型的生产成本清单。表格以"生产成本表"(COP)命名。同时须提交表格的打印件。此表中的单位成本数据，需源自于损益报表("P&L STATEMENTS")中的"PART-1"表格，而且最好与贵公司内部用所制作的表格相一致。

## H部分 为公平比较而进行的调整

根据《防止不正当竞争进口条例》第10条的规定，应在出口价格和正常价值之间进行公平的比较。这种比较要求在相同的贸易水平，通常是在出厂前的水平下进行，而且也应尽可以选择相同的销售时间。如果国内销售价格与出口价格不具有可比基础，对于这些影响价格可比性的不同之处，则允许予以适当调整。

为实现这一目的，若能证实是相关因素（贵公司必须提供相关的文件和数据，否则不予考虑调整要求）导致了对不同客户制定不同价格的情况，贵公司可以要求价格调整。

请注意所有的调整都必须已经包含在生产成本之中。比如，对包装费用、出口关税费用，或是与出口有关的银行费用的调整，都应作为生产成本（COM）或者销售、一般管理费用（SG&A）的组成部分，包含在最终生产成本中。

请详细解释你所记录的每一次价格调整。填写实际的费用而不是平均费用。如果贵公司分配其中的任何费用，请说明贵公司选择所用方法的原因。

**1. 物理特性的差别**

(1) 对比出口到土耳其的产品类型与最相似的内销产品类型，有必要考虑到因产品类型在物理特性上的差别而导致的价格调整。

(2) 调整的幅度应与这些差别的合理市场价值评估相一致。请分别说明每种类型的产品在物理特性上的差别，并提供一份关于这些所有差别的清单，就清单所列每一条进行详细的解释说明。对每种差别提供其各自的市场价值信息。

(3) 请在每项交易的“产品内销表”（SALESDOM）中标明这些价格调整。

**2. 折扣、回扣的不同**

(1) 请详细描述在国内市场和在土耳其市场贵公司准许对客户采用的折扣和回扣政策。请列出贵公司准许的各种折扣或回扣的种类，比如：现金折扣、数量折扣、年终回扣等等，并描述他们的适用期限，包括延期折扣。如果这些折扣或回扣因客户层级不同而变化，请分别提供对各层级的客户所适用的折扣或回扣。

(2) 请列出所有有资格享受这些折扣或回扣的客户名单及客户编码，并描述贵公司决定赋予这种资格的标准。

(3) 请提供贵公司的折扣清单，包括应要求将要实施的、会影响已给折扣和回扣的合同或协议。

(4) 请注意“回扣”一词包括对当前或将来采购的信贷支付，本票，兑付延长，或免费提供产品或服务。

(5) 请提供贵公司在“产品内销表”（SALESDOM）的每项交易中对内销客户提供的折扣和回扣，以及在“出口土耳其外销表”（SALESTUR）的每项交易中对土耳其客户提供的折扣和回扣。

**3. 运输、保险、处理、装卸和其他附属费用的不同**

(1) 所有费用包括关税费用、港口费用和花费、港口存储费用等，都必须用他们发生地的本币记录。

(2) 请列出包括内销价格和出口价格在内的所有费用，并解释贵公司是如何量化每笔费用的。

(3) 仅对因销售而产生的运输费用做必要的费用调整，以将产品从生产线上运输至各独立客户。

(4) 请列明因"产品内销表"(SALESDOM)中的内销交易而产生的所有上述费用，以及因"出口土耳其外销表"(SALESTUR)中的每项出口交易而产生的所有上述费用。

**4. 包装成本的不同**

(1) 请详细说明产品内销的包装成本和出口到土耳其的包装成本。并分别列出各自的包装材料成本和劳动力成本。尤其要具体说明涉案产品出口到土耳其时所使用的包装材料，以及任何特别的或额外的包装过程。

(2) 请列明因"产品内销表"(SALESDOM)中的内销交易而产生的包装成本，以及因"出口土耳其外销表"(SALESTUR)中的每项出口交易而产生的包装成本。

**5. 因销售而产生的信贷费用的不同**

(1) 信贷是指买方购货付款时的时间成本，也是被认同的支付条款。请描述贵公司用来计算信贷费用的方法，指明利息率及用于计算因允许信贷付款而产生的费用的天数(付款期限)。请提供贵公司对相关货币的短期贷款而支付的利息率。

(2) 请提供贵公司"产品内销表"(SALESDOM)中每项内销交易的利息率和付款期限，以及"出口土耳其外销表"(SALESTUR)中每项出口交易的利息率和付款期限。

**6. 银行费用**

(1) 请列出内销和出口销售过程中产生的所有银行费用。

(2) 请列明因"产品内销表"(SALESDOM)中的内销交易而产生的所有银行费用，以及因"出口土耳其外销表"(SALESTUR)中的每项出口交易而产生的所有银行费用。

**7. 销售佣金的不同也要考虑**

(1) 如果因非关联或关联卖方的销售服务而产生了佣金费用，请填写佣金费用的数量，并解释给付佣金的条件。

(2) 请列明因“产品内销表”(SALESDOM)中的内销交易而支付的所有佣金，以及因“出口土耳其外销表”(SALESTUR)中的每项出口交易而支付的所有佣金。

**8. 进口费用或间接税项**

根据《反倾销协议》第 2.4 条的规定，可对进口费用和间接税项进行调整。请提供关于这些调整的如下信息：

a) 退税

(1) 请提供有关出口货物准许退税、用于计算退税方法的法令和规章的原件，和土耳其语或者英语译本。

(2) 请说明贵公司在出口土耳其的贸易中所获得的出口退税总额。

(3) 请解释在具体的出口土耳其的贸易中贵公司用来计算出口退税的方法。

(4) 请列明“出口土耳其外销表”(SALESTUR)中，贵公司针对每项出口交易而获得的退税数量。

(5) 解释贵公司是如何计算这些退税数量的。

b) 间接税项

(1) 请列出针对内销产品征收的所有国内税项，这些税项既不因为出口而减少，也不针对出口到土耳其的产品征收。

(2) 请提供有关准许征收上述各类税项的法令和规章的原件，和土耳其语或者英语译本，包括提供那些用来解释说明税项的计算、估价、支付方法的文件。

(3) 请分别提供以上各税项的征税基础或应征税的价格、征税率、估算的征税额，任何减税或者抵消税情形，和计算税收总额的公式。

(4) 请说明何时贵公司有法定的责任或义务缴税。说明贵公司的实际缴税时间，以及贵公司是否对这些税项分别做账。

(5) 请列明在“出口土耳其外销表”(SALESTUR)的各项交易中，同样适用于内销的税项种类，并提供相关的文件。

(6) 请解释贵公司是如何计算这些税收数量的。

**9. 贸易水平的差别**

(1) 若贵公司能证明相似产品的内销贸易水平与外销贸易水平不同，而且该不同影响到价格可比性时，贸易水平准许被调整。为实现调整的目的，你的调整请求须清楚阐明内外销市场的贸易水平，证明被质疑的销售功能和价格能适用于两个市场的、声称的贸易水平。

(2) 请注意,如果出口贸易发生在贵公司和关联进口商之间,该项销售的贸易水平仍然需要确认,虽然"相关价格"已经通过对于出口价格的协商而被"可靠价格"取代。

(3) 请列明在"产品内销表"(SALESDOM)的每项交易过程中发生的所有贸易水平调整。

**10. 因法律规定和/或销售合同约定而提供担保、保证、技术支持和服务方面费用的不同**

(1) 请列出内销、外销过程中发生的,或相关国家的法律规定要求承担的所有上述费用,比如相关原料成本。

(2) 请列明因"产品内销表"(SALESDOM)中的内销交易而产生的所有上述费用,以及因"出口土耳其外销表"(SALESTUR)中的每项出口交易而产生的所有上述费用。

**11. 其他因素**

(1) 其他因素上的差别(比如之前所提到的包装),如果证明这种差别影响到了价格可比性,也是可以调整的。

(2) 请列明因"产品内销表"(SALESDOM)中的内销交易而产生的所有上述费用,以及因"出口土耳其外销表"(SALESTUR)中的每项出口交易而产生的所有上述费用。

## I 部分　证明

以下签名者特此确认:

据我的所知和良知,我公司为答复本调查问卷而提供的所有资料均是完整、正确的。我明白所有提交的信息均可能受到对外贸易署的审核和查证。

授权官员签名:

____________　　　________________________

日　期　　　　　　授权官员的姓名和职位

## J 部分　要求的计算机化信息

你必须用 CD 或者硬盘上交所有的数据. 为了防止你公司的被要求的计算机化信息不能提交,请把你的注意力集中在介绍部分的调查表。请在 floppy 盘的附件里找到计算机化数据指导这个文档,在被要求填写的 MSACCESS 数据库和 MS EXCER 工作表之前仔细阅读。请务必按照说明提供所需要的信息。

表格名称和项目

SPECTUR 工作表：出口到 TURKEY 的产品信息

SPECDOM 工作表：内销产品信息

SALESTUR：出口到 TRUKEY 一般贸易清单

COP：被调查的产品的生产成本

CODEMATCH：内销产品和出口到 TRUKEY 的产品编码对比表

如果合适的话，在 P&LSTATEMENTS 的 PART-1PART-2PART-3PART4 中详细填写盈亏

SPECTUR 和 SPECDOM。要按照介绍中的一般说明中要求的提交。其他计算机化的信息数据，要在 FLOPPY 盘的以附件的形式提交。

## K 部分 市场经济待遇和/或个别待遇申请

K-1 企业信息

1. 企业的法律形式是什么

对位于中国的公司请说明贵公司是否是：

- 中外合资企业
- 外资企业
- 境外企业在中国(包括香港)的分部
- 中国有限责任企业
- 国有企业
- 股份所有制企业
- 有限责任企业
- 其他合法形式(请具体说明)

如果贵公司法律形式在过去 5 年有所改变。请同时注明之前该法律形式。

2. 在以下格式列出所有在调查期间占公司不少于 1%股份的股东及其工作职责。

| 股东名字 | 所占的股份额 | 股东的变更 | 关于股东的其他事项 |
|---|---|---|---|
| | | | |
| | | | |
| | | | |

在“关于股东的其他事项”栏目上注明其属于个人、公司、国家还是地区政府。

- 另外，若属于个人，则注明其国籍。
- 属于公司，则注明是中国公司，外资公司还是外国合资公司。

- 如果是中国公司，注明其是私人公司、国有公司或者地方/地区政府所有的公司。如果公司部分国有或地方/地区政府所有，明确说明国有或地方/地区政府参与的程度；
- 如果是属于地方当局拥有的，请具体说明。

3. 请提供公司章程及其英译文。
4. 列出所有董事会的成员及董事会的股东。说明每名成员他们所代表的利益，他们的职能是什么，他们投票权的性质。如果任何股东或董事会拥有中国国籍，请说明股东会议或董事会表决时所需要的人数和表决方法。有关规定是按照公司章程或由其他文件做出？如果不是由公司章程规定，请提供有关规定的文件并英译文。
5. 请明确说明下列法律在贵公司中的实施程度并给相关证明：

- 公司法
- 劳动法
- 合资法
- 会计规则或法律

K-2　与产品生产相关的原材料和其他消耗成分

1. 请提供调查期内用于涉案产品生产的主要原材料平均单位成本清单。填写以下形式的表格，以对这些采购进行总结（请指明主要原材料，包括本表格中已经列明的部分）。

| 成本组成/原材料 | 价值 | 数量 | 平均单位成本 |
| --- | --- | --- | --- |
| | | | |
| | | | |
| | | | |
| | | | |
| | | | |
| | | | |

2. 请解释生产涉案产品的原材料及其他相关投入（如上所列）是如何获得的（短期或长期合同，现货市场，不同供应商的数量，当地或国外采购等）。
3. 对于前述成本部件，请注明：

i) 供应商的名称及地址。请注明该供应商是私人、公司、国家或地方/地区政府：

- 如果是私人，注明其是否中国国籍或是其他国籍；
- 如果是公司，注明其是中国公司、外资公司或与外资公司合资的公司；
- 如果是中国公司，注明其是私人公司、国有公司或者地方/地区政府所有的公司。如果公司部分国有或地方/地区政府所有，明确说明国有或地方/地区政府参与的程度；
- 如果是地方或地区政府，请具体说明。

* ii) 在进口您使用的原材料中，是否存在直接或者间接的限制或条件。如果有，请说明。如果在I.C.6或I.C.7.中尚未提供，请提供规定了这些限制或条件的文件（并有英文译文）并提出相关条文。

K-3 工业产权及法律规定

1. 指明与任何公司、机构或政府就有关产品的研发、生产、销售、特许经营、工艺及专利协议有关的，包括设立合资企业等的合同义务关系。请提供这些协议的文本和英译文。
2. 逐一列明公司就以上须支付的特许使用费及其金额。
3. 逐一说明公司为在中国生产、销售或出口产品所需获得的批准。公司在这些经营活动上是否受到任何直接或间接的数量或其他形式的限制？请提供公司营业执照、公司登记证或其他有关的公司经营许可证，请说明在何种情况下该营业执照或营业许可将被撤销。
4. 请介绍破产法和物权法对公司的适用，介绍该法在对公司或公司经营业务的行业适用上是否有所保留。
5. 请说明公司在分配利润及收回投入的资本时是否受到任何限制。如果存在，请提供详细情况并提供有关文件及英译文，指明有关条款。

K-4 劳动

* 1. 请说明如何组织劳动力的生产，熟练工和非熟练工及管理人员的雇佣情况？调查期内每一类员工的基本平均工资是多少？

* 2. 请说明公司雇员薪酬制度（即具体指明薪酬具体组成部分，包括正常工资，加班工资，公务车使用，假期津贴等）。工资发放周期是多少？工资最终来源是哪里？雇员及其家庭可否享受其他福利比如住房，医疗，养老金，教育等？请明确说明。如果雇用外国员工，请单独回答本段中的有关问题，并解释其最终的工资支付来源。

* 3. 详细描述聘用和解雇员工的程序。指明由谁负责做最终决定。

K-5 生产设施和生产

1. 请提供调查期内涉案产品每月的生产量。
2. 如贵公司是外资公司，请给出调查期内每种主要产品的生产总量。

K-6 销售

1. 请提供在调查期内涉案产品的每月平均国内销售价格（注明币种）及每月的国内销售数量（注明单位）

   如果贵公司是外资公司，请给出调查期内贵公司售出的每种主要产品在国内市场上的销售总量。
2. 请提供贵公司在调查期内使用的涉案产品的国内价目表。

   *解释任何地方/地区政府部门及国家在设定销售价格及数量上的干预。提供规定这些干预的文件副本（并有英文译文）并指明相关条款。
3. 请提供涉案产品每月平均出口价格（注明货币单位）以及调查期内每月出口数量。
4. 请提供贵公司在调查期内使用的涉案产品的出口价目表。

   *解释任何地方/地区政府部门及国家在设定销售价格及数量上的干预。提供规定这些干预的文件副本（并有英文译文）并指明相关条款。
5. 请解释（例如，使用图表）涉案产品是如何出口至土耳其，并说明相关的货物（供货和产品）及金融（例如发票和付款）流程。

K-7 财务报表

1. 列出贵司的财政年度。
2. 每年应向官方登记何种会计文件？哪个政府部门负责这些文件的官方登记？
3. 请附最近两个财务年度的完全财务报表（资产负债表，损益表，相关计划，财务报表注释及审计意见），同时按原文及英文版本提供。请提供审计人员的名称及地址（如果有的话）。
4. 审计要求

   如果贵公司的财务报表未经审计，请解释其原因。是否存在账目应当全部或部分审计的法律规定？

K-8 会计原则和实践

1. 法律要求和基本会计原则

   a) 账簿和记录

      请就必要的法律要求进行简要说明并提供参考资料，比如报表应使用的语言和货币单位，报表及其他文件（比如重要的合同，协议，章程，董事会会议记录，财务声明以及审计报告）应当保存的期限等。

b）会计方法和一般原则

如果在财务报表未有反映，请简要说明一般会计原则和实践。请就以下项目进行说明：比如评估方法的一贯性，资产及责任的区分，审慎评估，目前受关注的原则，特定财务年度的收入及费用是否在相关的年度报表中予以考虑。

2. 会计原则来源

请说明贵公司应当遵守的规则由谁制定，比如会计规则和标准的管理机构（例如财政部、税务部门、证券部门等）。请列出这些规则。

3. 特别会计原则与实践

请简要描述关于下列项目的会计原则和实践，如果其在财务报表中未有反映的话。

＊a）资产评估

解释对主要固定资产及无形资产所使用的折旧及摊销的方法。请说明购置价及现有账面价值。请解释在每种情况下，资产如何取得（例如公开市场上购买，从股东处受让，从国家或第三方公司无偿取得或折让取得）。如果上述资产的评估方法在过去的10年中有所改变，请解释其改变的基础和原因。也请给出其对现有账面价值的的影响。

列出所有用于生产和/或商业目的但不属于贵公司所有的设施（土地，建筑，机器）。请附租赁合同。

b）贷款和补贴

请提供贵公司现有贷款的清单。给出具体的数量，分期偿还额以及利率。解释公司是否享有特别贷款或补贴计划（例如，优惠利率和延长还款期限，能源供给补贴等）。

c）外汇交易

用于购进及外销的外汇交易汇率由谁确定？是否只存在唯一可以使用的汇率？

解释贵公司对外汇的使用或换汇是否存在任何限制。如果贵公司有外汇兑换账户，请提供有关部门对您的申请的批准书（并有英文译文）。

d）易货贸易/对销贸易

公司在最近五年中的任何时候是否从事易货贸易或对销贸易，以货物或商品交换（国外）设备，服务或商品。请具体说明并解释所使用的会计方法。

e) 补偿贸易/产品买回

解释公司最近五年中的任何时候是否从事补偿贸易(也被称作产品买回),即一个(国外)公司提供机械和设备并因此收取特定的回报,通常是以回购产出的产品的方式。解释这种回报是否以贷款或分期销售构成。解释所使用的会计方法。

f) 利润分配

请说明贵公司最近三年的利润分配政策。